Elisabeth Tworek
Spaziergänge durch das Alpenvorland der Literaten und Künstler

Ihnen alles Gute für Ihre berufliche Zukunft in Murnau!

Elisabeth Tworek
2. September 2015

Arche

Inhalt

Stadtluft und Landschaft 5

I.
Spaziergänge in Murnau
Künstlerleben zwischen Marktstraße und Seidlpark · Auf Motivsuche am Staffelsee 9

II.
Spaziergänge zwischen Staffelsee und Walchensee
*Ohlstadt · Sindelsdorf · Ried Kochel am See
Urfeld am Walchensee* 45

III.
Spaziergänge im Ammertal
Oberammergau · Ettal 67

IV.
Spaziergänge rund um die Zugspitze
*Partenkirchen · Garmisch
Ehrwald/Tirol* 91

V.
Spaziergänge im Isartal
*Baierbrunn · Schäftlarn
Irschenhausen und Icking
Wolfratshausen
Beuerberg* 133

VI.
Spaziergänge entlang der Isar
*Königsdorf · Bad Tölz · Lenggries
Fall · Vorderriß · Mittenwald
Leutasch* 165

VII.
Spaziergänge rund um den Tegernsee
*Finsterwald · Gmund · Tegernsee
Rottach-Egern · Wildbad Kreuth
Kreuth · Abwinkl* 195

Museen im Alpenvorland 227

Literatur- und Quellenverzeichnis 235
Bildnachweis 241
Dank 244
Biographische Notiz 244
Personenregister 245

**Frontispiz
Lovis Corinth (2. von li.) mit seiner Familie auf einem Spaziergang in Urfeld, 1921.**

1. Auflage April 2004
2. Auflage November 2004
Copyright © 2004 by Arche Verlag AG,
Zürich-Hamburg
Alle Rechte vorbehalten
Umschlag: Max Bartholl, Frankfurt a. M.,
unter Verwendung eines Fotos von Ruth Rall,
Murnau
Satz: Gaby Michel, Hamburg
Karten: Siehe S. 243
Lithos: Repro Studio Kroke, Hamburg
Druck und Bindung: Klingenberg Buchkunst,
Leipzig
Printed in Germany
ISBN 3-7160-2330-2

Stadtluft und Landschaft

Vom Turm des »Alten Peter« am Marienplatz in München kann man bei guter Fernsicht über das gesamte Alpenvorland blicken. Lech, Isar, Loisach und Glonn schlängeln sich durch Wiesen und Wälder, und die zahlreichen Seen – etwa der Starnberger See, Staffelsee, Tegernsee – liegen, von ausgedehnten Wäldern und Wiesen umgeben, breit und behäbig da. Den Horizont bilden die Kalkalpen mit ihren ewig weißen Kuppen. Seit jeher prägen sie das wirtschaftliche und gesellschaftliche Leben am oberbayerischen Alpenrand.

Das Alpenvorland ist seit 150 Jahren eine der vielfältigsten deutschen Kulturlandschaften – jenseits der Klischees von Lederhose und Edelweiß, von saftigen Wiesen und idyllischen Dorfkirchen. Diese Landschaft ging als Kulisse und Inspirationsort für Künstler und Literaten in die Kulturgeschichte ein. Zumindest bis zu Hitlers Machtübernahme existierte jüdisches Leben in enger Nachbarschaft mit bäuerlich-bayerischem Leben. Ausländische Künstler und Schriftsteller tauschten sich mit ihren einheimischen Freunden aus. Inmitten der schönen Natur suchten sie als Bewohner, Wochenendurlauber, Sommergäste oder Durchreisende Ruhe und Entspannung, regenerierten ihre kreativen Kräfte und ließen sich von der Schönheit der Landschaft anregen, um Neues zu schaffen. Die wenigsten von ihnen waren echte Landbewohner. Die meisten hatten schon wegen ihrer hohen kulturellen Ansprüche an Konzerte und Theater in der Stadt eine feste Bleibe. Mit ihrem städtischen Lebensstil beeinflußten sie das Landleben spürbar.

In ihren Bildern, Kompositionen, Romanen, Theaterstücken, Autobiographien, Tagebüchern und Briefen fingen sie die Zeit ein, in der sie lebten. Sie hielten eine Welt fest, die heute für das Auge oft nicht mehr sichtbar ist, und ließen damit eine Landschaft der Erinnerung entstehen. Viele Häuser wurden abgerissen; manche Plätze sind kaum wiederzuerkennen. Doch in der Literatur und in den Bildern sind sie lebendig geblieben. Aus diesen Eindrücken und Reflexionen ergibt sich ein authentisches, weil unmittelbares Bild vom Alpenvorland. Es erstaunt keineswegs, daß es ein ganz anderes Bayernbild ist als das aus Werbung und Reiseprospekt.

Mit dem Ausbau des Eisenbahnnetzes kamen seit 1860 die ersten Touristen aus den Großstädten in das Alpenvorland. Das Großbürgertum ließ nicht lange auf sich warten. Wer in der Stadt etwas auf sich hielt, hatte neben einer großzügigen Stadtwohnung auf dem Land einen Sommersitz.

Die Einheimischen begegneten dem ästhetischen Interesse an »ihren« Alpen zunächst eher verständnislos. Wandern und Bergsteigen war für sie nutzloses Tun. Über die neuen Alpenbesucher machten sie sich zunächst lustig, witterten dann dahinter ein Geschäft und versuchten, als Zimmervermieter, Bergführer, Gastwirte davon zu profitieren. Ab 1950 begann mit dem Massentouris-

mus im Alpenvorland der konsequente Ausbau der touristischen Infrastruktur. Bauernhöfe verwandelten sich in Frühstückspensionen und Ferienwohnungen.
Was prägte direkt oder indirekt das Bewußtsein im Alpenvorland? Die meisten der als »uralt« geltenden Traditionen wurden zwischen 1840 und 1914 völlig neu erfunden. Schaubräuche gibt es erst, seitdem es Beobachter und Zuschauer, also Touristen gibt. Die »ursprüngliche Volkskultur« sollte die Einheimischen vor der Zerstörung durch die neuen Werte und Verhaltensweisen der Industriegesellschaft schützen. So förderte der Wittelsbacher Maximilian II. Volksmusik und Volkstracht: Er ließ eine Liedersammlung anlegen und empfahl der Bevölkerung ein sogenanntes »National-Costüm« zur Hebung des bayerischen Nationalgefühls. Die Alpen dienten künftig als Projektionsfläche für die »heile Welt«, in der noch »Echtes« und »Ursprüngliches« gelebt wurde. In der Zeit um 1860 nahm das Interesse für ethnologische Publikationen ständig zu. Gleichzeitig häuften sich die Gründungen von Trachten-Erhaltungs-Vereinen.
Das Bekenntnis zur Heimat durch das Tragen einer Tracht machte an Bayerns Grenzen nicht halt. Bereits in Berlin konnte der Sommerfrischler auf dem Weg nach Oberbayern das bayerische »National-Costüm« im Kaufhaus Wertheim erwerben. Mitglieder des Berliner Alpenvereins feierten Bälle in bayerischer Tracht. Das ehemalige Museum für deutsche Volkskunde in Berlin, heute Museum Europäischer Kulturen, sammelte seit 1870 repräsentative Gegenstände der Volkskultur aus Bayern und dokumentierte regional kulturelle Unterschiede innerhalb der Landschaften Deutschlands.
So ist es keineswegs verwunderlich, daß Maler wie Wassily Kandinsky oder Franz Marc und Schriftsteller wie Ödön von Horváth auf ihren Landaufenthalten gern in kurzen Lederhosen und Bauernleinen herumliefen. Der Schriftsteller Carl Zuckmayer erinnert sich an seinen Freund Ödön von Horváth: »Höchst merkwürdig war es, daß er, in dessen Stammbaum die ganze k. u. k. Monarchie, besonders deren östliche Völker lebten, sich völlig aufs Bayerische sti-

Franz Marc und Maria Franck in Tracht, 1906.

Wassily Kandinsky in Murnau, um 1910.

lisiert hatte, auch in seiner Sprache und Ausdrucksweise.« (Carl Zuckmayer, *Aufruf zum Leben*)
Vor allem Maler, Schriftsteller, Philosophen und Musiker kamen in das Alpenvorland. Einige, wie Michael Ende, Ludwig Thoma und Grete Weil, sind dort geboren und aufgewachsen, andere, vor allem aus dem nahe gelegenen München, zog das Natürliche und angeblich Authentische am Landleben an. Sie bildeten abseits der einheimischen Bevölkerung eigene Künstlerkreise oder Intellektuellenzirkel, wie etwa der Kreis um Else Jaffé mit Max Weber, D. H. Lawrence und Frieda von Richthofen. Andere trafen sich auf ihren Sommersitzen mit Künstlerfreunden, wie die Schauspielerin Fritzi Massary mit den Schriftstellern Kurt Tucholsky und Alfred Polgar. Wieder andere drängten im Sommer von der Stadt aufs Land wie der Komponist Richard Strauss und der Schriftsteller Thomas Mann mit seiner Familie. Ausländer und Kosmopoliten wie Wassily Kandinsky, Marianne von Werefkin und Alexej Jawlensky entdeckten die Region auf der Suche nach dem Ursprünglichen. Durch ihre intensive Auseinandersetzung mit der unverstellten Volkskunst schufen sie sensationell Neues, sei es in der Malerei oder in der Literatur, wie Ödön von Horváths Impulse für die »Erneuerung des Volksstückes«. Aus dem gesamten deutschsprachigen Raum kamen Künstler und Intellektuelle auf der Suche nach Ruhe und Inspiration wie Ernst Bloch und Arthur Schnitzler. Für wenige wie Walter von Molo und Ernst Wiechert war das Alpenvorland Refugium in existentiell bedrohlichen Zeiten. In vielen Hunderten von Orts- und Landschaftsporträts und in unzähligen literarischen Werken setzten sie alle der Landschaft und ihren Bewohnern ein Denkmal.

Ödön von Horváth, um 1925.

Wir laden Sie dazu ein, auf unseren Spaziergängen den Spuren der Literaten und Künstler zu folgen, Querverbindungen zwischen ihren Kunstsparten zu entdecken und herauszufinden, wie und wo Künstlerkreise entstanden. Die Routen führen quer durch das Alpenvorland, vom Isartal bis Mittenwald, vom Tegernsee bis zur Zugspitze. Zwischen Staffelsee und Kochelsee entwickelten sich Künstlerkolonien, in denen eine einmalige Gruppenmagie Avantgardistisches erst ermöglichte. Oberammergau und Ettal stehen für ein tiefes Verwurzeltsein des Landstriches in barockem Leben und Volkskunst. Garmisch-Partenkirchen war spätestens seit der Winterolympiade 1936 einer der prominentesten Wintersportorte im Alpenvorland. Das Isartal galt um die Jahrhundertwende als Liebesnest der aufs Land drängenden Münchner Boheme auf der Suche nach natürlichen Lebensformen. Von Lenggries bis ins Leutaschtal reichte früher das Jagdgebiet der Wittelsbacher, das auf bodenständige Schriftsteller eine besondere Faszination ausübte. Als Epizentrum des »Mythos Bayern« kristallisierte sich rasch das Tegernseer Tal heraus.

Den Einheimischen eröffnet das Buch die Möglichkeit, das Zuhause einmal ganz anders zu erleben und der kulturellen Vielfalt und Einzigartigkeit ihrer unmittelbaren Umgebung nachzuspüren. Die Stadtbewohner aus München, die an einem schönen Frühlings- oder Sommertag mit der Bahn, dem Auto oder dem Fahrrad hinaus aufs Land drängen, bekommen ein Gespür für die wunderbare Kulturlandschaft, die sich vor ihrer Haustür ausbreitet. Für einen Tag lassen sie Lärm und Hetze der Großstadt hinter sich und erfahren, daß gerade in der Ruhe und Abgeschiedenheit des Landes ein Potential für Kreativität und Innovation liegt. Die Touristen und Wochenendurlauber nehmen wahr, wie reich an Kunst und Kultur das Alpenvorland ist, gerade abseits der allzu oft gepriesenen Sehenswürdigkeiten.

Diese »Spaziergänge« durch gut 150 Jahre bayerische Kulturgeschichte sind nicht immer Rundgänge, sondern führen manchmal von einer Gemeinde zur anderen. Einmal folgen sie zum Beispiel dem Band der Isar von Bad Tölz bis ins Ursprungsgebiet. Mehrmals braucht man ein Auto, die Bahn oder wenigstens ein Fahrrad. Die Wege von einem literarischen Platz zum anderen sind jeweils beschrieben. Häuser ohne weitere Angaben sind nicht zugänglich und daher nicht numeriert. Sie sind auf den Karten nicht verzeichnet. Privat genutzte Häuser sind nicht zu besichtigen.

Die ausgewählten Texte und Fotografien dokumentieren das Leben der Künstler und Literaten im Alpenvorland. Die lebendige Auseinandersetzung mit ihnen führt uns zurück in eine längst verlorene Zeit und verleiht der Landschaft der Gegenwart Profil und Tiefe.

Alexej Jawlensky, Marianne Werefkin, Andreas Jawlensky und Gabriele Münter (von li. nach re.) in Murnau, 1908.

I.
Spaziergänge in Murnau

Künstlerleben zwischen Marktstraße und Seidlpark

»So näherte sich der D-Zug der südlichen Grenze der Deutschen Republik. Zuerst ist er an großen Seen vorbeigerollt, da sind die Berge am Horizont noch klein gewesen. Aber jetzt wurden die Berge immer größer, die Seen immer kleiner und der Horizont immer enger. Und dann hörten die Seen ganz auf, und ringsherum gabs nur mehr Berge. Das war das Werdenfelser Land.« (Ödön von Horváth, *Der ewige Spießer*)

Bahnhof Murnau, um 1929.

❶ Bahnhof Murnau
Bahnhofstraße 1

Für die Sommerfrischler und Kurgäste, die Maler des »Blauen Reiter« und den Schriftsteller Ödön von Horváth war der Bahnhof Murnau der erste Eindruck beim Ankommen und der letzte beim Abschiednehmen. 1879 wurde er gebaut, als die Eisenbahnstrecke München–Weilheim nach Murnau verlängert wurde. Zwischen 1927 und 1929 wurde der Bahnhof durch einen Anbau erweitert, seither ist sein Äußeres im wesentlichen gleichgeblieben.

Am Murnauer Bahnhof begannen und endeten die vielen Reisen Ödön von Horváths (1901–1938) nach Berlin, der kulturellen Metropole Deutschlands. Dort boten sich dem angehenden Schriftsteller anders als in Bayern diverse Verdienstmöglichkeiten. Regelmäßig schrieb er für Berliner Zeitungen Kurzkolumnen, seine Theaterstücke und Bücher wurden im Ullstein Verlag verlegt, seine Volksstücke waren dort zu sehen. In Berlin wurde ihm im Herbst 1931 der renommierte Kleist-Preis zuerkannt. Durch das Theater gewann Ödön von Horváth in Berlin viele Freunde, die ihn wiederum in Murnau besuchten: Carl Zuckmayer, Walter Mehring, Geza von Cziffra, Francesco von Mendelssohn, Eleonore von Mendelssohn. Ödön von Horváth blieb nur so lange in Berlin, wie es seine Arbeit unbedingt erforderte, dann fuhr er mit der Bahn zurück nach Murnau. Auch die vielen Fahrten nach München zu den Eltern, zur *Simplicissimus*-Redaktion und zu Lukas Kristl, mit dem er gemeinsam das Volksstück *Glaube Liebe Hoffnung* schrieb, begannen und endeten hier.

Der Murnauer Bahnhof war auch Ausgangspunkt der legendären Saalschlacht am 1. Februar 1931. Ödön von Horváth gab als Zeuge im Saalschlacht-Prozeß zu Protokoll: »Am Tag der Versammlung war ich bis 1.40 Uhr am Bahnhof. Als um 1.10 Uhr die beiden Züge in Richtung Garmisch und Weilheim kamen, stiegen etwa 60 bis 70 junge Leute aus, die ich später als Nationalsozialisten erkannte... Vom Bahnhof aus ging ich mit den jungen Leuten in den Kirchmeiersaal und setzte mich an einen Tisch in der

11

Nähe des Musikpodiums, wo ich bis zum Schluß der Versammlung blieb.« Am 11. Februar 1933, einen Tag nach dem Zusammenstoß mit örtlichen SA-Leuten im Hotel Post, begann am Bahnhof für Ödön von Horváth die Irrfahrt in eine ungewisse Zukunft.

Auch für den österreichischen Schriftsteller Roda Roda (Pseudonym für Sandor Friedrich Rosenfeld) (1872–1945) war der Bahnhof Murnau Ausgangspunkt seiner Murnau-Aufenthalte. Roda Roda lebte von 1905 bis 1910 in München, dann in Berlin. 1909 wohnte er für längere Zeit in Murnau in einem kleinen Sommerhaus. Ein Gemälde von Gabriele Münter dokumentiert das *Roda Roda-Villchen*. Dort soll er zusammen mit Carl Rößler das Stück *Der Feldherrnhügel* geschrieben haben. Bis heute ist nicht bekannt, wo dieses Haus stand und wer es besaß. In seinen Tagebuchaufzeichnungen heißt es: »Juli 8, von München nach Murnau. Aus Murnau: am 12. Juli nach München u. zk.; ebenso am 14. Juli. Am 6. August aus Murnau über München, Salzburg, Attnang nach Gmunden; am 22. Aug. auf demselben Weg zurück nach Murnau. Von Murnau am 26. Aug. nach München und zurück nach Murnau. Am 31. Aug. Rückkehr aus Murnau nach München.«

Folgt man dem Bahnhofweg in Richtung Ortsmitte, vorbei an der Evangelischen Christuskirche, und biegt in die Bahnhofstraße ein, so kann man das ehemalige Horváth-Grundstück gar nicht verfehlen.

Das Landhaus der Familie Horváth, um 1925.

❷ **Ehemaliges Elternhaus von Ödön von Horváth Bahnhofstraße 19**

Dieses neumodische Appartement- und Geschäftshaus wurde 1977 genau an der Stelle errichtet, wo zwischen 1924 und 1973 die Villa der Familie Horváth gestanden hat.

Im August 1921 kaufte »Baron Dr. von Horváth«, wie der ungarische Ministe-

Ödön von Horváth (li.) mit seiner Mutter und seinem Bruder, Murnau, 1925.

rialrat Dr. Edmund von Horváth in den Bauunterlagen genannt wird, für 50 000 Mark das Grundstück. 1924 ließ er dort ein Landhaus mit sieben Zimmern, Küche, Bad und Mädchenzimmer errichten. Die Villa wurde noch im selben Jahr bezugsfertig und diente neben dem stattlichen fünfgeschossigen Münchner Haus in der Martiusstraße 4 als Sommersitz. In den Sommermonaten hielten sich vor allem Ödön von Horváth, sein Bruder Lajos, die Mutter Maria Hermine und Maria Prehnal, die Großmutter mütterlicherseits, in Murnau auf. Der Vater kam häufig zu Besuch.

1924 wußte Ödön von Horváth noch nicht so recht, was er werden wollte. Gerade hatte er das Studium der Theaterwissenschaft, Germanistik und Kunstgeschichte an der Ludwig-Maximilians-Universität in München abgebrochen und eine Auftragsarbeit zusammen mit dem Komponisten Siegfried Kallenberg verfaßt. Seine erste Publikation *Das Buch der Tänze* war soeben in einem Münchner Verlag erschienen. Der begeisterte Bergsteiger nutzte das neue Domizil in Murnau als Ausgangspunkt zahlreicher Berg- und Klettertouren. Zudem bot die Villa der Eltern kostenloses Logis. In Murnau entdeckte er seine literarischen Figuren und Motive, dort entwickelte er sich zum Schriftsteller. In wenigen Jahren entstanden seine bedeutenden Theaterstücke *Zur schönen Aussicht* (1927), *Die Bergbahn* (1929), *Italienische Nacht* (1931), *Geschichten aus dem Wiener Wald* (1931), *Kasimir und Karoline* (1932), *Glaube Liebe Hoffnung* (1933) und der Roman *Der ewige Spießer* (1930). Noch in seinem Spätwerk schöpfte er aus dem reichen Fundus an Motiven und Themen, die ihm bei seinen Landaufenthalten aufgefallen waren.

Anfang der 1930er Jahre verschärfte sich das politische Klima in Murnau zunehmend. Nach der Saalschlacht 1931 geriet Ödön von Horváth immer öfter mit Mitgliedern der örtlichen SA und NSDAP in Konflikt. Deshalb mußte er im Februar 1933 in einer Nacht-und-Nebel-Aktion Murnau fluchtartig verlassen. In der Villa der Diplomatenfamilie fand einen Tag später eine Hausdurchsuchung statt. Die Eltern wurden in manchen Gastwirtschaften und Geschäften nicht mehr bedient. Sie verkauften das Landhaus im Dezember 1933 an den Kommerzienrat Rechberg. 1936 wechselte das Haus erneut den Besitzer. Die Familie von Scheven lebte dort bis 1973 und veräußerte das Haus dann an eine Immobilienfirma, die das äußerlich intakte Landhaus abreißen ließ.

Wir gehen die Bahnhofstraße auf der gegenüberliegenden Straßenseite weiter. Nach etwa 100 m, schräg gegenüber der Post, stand früher die Hotel-Pension Zur schönen Aussicht.

❸ **Ehemalige Hotel-Pension Zur schönen Aussicht Horváth-Motiv Bahnhofstraße 85 a**
In dem hochaufragenden Fachwerkbau, der 1980 abgerissen wurde, verbrachte die Familie Horváth 1920 und 1921 die Sommermonate. Das heruntergekommene Hotel regte Ödön von Horváth zur gleichnamigen Komödie an: »Dies Hotel zur schönen Aussicht liegt am Rande eines mitteleuropäischen Dorfes, das Dank seiner geographischen Lage einigen Fremdenverkehr hat. Saison Juli–

Hotel-Pension Zur schönen Aussicht, 1924.

August. Zimmer mit voller Verpflegung sechs Mark. Die übrige Zeit sieht nur durch Zufall einen Gast«, so beginnt Ödön von Horváths Regieanweisung. Das Theaterstück *Zur schönen Aussicht* entstand 1927 und zeigt vor der Kulisse eines idyllischen Alpenpanoramas den trostlosen Alltag einer dem Untergang geweihten Gesellschaft. Diese gallenbittere Komödie spielt in einem abgewirtschafteten, dem Bankrott preisgegebenen Hotel gleichen Namens, wo sich Gäste und Personal des Hauses gegenseitig zugrunde richten. »Nach der Saison« sollte das Stück ursprünglich heißen, in dessen erstem Entwurf Horváth viele Murnauer bei ihren richtigen Namen nannte. Offensichtlich flossen in die Komödie Beobachtungen und Erfahrungen ein, die Ödön von Horváth auch als Stammgast des Strandhotels und des Café Seerose mit dem dortigen Personal gemacht hatte.

Der mehrstöckige Fachwerkbau, von Münchner Kaufleuten um die Jahrhundertwende errichtet, war anfangs ein erstklassiges Hotel: »Otto Steiger's Wein- und Kaffee-Restaurant Bahnhofstraße 85 a. Sehr schön gelegenes Haus mit herrlicher Aussicht auf See und Gebirge. Vorzügliche Fremdenzimmer, gute reine Weine, anerkannt vorzügliche Verpflegung. Auf Wunsch Pension. Elektr. Licht, staubfreier, aussichtsreicher Garten. Bäder im Hause. Telefon 68.« Anfang 1927 verkaufte es der Hotelier Georg Ertl an eine Stuttgarter Geschäftsfrau. In den folgenden Jahren diente es als Wohn- und Geschäftshaus.
Wir überqueren die Straße und biegen an der Kreuzung in die Kohlgruber Straße ein, gehen vorbei am ehemaligen Postanger und stehen nach wenigen Minuten vor dem König-Ludwig-Denkmal.

❹ **König-Ludwig-Denkmal**
Horváth-Motiv
Kohlgruber Straße
Für seine Theaterstücke fand Ödön von Horváth in Murnau zahlreiche Charaktere und Schauplätze, darunter das König-Ludwig-Denkmal mit der imposanten Inschrift: »Ihrem unvergeßlichen Ludwig II. König v. Bayern gewidmet v. treuen Landeskindern MDCCCXCIV.« Initiator des Denkmals war der Murnauer Posthalter Augustin Bayerlacher, der es auf dem eigenen Grundstück 1894 errichten ließ. Die Anlage ist Vorbild für das »Denkmal des ehemaligen Landesvaters« in Horváths Volksstück *Italienische Nacht,* das in einer »süddeutschen Kleinstadt« spielt. Zwei Burschen bemalen die Büste des Denkmals mit roter Farbe. Im Anblick des »ehemaligen Lan-

desvaters« unterhalten sich Anna und der Faschist über die »Mission der Faschisten«, die Heimat zu ehren, und stellen während des Gesprächs entsetzt den Frevel fest.
Wir gehen die Kohlgruber Straße zurück, überqueren die Kreuzung und gelangen über die Postgasse zur Marktstraße.

❺ Hotel Post
Obermarkt 1
An der Ecke steht das Hotel Post, eines der traditionsreichsten Häuser in Murnau. Seit 1632 befindet es sich im Besitz der Familie Bayerlacher-Wagner und war die frühere »königliche Poststallhalterei«. Die Gasträume im Parterre mußten inzwischen einem Supermarkt weichen. Doch im Hotel mit seinen 40 Betten übernachten nach wie vor viele Sommergäste. Der Apotheker und Maler des Biedermeier Carl Spitzweg (1808–1885) stieg des öfteren im Hotel Post ab, etwa auf dem Weg zur Passion in Oberammergau, die er 1856 besuchte. Wie viele Maler der Münchner Schule im 19. Jahrhundert hielt sich Spitzweg häufig im Alpenvorland auf, um dessen Reize und Besonderheiten in Zeichnungen und Entwürfen festzuhalten. Im Jahre 1854 quartierte sich der Meister romantischer Kleinstadt-Idyllen für längere Zeit in Murnau ein, um der in München grassierenden Cholera zu entgehen. In seinem frühen Skizzenbuch von 1854 dokumentierte Carl Spitzweg zahlreiche Murnauer Ortsansichten und Landschaftsmotive der Umgebung, die er vielfach auf den Tag genau datiert hat.
Auch der bayerische Schriftsteller Ludwig Thoma (1867–1921) machte zusammen mit dem dänischen Schriftsteller Holger Drachmann (1846–1906) im Hotel Post Station. Er war auf dem Weg zum Maler Friedrich August von Kaulbach, der im 5 km entfernt gelegenen Ohlstadt einen Sommersitz mit einem großzügigen Atelier unterhielt. Ludwig Thoma erinnert sich später:
»Einmal trafen wir die Verabredung, mitsammen zu Fritz August von Kaulbach nach Ohlstadt zu fahren. Wir nahmen den Schnellzug bis Murnau und wollten von dort mit einem Schnellzug weiter. Da es aber Sonntag war, und da es im Gasthof ›Zur Post‹ frische Weißwürste gab, beschlossen wir, erst einmal zu frühstücken. Am Stammtisch saßen schon etliche Murnauer Bürger, von denen mich einer erkannte und freundlich einlud, bei ihnen Platz zu nehmen. Ich sagte ihnen, daß mein Begleiter der dänische Dichter Drachmann sei, und sie begrüßten ihn respektvoll und jovial. ›Aus Dänemark? So ... so? Der Herr Drachmann? No, wie g'fallt's Ihnen dann bei uns herunt? Laßt si scho leben, net wahr?‹ Drachmann fühlte sich gleich heimisch und stieß mit jedem an; es kamen immer mehr Gäste, und der wackere Zecher aus Mitternachtsland gefiel allen sehr wohl und war gleich der Mittelpunkt des Interesses... Als wir endlich wegfuhren, hatte der Dichter einen tüchtigen Zungenschlag... ›Thoma, in dieser Gegend muß ich wohnen. Ich werde hierher kommen. Es ist prachtvoll...‹ Noch nie habe ich Menschen getroffen, die so einfach menschlich waren.« (*Das Bayerland*, April 1929)
Während der Revolution 1918/19 hatte der rote Soldatenrat in diesem Hotel seine Geschäftszimmer. Andererseits wurde dort bereits im Februar 1923 die Ortsgruppe der NSDAP gegründet. Ein

paar Jahre später wurde Ödön von Horváth im Hotel Post Stammgast. Vor allem an Nachmittagen, wenn es etwas ruhiger in der Gaststube war, trank er dort seinen Kaffee und las Zeitung. Das Hotel war bekannt für seine gute Küche und seine »erstklassigen Moselweine«. In seiner Lieblingsgaststätte hörte Ödön von Horváth am Abend des 10. Februar 1933 die Übertragung der ersten Rede des gerade ernannten Reichskanzlers Adolf Hitler aus dem Berliner Sportpalast, die von sämtlichen deutschen Rundfunkstationen gesendet wurde. Horváth fühlte sich belästigt und forderte die Kellnerin auf, das Radiogerät zum Schweigen zu bringen. Das provozierte anwesende Nationalsozialisten. Es kam zu einem heftigen Streit, in dessen Verlauf zwei SA-Leute Horváth aus dem Lokal schafften und »nach Hause begleiteten«. Am nächsten Morgen nahm Horváth den ersten Zug und verließ Murnau.

Wir gehen die leicht ansteigende Marktstraße hinauf und gelangen schon bald zum Gasthof Griesbräu.

❻ Gasthof Griesbräu
Obermarkt 35

In der Marktstraße von Murnau stießen zu Beginn des 20. Jahrhunderts zwei diametral entgegengesetzte Welten aufeinander: die weitgereisten Künstler des »Blauen Reiter« um Wassily Kandinsky und Gabriele Münter und die etablierten Münchner Künstler um den Architekten und Baukünstler Emanuel von Seidl (1856–1919). Dieser ließ sich um die Jahrhundertwende in Murnau nieder und begann sogleich damit, heimatliches Kulturgut zu pflegen und traditionelle ländliche Bauweisen wiederzubeleben. Mit einigen Künstlerfreunden aus München gestaltete er ab 1906 die Fassaden der Marktstraße mit dem Ziel, ein farbenfreudiges, harmonisches und behagliches Marktbild zu schaffen.

Die Maler des »Blauen Reiter« wiederum waren weltoffen und hatten bereits in den Niederlanden, Tunesien und Frankreich ihre Malstudien betrieben, bevor sie fast zeitgleich mit Emanuel von Seidl die Landschaft um Murnau entdeckt haben. Auch sie sehnten sich nach

Brauerei und Gasthof zum Griesbräu, um 1915.

einem einfachen Leben in Einklang mit der Natur, auch sie griffen in ihrem künstlerischen Schaffen auf die bäuerliche Volkskunst zurück. Doch ganz anders als die Künstler um Emanuel von Seidl suchten sie nach neuen Wegen in der Kunst. Die bunt angemalten Häuser in der Marktstraße inspirierten sie zu expressionistischen Bildern, die später Weltgeltung erlangten, wie etwa Wassily Kandinskys (1866–1944) Bild *Blick aus dem Grießbräu in die Johannisgasse*. Kandinsky malte es während seines ersten Murnau-Besuchs, als er zusammen mit seiner Lebensgefährtin Gabriele Münter (1877–1962) im August 1908 im Gasthof Griesbräu übernachtete. Münter erinnert sich: »Murnau hatten wir auf einem Ausflug gesehen und an Jawlensky und Werefkin empfohlen – die uns im Herbst auch hinriefen. Wir wohnten im Griesbräu, und es gefiel uns sehr. Ich habe da nach einer kurzen Zeit der Qual einen großen Sprung gemacht – vom Naturabmalen – mehr oder weniger impressionistisch – zum Fühlen eines Inhaltes, zum Abstrahieren – zum Geben eines Extraktes.« (Gabriele Münter, *Tagebuchaufzeichnung 1908*)

Wir gehen die Marktstraße, die seit wenigen Jahren Fußgängerzone ist, auf der linken Seite zurück und genießen bei schönem Wetter den herrlichen Blick auf die Berge. An der Kreuzung zur Schloßbergstraße liegt das Rathaus.

❼ Rathaus
Untermarkt 17

Das Rathaus im neugotischen Stil zeigt auf der Frontseite den Ortsgründer, Kaiser Ludwig der Bayer, als weltliches und eine Mariendarstellung als spirituelles Element. Im Murnauer Rathaus stellte der Diplomat Dr. Edmund von Horváth am 30. September 1921 den Antrag auf »Neubau eines Landhauses von Dr. Horváth«. Von seiten des Gemeinderates bestanden keine Einwände. 1926 verlegte sein Sohn Ödön den festen Wohnsitz nach Murnau und meldete sich im Einwohnermeldeamt an. Mindestens bis 1934 behielt Ödön von Horváth seinen festen Wohnsitz in Murnau bei. Leider existieren heute keinerlei Meldeunterlagen zur Familie Horváth mehr. Allerdings liegen im Staatsarchiv München die Unterlagen zum »Gesuch um Einbürgerung«, das Ödön von Horváth – übrigens als einziger seiner Familie – am 7. April 1927 im Rathaus Murnau stellte. Der Murnauer Gemeinderat prüfte das Gesuch nicht lange, sondern stimmte in seiner Sitzung vom 20. Juli 1927 mit einer knappen Mehrheit von 7 zu 6 Stimmen für einen Beschluß, der u. a. hervorhob, »daß kein Nachweis erbracht ist, ob Gesuchsteller imstande ist, sich dauernd selbständig zu ernähren«, und kam zu dem Ergebnis, daß »die nachgesuchte Einbürgerung deshalb nicht begutachtet« wird. Dann wurde das Gesuch an die übergeordnete Kreisbehörde weitergeleitet. Das Bezirksamt Weilheim recherchierte gründlich, stellte Rückfragen, lud Ödön von Horváth persönlich vor und kam – im Gegensatz zu den Murnauer Gemeinderäten – zu dem Schluß, das Gesuch zu befürworten. Die Regierung von Oberbayern als entscheidungsbefugtes Gremium schloß sich dem Votum der Marktgemeinde Murnau an. Wenige Wochen später erfuhr Ödön von Horváth im Rathaus unter »Aushändigung eines Taufscheines und eines Zuständigkeitszeugnisses«, daß »nach Regg. Entschl. V18.5.1928 Nr. d. 1513 AI dem Schriftsteller Edmund von Horváth von Budapest die Einbürgerung in Bayern nicht in Aussicht gestellt werden kann«. Ödön von Horváth sprach öffentlich nie über seinen gescheiterten Einbürgerungsversuch. Vielmehr machte er aus der Not eine Tugend und betonte ganz offensiv sein Weltbürgertum.

In dem Gebäude gegenüber dem Rathaus, an der Kreuzung zur Schloßbergstraße, befand sich früher das »Gast & Weinhaus Gg. Kirchmeir«, eine weitere Lieblingsgaststätte Horváths. Heute ist dort eine Bank.

❽ **Gaststätte und Weinhaus Kirchmeir Schloßbergstraße 1**
Eine goldene Traube ziert noch heute das stattliche Eckhaus, in dem früher Ödön von Horváth mit Vorliebe sein Bier trank. Bereits zum Frühstück gab es dort »jeden Tag selbst gemachte feine Brat-, Weiß- und Schweinswürste, sowie große Auswahl von vorzüglichen reinen Weinen« und »frischem Murnauer Lagerbier«. Am Stammtisch, wo sich Lehrer, Pfarrer und Geschäftsleute zum Gedankenaustausch trafen, war Ödön von Horváth ein häufig und gerngesehener Gast und machte sich seine Notizen. Bisweilen lieh er sich das Papier von den Wirtsleuten und skizzierte etwa das Konzept für den Roman *Hannes, das Arbeiterkind* am 11. Juni 1930 auf das Briefpapier der Weinwirtschaft Kirchmeir. Der Ruin des Familienbetriebs wurde nicht zuletzt durch die »Murnauer Saalschlacht« verursacht. Am 1. Februar 1931 sprengten Nationalsozialisten, die zum Teil mit Bussen und mit der Bahn aus der näheren Umgebung angereist waren, eine öffentliche Parteiveranstaltung der Sozialdemokratischen Partei, Ortsgruppe Murnau. »Für die Versammlung standen zwei Räume der Gastwirtschaft Kirchmeir zur Verfügung und zwar der Speisesaal und die Weinstube. Die zwischen beiden Zimmern befindliche Holzwand wurde entfernt, so daß die Räume ein einziges Ganzes darstellten... Insgesamt war der Kirchmeir-Saal von etwa 250–300 Personen besucht, die teilweise auch die Gänge besetzt hielten«, heißt es in den Gerichtsprotokollen. 26 Personen wurden bei der Schlägerei zum Teil schwer verletzt. Der angerichtete Sachschaden belief sich auf 2800 Reichsmark. Horváth saß zwischen den raufenden Kontrahenten und beeidigte beim Prozeß wegen Landfriedensbruchs vor dem Amtsgericht Weilheim am 20. Juli 1931, daß »nach meiner Ansicht die Biergläser von den Nationalsozialisten geworfen wurden. Ein Nationalsozialist wollte mich mit einem Stuhl schlagen, er wendete sich dann wieder von mir ab und schlug den Stuhl einem anderen auf den Kopf«. Die Nationalsozialisten wurden von hochkarätigen Anwälten, unter ihnen Dr. Hans Frank, Hitlers Rechtsberater und späterem »Generalgouverneur« von Polen, vertreten. Dieser zweifelte Horváths Glaubwürdigkeit an: »Ich stelle fest, daß es sich hier um einen Zeugen handelt, der nur Tendenzstücke gegen die Nationalsozialisten schreibt!« (*Münchner Post*, 23. Juli 1931) Der Prozeß und das Berufungsverfahren endeten mit dem Freispruch aller Nationalsozialisten.

Gaststätte und Weinhaus Kirchmeir mit der prägnanten Traube, 1933.

Über die Schloßbergstraße gelangen wir zum Schloßmuseum, das in der ehemaligen Murnauer Burg untergebracht ist.

**❾ Schloßmuseum Murnau
Schloßhof 4–5**
Der Wohnturm der Murnauer Burg wurde bereits 1233 von den Wittelsbachern errichtet. Bis zur Säkularisation war sie 400 Jahre Amts- und Wohnsitz der Pfleger des Klosters Ettal, die hier die Gerichtsbarkeit ausübten. Dann diente es verschiedenen Besitzern als Wohnung und der Marktgemeinde Murnau bis 1980 als Schule. Seit 1993 wird es als Museum genutzt.

Das Schloßmuseum Murnau ist ein Museum ganz besonderer Art. Es kombiniert Informationen über die Entstehungsgeschichte der Landschaft um Murnau mit Dokumentationen zu Leben und Werk von Künstlern und Schriftstellern, die sich mit dieser Landschaft künstlerisch auseinandersetzten und sie mit ihrem Werk unsterblich machten.

Bereits vor 1800 spürten Münchner Maler die poetischen Reize der Natur für ihre Kunst auf. Beeinflußt vom aufgeklärten Gedankengut eines Jean-Jacques Rousseau und mit wachem Auge für die malerischen Schönheiten des Alpenvorlandes, gingen sie aus der Stadt hinaus in die Natur. Sie suchten sich hier ihre Motive, statt – wie bisher – nach traditionellen Vorbildern komponierte Ideallandschaften im Atelier zu malen. Johann Georg Dillis, Franz und Wilhelm von Kobell, Max Joseph Wagenbauer, Johannes Jakob Dorner d. J. und Simon Warnberger leiteten eine neue, unakademische Landschaftsauffassung ein.

Um die Wende zum 20. Jahrhundert entdeckten die Maler des »Blauen Reiter« das Voralpenland. Ihr Wirken nimmt im Schloßmuseum Murnau einen breiten

Raum ein. Dabei stehen die Werke von Gabriele Münter, Malerin und Lebensgefährtin von Wassily Kandinsky, im Mittelpunkt. Von 1909 bis 1914 lebte sie zusammen mit Wassily Kandinsky in einem von den Murnauern spöttisch als »Russenhaus« bezeichneten Landhäuschen. Mit über 70 Gemälden, Zeichnungen und Graphiken präsentiert das Museum eine stattliche Anzahl von Werken Gabriele Münters aus den Jahren 1902 bis 1958.

Auch Ödön von Horváth ist im Schloßmuseum ein eigener Raum gewidmet. Die Ausstellung dokumentiert die Murnauer Zeit Ödön von Horváths und die Werkbezüge zu Murnauer Ereignissen, Persönlichkeiten und Lokalitäten in den 1920er und 30er Jahren. Sie stellt Horváths Murnauer Jahre in einen größeren biographischen Kontext und informiert über Zusammenhänge zur Orts- und Zeitgeschichte.

Das Schloßmuseum Murnau beherbergte zeitweise einen Schatz, dessen große Bedeutung für die europäische Kulturgeschichte bisher noch gar nicht so recht erkannt wurde: eine aus Eisenblech geschmiedete Glocke, die aus der vorkarolingischen Zeit, etwa 700 n. Chr., stammt. Diese Wanderglocke der irischen Mönche ist eine der ältesten auf dem Kontinent und ein Beleg für die frühe Christianisierung dieser Gegend. Ihr eigentlicher Standort ist das St. Georgskirchlein am Rande des Murnauer Mooses. Dort überdauerte dieses einzigartige kirchliche Objekt seit mehr als 1200 Jahren Kriege, Hungersnöte und Epidemien. An ihren ursprünglichen Platz im Ramsachkirchlein kehrt die Glocke zurück, sobald die sicherheitstechnischen Voraussetzungen geschaffen sind.

In Sichtweite zum Schloßmuseum liegt die Pfarrkirche St. Nikolaus.

❿ Pfarrkirche St. Nikolaus mit Friedhof

Der Zwiebelturm von St. Nikolaus ist Motiv zahlreicher Gemälde Kandinskys und Münters. Im Kircheninnern hängt eine große Zahl von Votivbildern, darunter 23 besonders großformatige Tafeln, von denen fünf im Almanach *Der Blaue Reiter* abgebildet sind. Zusammen mit Kinderzeichnungen, einem Münchner Hinterglasbild und Werken von Henri Rousseau, Arnold Schönberg und Henri Matisse veranschaulichen sie als Bildbeispiele Wassily Kandinskys Beitrag *Über die Formfrage*.

Umgeben wird die Pfarrkirche vom Gemeindefriedhof. Ganz in der Nähe der Aussegnungshalle gelangt man an der Friedhofsmauer entlang zum Familiengrab der Horváths. Ödöns Großmutter mütterlicherseits Maria Prehnal, k. u. k. Oberstabsarztwitwe (1851–1938), und deren Sohn Josef Prehnal, Inspektor der österreichischen Nationalbank, k. u. k. Leutnant d. R. (1875–1929), sind dort begraben.

Das Grab liegt direkt neben dem der Malerin Gabriele Münter und des Kunsthistorikers Johannes Eichner, Gabriele Münters Lebensgefährte seit Anfang der 1930er Jahre. Vom Grab aus blickt man auf das Münter-Haus, das, hinter hohen Bäumen versteckt, am gegenüberliegenden Hügel liegt und wo sie bis zu ihrem Tod 1962 ein zurückgezogenes, bescheidenes, aber weiterhin künstlerisch aktives Leben führte. 1957 stiftete sie zahlreiche bedeutende Werke Kandinskys und ihrer Künstlerfreunde des »Blauen

Reiter« aus der Zeit vor dem Ersten Weltkrieg der Stadt München. Sie werden in der Städtischen Galerie im Lenbachhaus betreut.

Wir durchqueren den Friedhof und gelangen über einen Seitenausgang zum Untermarkt, dem unteren Teil der Marktstraße. Von dort biegen wir am Maibaum in die Seidlstraße ein.

⓫ Sommerwohnung von Arnold Schönberg Seidlstraße 6

Gabriele Münter suchte 1914 für den damals noch ziemlich unbekannten Maler und Musiker Arnold Schönberg (1874– 1951) eine Bleibe und entschied sich für das Haus bei Familie Staib, Seidlstraße 6. Das Haus mußte 1982 einem Neubau weichen. Möglicherweise hat es so ausgesehen wie eines der noch existierenden Landhäuser in der Seidlstraße. Bereits am 14. September 1911 waren sich Schönberg und Kandinsky in Murnau begegnet, als Schönberg im nahe gelegenen Berg am Starnberger See zur Sommerfrische weilte. Jetzt zog es ihn an den Staffelsee zu Kandinsky. Die beiden begegneten sich zu einem Zeitpunkt, als Kandinsky den Weg der gegenständlichen Malerei vollends verlassen und Schönberg die traditionelle Tonalität endgültig aufgelöst hat. Ein ausführlicher Briefwechsel nebst vielen Skizzen dokumentiert, daß die »Herbergssuche« gar nicht so einfach war. Nach reiflichen Überlegungen entschied man sich für das Haus in der Seidlstraße 6.

»Murnau, den 7. 5. Sonntag 1914
Lieber Herr Schönberg – ... Der Fisch war gut! Schloßkarten (?) – auch!! Und das Bier!!! Also prosit! Das Staibhäus-

Arnold Schönberg, 1911. Mit Widmung für Kandinsky.

chen ist ein einfaches Bauernhaus (keine Villa), aber sehr sauber, geruchfrei und wurde gerade gestrichen, gerichtet usw. Weder Kinder, noch Hunde im Haus. Der Mann ist jung (und jung verheiratet) und wirklich sehr nett. – Vom See weit – ca. 15 Min. Die Lage aber sehr gut, einsam. Viele Grüße Ihr K.«

»Berlin 25. 5. 1914
Lieber Herr Kandinsky, herzlichsten Dank für Ihren sehr lieben Brief ... Und da ich viel komponieren möchte, muß ich sehr ruhig und ungestört wohnen. Am liebsten in einem kleinen Haus allein. Auch muß es eine richtige Wohnung sein, wo nicht einmal das Auge eines Fremden Zutritt hat. Also ganz abgeschlossen. Ich weiß gar nicht, ob Sie Zeit haben, sich mit dieser Sache abzugeben.

Für alle Fälle sende ich Ihnen einen ›Fragebogen‹, auf dem alles genau steht, was ich wünsche. Viele herzliche Grüße Ihnen und Frl. Münter Ihr Arnold Schönberg«
Arnold Schönberg verbrachte mit seiner Familie vom 4. Juli bis 10. August 1914 die Sommerfrische in Murnau. Der Beginn des Ersten Weltkrieges bereitete der Sommeridylle und dem Briefkontakt zu Wassily Kandinsky ein jähes Ende. Erst im Sommer 1922 nahmen Schönberg und Kandinsky wieder Verbindung zueinander auf.
Die Seidlstraße führt über die Wimmerstraße zum Seidlpark, durch den die Wankstraße geht.

⓬ Künstlerleben im Seidlpark
Hier hatte sich der Münchner Architekt und Gartengestalter Emanuel von Seidl 1902 sein eigenes Landhaus mit Weihern, Terrassen, Obst- und Gemüsegärten errichtet, das er kontinuierlich erwei-

Landhaus von Emanuel von Seidl. Foto von Frank Eugene Smith.

Emanuel von Seidl und seine Frau Maria, geb. Luberich, um 1915.

terte. Die wenigen Rudimente, die heute noch stehen, etwa die Orchestervereinsbank, der Freundschafts-Hügel oder die Hirschskulpturen mit Brunnen, sind gut beschildert.
Emanuel von Seidl entstammte einer angesehenen Münchner Bäckerdynastie. In München hatte er um die Jahrhundertwende zahlreiche Aufträge für große

Wohnbauten in den neu entstandenen Villenvierteln in den Vororten und im bayerischen Alpenvorland. 1906 bekam er den persönlichen Adel verliehen. Die Münchner Künstler, die ihn umgaben, prägten in der Prinzregentenzeit das gesellige Leben der Stadt und bestimmten das Kunstverständnis des Münchner Großbürgertums. Zu Emanuel von Seidls Murnauer Gästen zählten Prinz Rupprecht von Bayern, der Schriftsteller Ludwig Ganghofer, der Fotograf Frank Eugene Smith, der Architekt Richard Riemerschmid, der Karikaturist Olaf Gulbransson, die Maler-

Frank Eugene Smith, um 1907.

Ankunft von Gästen im Landhaus von Emanuel von Seidl, um 1910.

fürsten Franz von Lenbach, Franz von Defregger, Friedrich August von Kaulbach, Franz von Stuck und der Komponist Richard Strauss. Am Rande des Grundstücks hielt der Zug außerplanmäßig an einer provisorischen Haltestelle, an der seine Gäste aus der Stadt aus- und einsteigen konnten. Sie konnten sich in dem Park vergnügen, ohne sich gegenseitig zu stören. Meist blieben sie mehrere Tage oder Wochen und übernachteten in den Gästezimmern. Häufig fanden Musikabende statt. Man bestritt aber auch Schachwettbewerbe, übte sich im Malen oder ging im oberen Weiher baden. Im Winter vergnügte man sich mit Rodeln und Skifahren.

Seidl verstand es meisterhaft, seine Gäste zu Fasching, Ostern, Pfingsten und Silvester, aber auch zu Geburtstagen und Jubiläen mit Festen, Konzerten und Theaterspielen zu überraschen und sie bei guter Laune zu halten. So konnte Emanuel von Seidl den berühmten Berliner Schauspielregisseur Max Reinhardt (1873–1943) dafür gewinnen, zu seinem 54. Geburtstag Szenen aus der legendären Inszenierung des *Sommernachtstraums* zu spielen. Mit dieser Shakespeare-Inszenierung im Neuen Theater Berlin war Reinhardt 1905 ein sensationeller Theatererfolg gelungen, der ihn europaweit berühmt machte. Das Stück blieb über ein Jahrzehnt auf dem Spielplan. Seit 1905 war Max Reinhardt Direktor und Eigentümer des Deutschen Theaters Berlin. Regie, wie er sie verstand, zielte darauf hin, das Publikum zur spontanen Teilnahme zu bewegen, das Theater von einem Gegenstand des Bildungsinteresses zu einem Gegenstand der Emotion zu machen. Den *Sommernachtstraum* hatte er bereits in Berlin unter freiem Himmel gespielt. Da sich Reinhardt auf Gastspielreise in München befand, sagte er gerne zu.

»Ein Ehrentag und wohl das glanzvollste Ereignis in diesem Künstlerheim aber war es, als am 28. August 1910 in Seidls Park an einem der prachtvollen Hochsommerabende Max Reinhardt mit den besten seines Ensembles, mit Moissi, Else Heims, Leopoldine Konstantin, Hans Wassmann, Matray Shakespeares *Sommernachtstraum* mit wechselnden Szenerien im Garten, am Wasser, an der Treppe des Hauses aufführte. Wundervoll war der Zusammenklang von Dichtung und Auditorium, von Darstellern und gleichsam mitspielendem Publikum. Der Kreis war ebenso klein wie auserlesen. Es waren weniger als hundert Menschen. Aber mit zwei Königinnen, der

Max Reinhardt.

Friedrich Wilhelm Murnau bei Murnau, 1924.

alten Heldin Maria von Neapel, deren greise Stirn der unsichtbare Lorbeer der Verteidigung von Gaeta umschlang, und der schönen, jungen Elisabeth von Belgien, waren Münchens beste Künstler und prominenteste Persönlichkeiten des öffentlichen Lebens hier vereint. Es war auch in dieser Hinsicht ein *Sommernachtstraum*. Aus Traum und Nacht aber wurde wieder Morgen und ein neuer Tag, und ein Diner vereinigte die meisten der Gäste zu neuer Lustbarkeit.« (Georg Jakob Wolf, *Münchner Künstlerfeste*)
Noch heute erinnert ein vom Bildhauer Fritz Behn geschaffenes »Hermen-Rondell« von 1911 an die prominenten Theater- und Musikdarbietungen in Seidls »Gelobtem Land«. Die Büste William Shakespeares dokumentiert den »Sommernachtstraum 28. 8. 1910«, die Goethe-Skulptur hält die Lesung von *Wilhelm Meister* am 29. September 1909 lebendig. Die Köpfe Ludwig van Beethovens und Wolfgang Amadeus Mozarts symbolisieren unzählige Konzerte. Vor dem Rondell steht die am 21. August 1906 eingeweihte »Orchestervereinsbank«, ein Geschenk des Münchner Orchestervereins.
Emanuel von Seidls Witwe vererbte seinen Besitz der Marktgemeinde Murnau mit der Auflage, daß »das ganze Terrain in seinem jetzigen Besitzstand unverletzt bleiben (muß). Alle Gegenstände, die im Park aufgestellt sind, sollen genau an der Stelle bleiben, an der sie sich befinden«. Leider hielt man sich nicht daran. Im

Februar 1972 wurde die Seidl-Villa abgerissen. Dort, wo sie früher stand, ist heute eine Rasenfläche.
Vieles spricht dafür, daß Friedrich Wilhelm Plumpe, alias Friedrich Wilhelm Murnau (1888–1931), der Stummfilmregisseur, die Augustwochen 1910 in Murnau verbrachte und wahrscheinlich bei der spektakulären *Sommernachtstraum*-Inszenierung dabei war. Verschiedene handschriftliche Vermerke dokumentieren, daß er sich ab Weihnachten 1910 zu seinem Künstlernamen »Murnau« bekannte. Der Schauspielerin Camilla Horn erzählte er bei einem Besuch in seiner Berliner Villa, warum er »Murnau« als Pseudonym wählte: »Das Zimmer war nicht sehr hell. Es war nicht so ein sonniges ... Und ein buntes Bild hing mir gegenüber – es war ein Aquarell, und man las genau darunter ›Murnau‹. Und – na ja – aus Verlegenheit oder war es was anderes – fragte ich ihn damals, wieso Murnau, ob das seine Heimatstadt wäre. Nein, nein, nein, sagte er, mit diesem Ort verbindet mich eine wichtige Phase meines Daseins, meiner Karriere, meines Lebens kann man sagen.« (Gespräch mit Elisabeth Tworek am 28. Dezember 1988 für den Bayerischen Rundfunk/kultur aktuell) Auch die Nichten von F. W. Murnau erinnern sich noch heute an dieses Bild, das ein Ortsmotiv von Murnau zeigte. Bis 1939 hing es im Turmzimmer von Murnaus Villa in Berlin-Grunewald und ist – wie große Teile seines Nachlasses – in den Wirren des Zweiten Weltkrieges verschollen.
Auf seiner Murnauer Reise wurde Friedrich Wilhelm Murnau vom expressionistischen Dichter Hans Ehrenbaum-Degele (1889–1915) begleitet. Die beiden verband spätestens seit dieser Reise ein inniges Liebesverhältnis. Ehrenbaum-Degele öffnete ihm die Türen zu den kunstinteressierten Kreisen Berlins; durch ihn lernte er Künstler und Literaten wie Renée Sintenis, Paul Zech, Karl Kraus und die expressionistische Schriftstellerin Else Lasker-Schüler kennen, die zusammen mit ihrem Ehemann Herwarth Walden ab 1912 verstärkt Beziehungen zu den Künstlern des »Blauen Reiter« pflegte und den expressionistischen Maler Franz Marc sogar in Sindelsdorf besuchte. Mindestens zweimal noch kam F. W. Murnau in die Umgebung von Murnau. Zum einen hielt er sich zusammen mit dem Maler und Musiker Walter Spies (1895–1942), seinem damaligen Lebensgefährten, im September 1921 in Garmisch auf. Gemeinsam bereiteten sie die Dreharbeiten zu Murnaus berühmtestem Film *Nosferatu* vor und suchten nach geeigneten Motiven. Dem Pianisten Eduard Edmann schrieb Walter Spies am 26. September 1921 nach Berlin: »Herzliche Grüße aus furchtbaren Schluchten, wo wir seit 5 Uhr morgens auf Nebelbildung warten! Aufwiedersehen. Ihr Walja.« Zum anderen zeigt ein Foto von 1924 F. W. Murnau vor seinem Kabriolett inmitten der charakteristischen Voralpenlandschaft. Der Wagen mit Berliner Kennzeichen steht auf der Straße bei Farchant, nur wenige Kilometer von Murnau entfernt. F. W. Murnau war inzwischen zu einem berühmten Repräsentanten des Stummfilms geworden und auf dem Sprung nach Hollywood. Mit seinen expressionistischen Filmen machte er den kleinen Ort, dem er seinen Namen verdankt, mehr oder weniger unbewußt weltweit bekannt. In Murnau wußten die Gäste des Architekten und

Baukünstlers Emanuel von Seidl diese neuen Strömungen in der Kunst wenig zu schätzen, wie ein Eintrag des Münchner Malers Paul Rieth in Seidls Murnauer Gästebuch vom Juli 1918 dokumentiert: »Fliehe aus München, Dem expressionistischen – übel wird es Dir nur – Herrlich ist Murnau – Dort kehret Dir Ruhe und Frohsinn zurück –.«
Wir gehen die Wankstraße weiter und biegen links in die Loisachstraße ein. Über den Walter-von-Molo-Weg erreichen wir den Walter-von-Molo-Park, der öffentlich zugänglich ist.

Das Haus von Walter von Molo, 1934.

⓭ Walter-von-Molo-Park
Walter-von-Molo-Weg 9
Früher Hechendorf, Haus Nr. 59

»Provinz ist überall dort, wo der einzelne sich unwidersprochen feierlich wichtig nimmt. Murnau, in der Provinz am 10. 11. 1948 gez. Ihr Walter v. Molo«
Der Schriftsteller Walter von Molo (1880–1958) lebte von Mai 1934 bis zu seinem Tod im Oktober 1958 zusammen mit seiner zweiten Frau Anne inmitten eines großzügigen Grundstücks, das heute Walter-von-Molo-Park heißt. Er war der meistgelesene deutschsprachige Autor der ersten Hälfte des 20. Jahrhunderts, bevor die Nationalsozialisten ihn zwangen, sich zurückzuziehen. Am Ortsrand von Murnau fand er einen Platz, der ihm an seinem Lebensabend Geborgenheit und ein wenig Ruhe gab. Seine autobiographischen Aufzeichnungen *So wunderbar ist das Leben* (1957), *Wo ich Frieden fand* (1959) und *Aus dem Murnauer Tagebuch* (1933–1945) sind voll von Erinnerungen und Erlebnissen an seine Murnauer Jahre. Berühmtheit erlangte er im Nachkriegsdeutschland durch eine Kontroverse zwischen den Schriftstellern, die während des Dritten Reiches in Deutschland ausharrten, und denen, die aus Deutschland fliehen mußten. In diesem Streit war er einer der Exponenten für die »innere Emigration«.
Das Grundstück am Ortsrand von Murnau kaufte Walter von Molo bereits im Sommer 1932 und vergrößerte es durch weitere Ankäufe. Aufgewachsen war er in Wien. Dort hatte er das Gymnasium besucht, an der Technischen Hochschule Maschinenbau und Elektrotechnik studiert und bis 1913 als Ingenieur im Wiener Patentamt gearbeitet. Kurz vor dem Ersten Weltkrieg ging er als Schriftsteller in die kulturelle Metropole Berlin und schrieb äußerst erfolgreiche Romane, die Rekordauflagenhöhen erzielten, wie sein *Schiller-Roman* in vier Teilen (1912–1916) oder sein Roman *Ein Volk wacht auf* (1818–1921). Mit über 50 Romanen und Erzählungen zählte Walter von Molo zu den Arrivierten der Reichshauptstadt Berlin. Von 1928 bis 1930 war er Präsident der Dichterakademie, die aus der Akademie der Künste in Berlin hervorgegangen war. Als die Nationalsozialisten an die Macht kamen,

wurde er von deren Presse scharf attakkiert. Seine Bücher wurden nicht mehr neu aufgelegt und übersetzt, die bereits im Handel befindlichen Bücher aus den Regalen und aus öffentlichen Bibliotheken entfernt. Im Rundfunk durfte er nicht mehr sprechen, seine Stücke wurden nicht mehr aufgeführt. Um den andauernden Diffamierungen zu entgehen, zog er sich möglichst weit weg aufs Land zurück. Emigrieren wollte er nicht: »Ich lasse mich nicht aus meinem Vaterlande vertreiben!!«
Nachstellungen durch Parteischergen blieben ihm auch in Murnau nicht erspart: »Eines Tages war ein Mann in einer Lederhose zu mir auf den einsamen Hof gekommen und hatte sich frank und frei erkundigt: ›Warum habts ös koane Kinder? Ihr seids doch g'sund – oder stimmt vielleicht rassisch was net?‹ Dann wieder erschien unser Bauernbürgermeister bei mir und zeigte mir eine Anfrage aus Berlin, in der stand, er solle Auskunft geben, ›ob der angeblich von Berlin-Zehlendorf nach Murnau verzogene Schriftsteller sich weiter kulturbolschewistisch betätige?‹ Ich fragte, was er sich darunter vorstelle. Darauf antwortete er: ›Mei – Sie werden halt a Jud sein!‹ Als ich versicherte, daß ich keiner sei, rief er erbittert: ›Ja, warum denn dann die Feindschaft gegen Sie? Sie sind doch a anständiger Mensch!‹ Ich versuchte alles damit zu erklären, daß ich nicht in der Partei sei. Da begann sein Gesicht zu strahlen: ›Net in der Partei? – Des ham'mer glei! Des mach i, des is mir was Leichts!‹ Das war nun gerade das, was ich nicht wollte. Ich gestand es ihm. Da lachte er laut und sagte: ›I kann Eahna guat verstehn.‹« (Walter von Molo, *So wunderbar ist das Leben*)

Walter von Molo und seine Frau.

Da Walter von Molo nicht in die Partei eintrat und keiner »Gliederung« angehörte, kündigte ihm sein Verlag den Vertrag. Im August 1939 brachte der Londoner Rundfunk die Nachricht von seiner angeblichen Ausbürgerung. In seinem Murnauer Haus fanden Hausdurchsuchungen statt. Er vernichtete in seiner Panik bedeutende Zeugnisse der deutschen Literaturgeschichte: »Als der Mann wieder gegangen war, trug ich mit meiner sehr verläßlichen Sekretärin, nach Anbruch der Dunkelheit, Körbeweise die unerwünschte Literatur ins Tal hinab, ans Ende unseres Weihers, und dort versenkte ich die wertvollen Bände in tiefe Löcher, in denen das Wasser stand. Es war so ziemlich die ganze zeitgenössische Literatur mit eigenhändigen Widmungen der Verfasser, die Bücher meiner Freunde. – Und alles von und über Karl Marx mußte natürlich auch vernichtet werden. Welcher Wahnsinn! ... Mein gesamter Briefwechsel mit Stefan Zweig ist auf diese Weise verlorengegangen. Ich habe ihn in einer Anwandlung von begreiflicher Schwäche verbrannt, als nach der zweiten, bald

darauf folgenden Hausdurchsuchung einer an meinen Autogrammschrank geriet und die gebündelten Briefe fand.«
Walter von Molo zog sich immer mehr zurück und wurde ein Heimatloser im eigenen Land. »Oft verließ ich wochenlang nicht das Grundstück, eine Zeitlang ging ich sogar nur in der Nacht spazieren. Ich sah kaum einen Menschen und erlebte die Dinge des inneren Lebens ... Ich arbeitete viel körperlich, hackte Holz, fuhr mit dem Schubkarren Erde und Schotter, kurz: ich suchte Ablenkung.«
Nach Kriegsende setzte sich Walter von Molo für die Rückkehr der ins Exil gegangenen deutschsprachigen Intelligenz ein und forderte seinen großen Kollegen Thomas Mann in der *Münchner Zeitung* vom 13. August 1945 zur Rückkehr nach Deutschland auf. Vielleicht hätte sich Thomas Mann sogar zum Kommen überreden lassen, hätten sich nicht andere selbstgewählte Sprecher der »inneren Emigration« bei dieser Diskussion im Ton vergriffen. So kehrte Thomas Mann nicht nach Deutschland zurück, sondern ließ sich 1952 endgültig in der Schweiz nieder. Walter von Molo blieb bis zu seinem Tod in Murnau. 1969 verkaufte Annemarie von Molo der Marktgemeinde Murnau das Grundstück. Sie behielt bis zu ihrem Tod, 1983, das Nutzungsrecht von Grundstück und Wohnhaus bei. Ihre Urne ist im Garten neben der ihres Mannes Walter von Molo beigesetzt. Ein Grabstein erinnert an den einst vielgelesenen und inzwischen fast vergessenen Schriftsteller.
Wir gehen zurück zur Loisachstraße, die zur Kocheler Straße führt. Dort besteht die Möglichkeit, mit dem Bus zurück zur Ortsmitte zu fahren.

Auf Motivsuche am Staffelsee

Die zweite Route beginnt schräg gegenüber dem Kultur- und Tagungszentrum Murnau.

❶❹ **Gedenkbüste für Gabriele Münter**
Gabriele-Münter-Platz
Der Gabriele-Münter-Platz erinnert mit einem Gedenkstein an die große Künstlerin des »Blauen Reiter«, die über 40 Jahre in Murnau lebte, von 1909 bis 1914 an der Seite von Wassily Kandinsky. »Während dieser Zeit gelang ihnen mit den Freunden Alexej von Jawlensky, Marianne von Werefkin, Franz Marc, August Macke und anderen der Durchbruch zu einer neuen Expressiven Malerei«, so die Inschrift.
Am 19. Februar 1877 wurde Gabriele Münter als Kind einer wohlhabenden Familie, die lange in den USA gelebt hatte, in Berlin geboren. Um die Jahrhundertwende begann sie in München ein Kunststudium. 1902 belegte sie Kurse bei Wassily Kandinsky, was ihr neue, entscheidende Impulse für ihre künstlerische und persönliche Zukunft gab. Zusammen mit Kandinsky unternahm sie zwischen 1903 und 1907 zahlreiche größere Studienreisen. 1907 lebten und arbeiteten beide in Berlin. 1908 kehrten sie gemeinsam nach München zurück und entdeckten im Sommer Murnau und den Staffelsee. Bis 1914 wohnten sie gemeinsam im »Russenhaus«. Zentrale Elemente des Gabriele-Münter-Platzes sind eine Raumskulptur und eine Gabriele-Münter-Büste. Der in Murnau

geborene und aufgewachsene Bildhauer Hans Angerer deutet mit seiner Raumskulptur den Grundriß des Münter-Hauses und die von Wassily Kandinsky bemalte Treppe an und stellt damit eine gedankliche Verbindung her zum nur wenige hundert Meter entfernten »Russenhaus«. Die Münter-Büste wurde von dem Bildhauer Rudolf Pfefferer (1910–1986) geschaffen.

Wir gehen den Burggraben hinunter. Nur wenige Häuser vom Münter-Platz entfernt stand früher das Haus des Braumeisters Hans Krötz, der eine einzigartige Hinterglasbildersammlung besaß.

❶❺ Haus von Hans Krötz
Burggraben 29
Früher Haus Nr. 53
Der Braumeister Hans Krötz sammelte bis zu seinem Tod 1919 etwa 1000 Hinterglasbilder aus Häusern in Murnau, die zum großen Teil in der nächsten Umgebung (Murnau, Seehausen, Uffing und Oberammergau) entstanden waren. Kandinsky und Münter hatten 1909 den Murnauer Hinterglasmaler Heinrich Rambold (1872–1953) kennengelernt, der die Tradition der Hinterglasmalerei fortführte. Gabriele Münter notierte am 10. Februar 1933 handschriftlich: »Aber Glasbilder, scheint mir, lernten wir erst hier kennen. Es wird Jawlensky gewesen sein, der zuerst auf Rambold und die Sammlung Krötz aufmerksam machte. Wir waren alle begeistert für die Sachen. Bei Rambold sah ich, daß und wie man es machen kann. Ich war in Murnau – soviel ich weiß – die erste, die Glasscheiben nahm und auch was machte. Zuerst Kopien – dann auch verschiedene eigene Dinge ... Ich war entzückt von der Technik und wie schön das ging und erzählte Kandinsky immer davon, um ihn auch dazu anzuregen – bis er auch anfing und dann viele Glasbilder machte ...«

Zunächst entstanden Kopien nach Heiligenmotiven und Votivbildern des 19. Jahrhunderts, bald arbeitete sie nach eigenen Entwürfen und malte kleine Landschaftsbilder und Porträts. Heinrich Rambold stellte den Kontakt zu Hans Krötz her, der den Malern seine wertvolle Sammlung zeigte, die bei ihnen einen tiefen Eindruck hinterließ. Kandinsky schreibt im August 1911 an Münter: »Gestern mit Marc u. K. beim Braumeister gewesen u. heute ist mir wieder etwas klar in meinem Bilde geworden. Ach! Er hat auch noch wundervolle Sachen.« Für den Almanach *Der Blaue Reiter* wählten sie 1911 zehn Hinterglasbilder aus der Sammlung Krötz aus. Diese bedeutende Sammlung von Hinterglasbildern versetzte noch eine andere bedeutende Künstlerin des 20. Jahrhunderts in Erstaunen. 1919 besuchte die Malerin Hannah Höch (1889–1978) ihre jüngere Schwester Grete in Murnau. Sie war mit Franz Xaver Krötz, dem

Der Burggraben, um 1910.

Sohn von Hans Krötz, befreundet, der ihr die umfangreiche Hinterglasbildersammlung zeigte. Murnau war 1920 auch Station auf Hannah Höchs Wanderung nach Rom, die sie zusammen mit ihrer Schwester Grete und der Schweizer Schriftstellerin Regina Ullmann unternahm. 1959 bzw. 1964 ließen sich Hannah Höchs Schwestern Grete und Marianne in Murnau nieder, wo sie Hannah Höch häufig besuchte.

Josef Krötz, ein Nachfahre von Hans Krötz, verkaufte 1955 die Hinterglasbildersammlung an die Gemeinde Oberammergau, wo sie im Heimatmuseum präsentiert wird, darunter auch die meisten der im Almanach *Der Blaue Reiter* abgebildeten Hinterglasbilder. Das Haus des Braumeisters ist längst abgerissen.

Wir gehen den Burggraben weiter, überqueren die Umgehungsstraße knapp hinter dem Tunnel und biegen in die Kottmüllerallee ein.

Hinterglasbilder im Münter-Haus, um 1913.

⓰ Gabriele Münter-Haus
Kottmüllerallee 6

Gabriele Münter kaufte das Landhaus 1909 und wohnte darin – parallel zur Münchner Wohnung in der Ainmillerstraße 36 – mit ihrem langjährigen Lebensgefährten Wassily Kandinsky bis 1914. Da Kandinsky Russe war, nannten es die Murnauer bald »Russenhaus«. Der Philosoph und Kunsthistoriker Johannes Eichner, Gabriele Münters späterer Lebensgefährte, schreibt: »Im Sommer 1909 kamen Kandinsky und Gabriele Münter wieder nach Murnau. Jetzt fanden sie in einem Bauerngarten, dessen Blumen- und Gemüsebeete sie beim Vorbeispazieren im Jahr vorher mit Vergnügen gesehen hatten, ein Haus stehen, das soeben fertig geworden war. Unter zwei großen Eichen, lag es außerhalb des Ortes, an der Allee zu dem uralten Ramsach-Kirchlein, damals das einzige Haus jenseits der Eisenbahn, inmitten von Wiesen . . . Kandinsky war in das Haus auf den ersten Blick verliebt. Hier sollten sie wohnen. Ein Maurerpolier hatte es sich gebaut, um an Sommergäste Zimmer zu vermieten. Im Juli

Das Gabriele Münter-Haus, um 1910.

zogen Kandinsky und Gabriele Münter hier ein ... Am 21. August wurde es durch notariellen Kaufvertrag Gabriele Münters Eigentum ... Und hier, in diesem bescheidenen Landhaus, fühlten sich beide wohl. Kandinsky ging an die Einrichtung und ließ den Schreiner einfache Möbel machen, von denen er etliche selbst bemalte – mit zierlichen Tupfen und mit massigen bunten Blumen. Für die Treppenwange entwarf er später (1911 und 1913) einen Fries aus stilisierten Blumen und Reihung seines Reiters auf springendem Pferd; mittels einer Schablone malte er das selber auf. Auch das Gartenhäuschen, in dem man gern den Tee nahm, strich Kandinsky eigenhändig blau an ... Man hatte moderne Tapeten gewählt und Bauernstoffe an die

Gabriele Münter, *Interieur im »Russenhaus«*. Ölbild, 1909.

Wassily Kandinsky, *Gabriele Münter*. Ölbild, 1905.

Gabriele Münter, *Kandinsky*. Farblinolschnitt, 1906.

Fenster gehängt. Alles war farbig, halb Volkskunst, halb Jugendstil.« (Johannes Eichner, *Kandinsky und Gabriele Münter*)
Das einfache Landleben war Programm. Kandinsky und Münter begannen damit, volkstümliche Schnitzereien, Hinterglasbilder und Spielzeug zu sammeln. Bereits in Rußland hatte Kandinsky eine besondere Beziehung zu solchen Werken entwickelt. Jetzt begegneten sie ihm in Murnau wieder. Die Konzentration auf das Wesentliche im Alltag entsprach der Konzentration auf die wesentlichen Bildgedanken, die die Maler in der Volkskunst entdeckt hatten. In Lederhosen grub Wassily Kandinsky den Garten um und pflegte ihn sorgfältig.
Das Murnauer Haus wurde bald zentraler Treffpunkt der Künstlerfreunde. August Macke und seine Frau kamen aus Tegernsee herüber, Heinrich Campendonk, Helmuth Macke, Franz Marc und seine Frau Maria kamen aus dem nahe gelegenen Sindelsdorf, und aus München kamen Erna Bossi, Adolf Erbslöh, Alexander Kanoldt, Marianne von Werefkin und Alexej von Jawlensky. Sie hatten sich im Januar 1909 zur »Neuen Künstler-Vereinigung München« zusammengeschlossen. Jetzt entstanden in intensiver gemeinsamer Arbeit zahlreiche Landschaftsbilder und Ortsansichten. In Murnau machten Jawlensky, Werefkin, Kandinsky und Münter die künstlerisch entscheidenden Schritte hin zur expressiven Malerei.
Die Murnauer Landschaft, das beson-

dere Licht bei Föhn und das Erscheinungsbild des Ortes erweiterten den Blick und machten offen für neue künstlerische Ausdrucksformen. Kandinsky suchte den gemeinsamen Nenner aller Künste, ihre Wechselbeziehungen und die »Übersetzbarkeit« der einen Kunstgattung in die andere. Die redaktionellen Arbeiten zum Almanach *Der Blaue Reiter* begannen im Sommer 1911 und konzentrierten sich auf Ende September/Anfang Oktober 1911 in Murnau, wo Münter und Kandinsky mit den Freunden aus Sindelsdorf gemeinsam arbeiteten. Elisabeth Erdmann-Macke erinnert sich: »August hatte in den Wochen vorher die Mitglieder der Neuen Künstlervereinigung kennengelernt und sich noch mehr für die Ideen und Ziele dieser revolutionären Künstlergruppe interessiert. Der Plan, eine Zeitschrift als Organ dieser Richtung zu gründen, war immer näher gerückt und es bedurfte nur der Einladung von Kandinsky, der in Murnau in dem kleinen Landhaus von Gabriele Münter wohnte, um die Sache in Angriff zu nehmen. Wir vier reisten also hin, wurden von Kandinsky in einem großen Haus in der Nähe sehr gut einlogiert, und jetzt wurde der ›Blaue Reiter‹ in langen Sitzungen mit Kunstdebatten, Aufrufen, Vorschlägen für die Vorworte usw. geboren.«
Auch der Maler Paul Klee (1879–1940) gehörte zum Freundeskreis. Er wohnte mit seiner Familie in München in der unmittelbaren Nachbarschaft von Gabriele Münter und Wassily Kandinsky in der Ainmillerstraße 32. Die einzigartige Zusammenballung hochbegabter Maler auf engstem Raum steigerte ihre künstlerischen Kräfte. Es ist überliefert, daß sie bei Besuchen gemeinsam an einem Bild weitermalten, wenn einer von ihnen »an einem toten Punkt bei der Arbeit angekommen war«.

Nach Ausbruch des Ersten Weltkrieges mußte Kandinsky im Spätsommer 1914 Deutschland fluchtartig verlassen. Für Ausstellungszwecke nahm er nur einige größere Gemälde mit, ließ aber alles andere – Skizzen, kleinere Bilder, mittlere Formate, Studien, Bücher, Möbel usw. – in Münters Obhut zurück. Er ging von einem schnellen Ende des Ersten Weltkrieges aus. Gabriele Münter versteckte die ihr von Kandinsky überlassenen Bilder im Keller und rettete sie so über die Zeit des Nationalsozialismus.

Münter lebte bis 1920 in Kopenhagen; dann überwiegend auf Schloß Elmau, in München und Murnau. In dieser Zeit wohnte Katharina Probst, Christoph Probsts Mutter, mit ihren beiden Kindern im Münter-Haus. Wassily Kandinsky war zu dieser Zeit längst mit Nina Nikolajewna Andrejewskaja verheiratet und wohnte mit ihr in Berlin und Weimar, wo er bis 1932 am staatlichen Bauhaus in Weimar lehrte.

1931 kehrte Gabriele Münter endgültig

Gabriele Münter, *Jawlensky und Werefkin.* **Ölbild, 1909.**

Ödön von Horváth, Gustl Emhardt, Lajos von Horváth und eine Bekannte (von re. nach li.) auf der Fürst-Alm, 1929.

nach Murnau zurück und blieb bis zu ihrem Lebensende dort, ab 1933 zusammen mit Johannes Eichner. Dort begegnete sie dem jungen Dramatiker Ödön von Horváth, dessen Stück *Italienische Nacht* sie in Berlin gesehen hatte. 1931 begann ein reger freundschaftlicher Austausch, in dessen Verlauf Gabriele Münter mehrere Porträtskizzen von Horváth fertigte. 1962 ist sie in ihrem Haus in Murnau gestorben.

Wir gehen den schmalen Fußweg, von wo aus man den besten Blick auf den alten Ortskern von Murnau mit Kirche, Schule und Schloß hat, in Richtung Dünaberg. Bei einem kleinen Bahnübergang biegen wir links ein und befinden uns am Dünaberg, auf dessen höchstem Punkt früher das Café Fürst-Alm stand. Heute ist es umgebaut und öffentlich nicht zugänglich.

⓱ Ehemaliges Aussichtscafé Fürst-Alm Dünaberg

Auf dem kleinen Hügel hatte Josef Fürst (1863–1940), Herausgeber des *Staffelsee-Bote*, Gemeinderat und Gründer mehrerer Vereine, 1927 ganz in der Nähe der Bahnlinie nach Oberammergau ein Aussichtscafé mit Gartenbetrieb eröffnet. Ödön von Horváth war in der »Fürst-Alm« Stammgast und genoß allein oder mit Freunden bei einem Schoppen Rotwein den einzigartigen Rundblick. Mit dem Text *Die Fürst-Alm* schrieb er eine Liebeserklärung an Wirt und Wirtschaft: »Von der Fürst-Alm sieht man die Berge vom Allgäu bis Tölz, Zugspitze und Wetterstein, Teufelsgrat, Wank und Krottenkopf, Heimgarten, Herzogstand, Benediktenwand und das Ettaler Mandl und alles, was sich um diese Berge herumgruppiert, Täler und Dörfer und den See nordwärts mit der oberbayerischen Hochebene. Nirgends in ganz Oberbayern hat man solch einen

instruktiven Überblick über eine typisch oberbayerische Landschaft.«
Selbst in Berlin träumte Ödön von Horváth von diesem »schönsten Punkt am nördlichen Rande der bayerischen Alpen«. Seiner Freundin Lotte Fahr gestand er: »... aber wenn Du wüßtest, wie ich herumgehetzt werde, es ist wirklich nicht mehr schön und ich sehne mich nach der Fürst-Alm, um mit Dir Schach spielen zu können.«
Die Fürst-Alm ist in den 1950er Jahren zum Wohnhaus umgebaut worden. Doch die wunderbare Aussicht vom Dünaberg auf die »weißblauen Kalkalpen« (Ödön von Horváth), das Murnauer Schloß, die Pfarrkirche und den Friedhof sind geblieben.

Vom Dünaberg führt ein schmaler Fußweg bergab über die Joseph-Fürst-Straße auf die Kohlgruber Straße, in die wir links einbiegen. Nach etwa 100 m überqueren wir die Straße. Dort steht, hinter Bäumen versteckt, das Geburtshaus von Christoph Probst.

⓲ Geburtshaus von Christoph Probst
Kohlgruber Straße 20
Früher Haus Nr. 75 c

Christoph Probst (1919–1943), exponiertes Mitglied der studentischen Widerstandsgruppe *Die weiße Rose*, kam am 6. November 1919 in Murnau an der Kohlgruber Straße 20 zur Welt. Seine Eltern Katharina und Hermann Probst und seine Schwester Angelika (geb. 1917) wohnten bis 1920 in diesem Haus, einem herrschaftlichen, mehrstöckigen Landhaus mit Türmchen und wunderbarem Blick über den Staffelsee. Hermann Probst (1886–1936) war ein universal gebildeter Privatgelehrter und Kunsthistoriker, der sich bevorzugt mit den östlichen Religionen beschäftigte. Joseph Rovan, Christoph Probsts gleichaltriger Freund und Sohn der mit Hermann Probst verschwägerten Familie Rosenthal, die hundert Meter weiter ortsauswärts ein Landhaus besaß, erinnert sich: »Hermann Probst war mit den um Murnau ansässigen Künstlern Kandinsky, Gabriele Münter befreundet, mit denen auch meine Eltern bekannt wurden. Auf dessen Rat erwarben die Eltern mehrere sehr schöne Werke von Nolde und Klee, die wir zum Teil 1933 noch in die Emigration mitnahmen – bis sie während der Nazi-Besetzung in Paris verschwanden... Meine Eltern liebten Murnau sehr und es war für sie ein sehr trauriges Erlebnis, als mein Vater... sich gezwun-

Christoph und Angelika Probst, um 1930.

gen sah, das schöne Haus an der Kohlgruber-Landstraße zu verkaufen.« (Joseph Rovan, *Erinnerungen eines Franzosen, der einmal Deutscher war*)
Seine Kindheit verbrachte Christoph Probst an verschiedenen Orten, zunächst mit dem Vater im nahe gelegenen Kochel, dann mit der Mutter mehrere Jahre in Murnau, wo sie im Haus von Gabriele Münter wohnten. Zwischen 1930 und 1937 wechselte er mehrmals die Schule und legte 1937 im Landerziehungsheim Schondorf am Ammersee sein Abitur ab. Das intensive Erleben der Natur prägte ihn. Mit seiner Schwester unternahm er zahlreiche Wanderungen und Bergtouren im Oberland. 1939 begann Christoph Probst sein Medizinstudium in München, das er in Straßburg und ab 1942 in Innsbruck fortsetzte. Seine Frau und seine drei Kinder lebten zu dieser Zeit im Haus seiner Mutter in Tegernsee. Durch seinen Freund Alexander Schmorell, den er 1936 in München im Neuen Realgymnasium (heute Albert-Einstein-Gymnasium) kennengelernt hatte, kam er in Kontakt mit dem Widerstandskreis der *Weißen Rose*. Im Sommer 1942 begann Hans Scholl zusammen mit Alexander Schmorell mit den Flugblattaktionen, an denen sich schon bald seine Schwester Sophie und andere Freunde beteiligten. Obwohl Christoph Probst zu dieser Zeit in Innsbruck studierte, nahm er regelmäßig an den Treffen der Gruppe in München teil. Nach der Katastrophe von Stalingrad formulierte Christoph Probst ein Flugblatt, das den Tod von 200 000 deutschen Soldaten anprangerte. Hans Scholl hatte das Manuskript noch in seiner Jackentasche, als er am 18. Februar 1943 zusammen mit seiner Schwester Sophie im Lichthof der Universität München verhaftet wurde. Der Verfasser war schnell ermittelt. Am 19. Februar 1943 wurde Christoph Probst in Innsbruck von der Gestapo festgenommen und drei Tage später wegen Hochverrats zusammen mit Hans und Sophie Scholl in München durch das Fallbeil hingerichtet. Begraben ist Christoph Probst, wie auch seine Weggefährten Sophie Scholl, Hans Scholl, Willi Graf, Alexander Schmorell und Kurt Huber, auf dem Friedhof am Perlacher Forst in München.
Seit 1983 erinnert eine Straße in Murnau an Christoph Probst. Das Staffelsee-Gymnasium hält die Erinnerung an dieses bewundernswerte Vorbild durch drei Gedenksäulen lebendig.
Wir gehen die Kohlgruber Straße ortsauswärts und gelangen etwa 150 m nach dem Ortsschild auf der rechten Seite zur Klinik Hochried.

⓵⓽ Klinik Hochried
Ehemaliges Landgut
von James Loeb
Hochried 1

Der amerikanische Bankier, Kunstsammler und Mäzen James Loeb (1867–1933) ließ sich von seinem Freund, dem Architekten Carl Sattler (1877–1966), in Hochried sein Murnauer Landhaus erbauen. Der Schwiegersohn des Münchner Bildhauer-Fürsten Adolf von Hildebrand führte alle Bauten aus, die Loeb für sich selbst oder als Stiftungen errichten ließ, u. a. das Gemeindekrankenhaus Murnau. Erste Vorstufen zu dem repräsentativen Wohnhaus gehen auf Januar 1911 zurück. Die endgültigen Pläne wurden im März 1912 der Gemeinde Murnau vorgelegt und nach Begutachtung durch den Architekten Emanuel von Seidl Anfang April 1912 genehmigt. Am 6. Mai 1912 wurde mit dem Bau begonnen, fertig war er am 8. Mai 1913.

Der Sohn eines deutschstämmigen jüdischen Bankiers, geboren 1867 in New York, bekam in seinem Elternhaus, in Privatschulen sowie an der Universität Harvard eine europäischer Bildungstradition verpflichtete Ausbildung. Besonders die Mutter legte großen Wert auf fundierte humanistische und musikalische Bildung: James Loeb spielte Cello, Klavier und Orgel, sprach mehrere Sprachen (Deutsch, Französisch, Hebräisch, Italienisch, Spanisch), konnte reiten und Tennis spielen. 1901 gab er seinen Beruf als Bankier auf und entschied sich für ein ruhigeres Leben, in dem er seinen kulturwissenschaftlichen und musischen Neigungen nachgehen konnte.

In der ländlichen Abgeschiedenheit widmete sich James Loeb ungestört seinen wissenschaftlichen Arbeiten und seiner Sammlung antiker Kunst, die sich aus griechischen Terrakottafiguren, hellenistischem und südrussischem Goldschmuck, antiken Gläsern sowie ägyptischen, römischen, hellenistischen und etruskischen Bronzen zusammensetzte. Eine bedeutende Leistung war seit 1910 die Herausgabe der Werke griechischer und lateinischer Dichter und Schriftsteller der klassischen Antike in Originalsprache und englischer Übersetzung, die *Loeb Classical Library*, die in der gesamten englischsprachigen Welt große Resonanz hervorrief. Bereits zu seinen Lebzeiten erschienen 360 und bis heute fast 500 Bände.

Die Jahre 1915 und 1916 verbrachte James Loeb fast ständig auf dem Lande in Murnau, das er mehr denn je schätzte, wie er seinem Psychiater Emil Kraepelin am 28. Dezember 1915 schrieb: »Das Wetter ist viel zu warm und läßt auch sonst zu wünschen übrig, und doch ist das Land im schlimmsten Wetter mir lieber als die Stadt. Gott hat das Land gemacht und der Teufel die Städte!« Am 22. Mai 1921 heiratete James Loeb Marie Antonie Hambuechen, die seit 20 Jahren in München und Murnau als Gesellschaftsdame fungiert hatte. Von diesem Zeitpunkt an lebten Loeb und seine Frau ständig in Murnau. Sie bekamen häufig Besuch von Verwandten, Wissenschaftlern, Freunden, wie der Frauenrechtlerin Luise Kiesselbach und dem Rektor der Münchner Universität Karl Vossler. Auch hatten sie Kontakt zu vielen Musikern, zum Beispiel zu Richard Strauss, Gustav Mahler, Hermann Levi oder Max Reger. James Loeb fühlte sich in Murnau wohl, wie ein Brief an Emil Kraepelin vom 13. August 1922 dokumentiert: »Hier leben wir im Gan-

Landsitz von James Loeb, um 1913.

zen still und vergnügt, wenn auch an manchen Tagen eine etwas starke Besucherwelle über Hochried einherzieht, oder vielmehr, einherrollt. Die Leute bleiben aber immer nur ein paar Stunden und dann hat man wieder seine doppelt willkommene Ruhe.« (Brigitte Salmen, *James Loeb*)
In Murnau selbst sah man die Loebs selten. Sie hatten zu Einheimischen keine persönlichen Freundschaften. Einzig zum Lehrer und Bürgermeister Robert Wohlgeschaffen pflegten sie Kontakt, so daß die Murnauer wohl viel über Loebs Reichtum mutmaßten, aber wenig von seiner großen Bedeutung für die Wissenschaft und Kunst wußten. Loeb wurde in Deutschland einer der großen Mäzene in kulturellen und sozialen Bereichen. 1917 rief er die Stiftung »Deutsche Forschungsanstalt für Psychiatrie« ins Leben und betreute sie mit hohem finanziellen und persönlichen Engagement. Auf Bitten der Gemeinde Murnau entschloß er sich im Herbst 1931 angesichts der großen Arbeitslosigkeit zur kompletten Finanzierung des Gemeindekrankenhauses. Er bezahlte 450 000 Reichsmark und rettete durch die gezielte Vergabe der Neubauarbeiten vielen Murnauer Handwerkern die Existenz. Eine Gedenktafel im Murnauer Krankenhaus erinnert noch heute an das großzügige Mäzenatentum. Sie wurde während des Dritten Reiches verhängt. Ortsansässige Nationalsozialisten hatten bereits Anfang der 1920er Jahre gegen den amerikanischen Mäzen jüdischer Herkunft gehetzt, als er für das Murnauer Kriegerdenkmal einen stattlichen Betrag spendete.
Im Frühjahr 1933 fuhr James Loeb in die Schweiz, wohl um seine Übersied-

James und Marie Antonie Loeb in ihrem Garten in Murnau, um 1930.

lung in die USA vorzubereiten. Er starb nur vier Monate nach seiner Frau am 27. Mai 1933 an einer Lungenentzündung. Das Anwesen wurde 1954 an die Katholische Jugendfürsorge verkauft. Sie errichtete auf dem Gelände im Laufe der Jahre einen modernen Klinikkomplex mit dem Landhaus im Mittelpunkt. *Ein Weg am Grundstück entlang führt hinunter zum Badehaus von James Loeb, das noch heute direkt am Staffelseeufer liegt. Wir biegen rechts ab und folgen der befestigten Uferstraße in Richtung Murnau. Schon bald gelangen wir zur Villa Waldfried, die vor wenigen Jahren nach Originalplänen wiederaufgebaut wurde.*

⓴ Villa Waldfried
Seewaldweg 21

James Loeb entdeckte das »stille Murnau« bereits 1907, als er in der abseits gelegenen Villa Waldfried direkt am Staffelsee zur Kur weilte. »Hier ist es seit meiner Rückkehr vom lustigen Kösterberg äußerst still, und ich habe viel Zeit zum Denken, zum Gehen, und zur Uebersetzung Maurice Craset's vorzüglichem Buche ›Aristophane et les larlis

Villa Waldfried, um 1910.

à Athènes‹«, schrieb er am 3. September 1907 seinem Schwager Aby Warburg. Vier Wochen zuvor hatten ihm die Hamburger Verwandten zu seinem 40. Geburtstag einen bäuerlich-ländlichen Empfang arrangiert, der die tiefe Verbundenheit zum Landleben zeigt: »Herzlichen Dank für Eure lustige Depesche zu meinem Eintritt in das ›Schwabenalter‹... Es ging sehr lustig zu. Gleich in der Frühe nach Frühstück erschienen 9, sage 9 kleine Warburgs, alle in Murnauer Bauernkostümen – die Mädels als Jungen – und brachten mir unter Felix's Leitung ein Ständchen auf ›Mirlilous‹. Es war gar zu lustig. Dann brachte mir jedes Kind Landesgaben, die da waren, eine Wurst, eine Gurke, einen Fisch, einen Käse etc. Darauf erschien Marlis verkleidet als Bürgermeister von Murnau – hielt die Festrede.« (James Loeb an Aby Warburg, 7. 8. 1907)

Wir folgen weiter der Uferstraße in Richtung Murnau und kommen zur Murnauer Bucht, wo sich zu Beginn des 20. Jahrhunderts ein »reges Sommerleben« entwickelte.

㉑ Sommerfrische am Staffelsee

Die Schriftstellerin Franziska Gräfin zu Reventlow (1871–1918) kam im Sommer mit ihrem Sohn Bubi und Freunden gerne an den Staffelsee. Die Sommerfrische dort erinnerte sie an ihre Kindheit in Husum. In ihr Tagebuch schrieb sie: »26. Juni, München (1901) ... Samstag nach Murnau, A., Somi und ich. Bei großer Hitze dort gleich gebadet, nachher gerudert. Ich, Baschl und Bubi über den See gefahren, an Jugendzeit gedacht, wo ich den halben Tag auf dem Wasser war... Abends auf der Promenade. Bubis Entzücken über die schönen Frauen und Kostüme... Das Sonnenwendfest wirklich ein Fest, wenigstens für mich. Ums Feuer gelegen und getanzt, das Gewand halb zerrissen. Durch den Tau die Abhänge hinabgerollt. Mit einer kleinen Malerin, im Holzkorb geschaukelt, ganz lange Zeit.«

25 Jahre später verbrachte Ödön von Horváth mit seinem Bruder Lajos, seinen Eltern und seiner Schwägerin Gustl Emhardt den Sommer im Strandbad. Sie erinnert sich: »Damals gab es in Murnau noch streng getrennt ein Männer- und Frauenbad, und es war ein herrlicher Spaß, wenn die Brüder Horváth sich mit Damenmützen und Bademänteln hüftewiegend ins Frauenbad schlichen, nur an ihren großen Füßen erkennbar, bis sie von der resoluten Badefrau Roserl erkannt und hinausgeschmissen wurden.« Ödön von Horváth raufte mit seinem Schriftstellerkollegen Wolf Justin Hartmann und lag faul mit seinen Münchner Künstlerfreunden Lukas Kristl, Klaus und Erika Mann in der Sonne. Manchmal kamen der Regisseur Francesco von Mendelssohn, der Schriftsteller Carl

Ödön von Horváth (hinten li.) mit Freunden im Murnauer Strandbad, um 1925.

Zuckmayer und Gustaf Gründgens aus Berlin zu Besuch. Sie alle liebten das Treiben am Staffelsee. Nach dem Baden und Rudern kehrten sie im Gasthof Seerose, im Strandcafé oder im noblen Kurhotel Staffelsee ein. Das Strandhotel bot um die Wende vom 19. zum 20. Jahrhundert den Schönen und Reichen aus dem nahe gelegenen München »ausgezeichnete Moor- und heilkräftige Sool- und Fichtennadelbäder« an. Doch auch für Gäste aus dem Ausland bot das Nobelhotel adäquate Logis: »Je nachdem, welche Nation die gute Valuta hatte, waren die meisten Sommergäste Ungarn oder Schweden, Dänen oder Amerikaner. Und es gab viele Künstler, mit denen man sich am Abend zum Tanzen traf und zum Debattieren.« (Gustl Emhardt, *Erinnerungen an Ödön von Horváths Jugendzeit*) Dann verkam das Strandhotel allmählich, blieb aber gesellschaftlicher Treffpunkt. Dort gab es das ganze Jahr über Künstler-Konzerte und im Fasching einfallsreiche Maskenbälle. Wenn der See im Winter zugefroren war, traf man sich zum Eisstockschießen, Schlittschuhlaufen und zu den regelmäßig stattfindenden Eisrennen.

Ödön von Horváth ließ sich von diesem gesellschaftlichen Treiben inspirieren. In seine Komödie *Zur schönen Aussicht* flossen Beobachtungen und Erfahrungen ein, die er als Stammgast des Strandhotels und des Café Seerose mit dem dortigen Personal gemacht hatte. Den Pächter des Kurhotels Heinz Reichhard und seine Frau Gustl Müller nennt Ödön von Horváth in der Vorarbeit *Nach der Saison* in der Rollenliste. Nach

Blick auf die Murnauer Staffelsee-Bucht mit den Badehütten im Vordergrund und dem Strandhotel (hinten li.), um 1925.

Lajos von Horváth war sein »Hotel lustig, aber völlig verkommen«. Man sagte Reichhard, der nie Geld besaß, nach, daß er häufig Liebesbeziehungen zu Damen aus der gehobenen Gesellschaft pflegte. Lajos von Horváth erinnerte sich, daß es im Strandhotel einen Kellner gab, »der durch seine Präpotenz auffiel« und den die Gäste »immer wieder in seine Schranken verweisen mußten«. Er »servierte immer in Socken: seine Schuhe standen dann mitten im Lokal«.
Der Horváth-Biograph Dieter Hildebrandt resümiert: »Murnau, so muß man nun aber sagen, ist keineswegs, wie der Brockhaus aus dem Entstehungsjahr der Komödie definiert, nur ein ›Marktflecken in Oberbayern, am Nordrand der Alpen, am Staffelsee‹, also kein stilles, ländliches Refugium, sondern Murnau ist in den zwanziger Jahren eine Art Geheimtip, ein Stillhaltepunkt für verkrachte Existenzen, eine Sommerfrische für Leute, die aus nicht ganz durchsichtigen Gründen überwintern müssen, eine Tauchstation mit Gebirgspanorama. Ganoven aus dem Rheinland spielen hier, bis zu ihrer Entlarvung, Biedermänner.

Eine überkandidelte Halbwelt mimt hier Idylle.« Hotels und Gaststätten säumten noch bis in die 1970er Jahre wie Perlen die Murnauer Bucht. Dann wurden sie abgerissen.
Wir folgen der Uferstraße in Richtung Seehausen und kommen vorbei an der Seeburg, in der großbürgerliche Familien aus der Großstadt die Sommerfrische verbrachten.

Wohnsitz von Nahum Goldmann und Jakob Klatzkin
Am Seeufer

Hier ganz in der Nähe lebten und arbeiteten Anfang der 1920er Jahre die beiden jüdischen Philosophen und Publizisten Nahum Goldmann (1894–1982) und Jakob Klatzkin (1882–1948). Trotz intensiver Nachforschungen ist die genaue Adresse bisher nicht ausfindig zu machen.
Während des Ersten Weltkrieges war Nahum Goldmann bei der Nachrichtenabteilung des Auswärtigen Amtes in Berlin beschäftigt und konzentrierte sich danach auf die Herausgabe der großen jüdischen Enzyklopädie, die er gemeinsam mit Jakob Klatzkin, der 1918 das Werk *Probleme des modernen Judentums* verfaßt hatte, zwischen 1928 und 1934 herausgab. Nach der Flucht vor den Nationalsozialisten vertrat Nahum Goldmann jüdische Organisationen beim Völkerbund in Genf. Er wurde neben Chaim Weizman und David Ben Gurion einer der Gründerväter des Staates Israel. Mit Konrad Adenauer handelte er die Wiedergutmachungsverträge für Israel und die jüdischen Opfer des Naziregimes aus. Man nannte ihn – so der Titel eines seiner Bücher – einen *Staatsmann ohne Staat*.

In Murnau konnten sich Nahum Goldmann und Jakob Klatzkin von 1922 bis 1924 in der ländlichen Abgeschiedenheit ganz ihrer wissenschaftlichen Arbeit widmen. »Neben meiner Beschäftigung mit jüdischen Dingen benützte ich die Muße der Murnauer Zeit vor allem zu philosophischen Studien«, so Nahum Goldmann in seiner Autobiographie *Mein Leben als deutscher Jude*. Dr. Fritz Sternberg, der später ein bekannter Nationalökonom und Soziologe wurde, hatte den beiden Murnau empfohlen. »Von einem guten Freund, Dr. Fritz Sternberg, erfuhr ich, er habe ein Häuschen in Murnau gemietet, könne es aber nicht übernehmen. Ich fuhr hin, es gefiel mir, und ich mietete es. Dr. Klatzkin kam bald nach und richtete sich in einem anderen nahe gelegenen Häuschen ein. Ich verbrachte knapp zwei Jahre in Murnau, die zu den schönsten und fruchtbarsten meines Lebens gehören.« In Murnau entwickelten die beiden die Idee für eine *Encyclopaedia Judaica*, die sie fast zehn Jahre bis zur Machtergreifung Hitlers beschäftigte. »Jakob Klatzkin hatte die Kriegsjahre in der Schweiz verbracht... Er war älter als ich und hatte einen größeren Namen, aber beide waren wir von dem Wunsch beseelt, etwas Gemeinsames zu unternehmen. So beschlossen wir, ohne jede offizielle Unterstützung, ohne Geld und ohne einen Verlag, in Heidelberg eine zionistische Zeitschrift zu gründen.« Aus dieser Idee entwickelte sich die *Encyclopaedia Judaica*. Darin sollte das Wissen vom Judentum der jüdischen und nichtjüdischen Welt nahegebracht und der Anteil der Juden an der Weltkultur festgehalten werden, was von vielen jüdischen Wissenschaftlern und Denkern damals propagiert wurde.

»Klatzkin war wohl der scharfsinnigste Theoretiker der modernen Judenfrage, von einer so radikalen Folgerichtigkeit und Kühnheit, daß er selbst vor der extremsten Schlußfolgerung nicht zurückschreckte ... Über diese Auffassungen Klatzkins habe ich mit ihm in Murnau unabläßlich diskutiert, in einem langjährigen Dialog, der erst durch seinen Tod beendet wurde, weil jeder auf seiner Position blieb.«
»Auch an Gesellschaft fehlte es nicht. Klatzkin war nahebei; eine halbe Stunde entfernt, in Starnberg, wohnten mein Freund Arnold Zweig und seine Frau; außerdem besuchten mich häufig Bekannte und Freunde, denen ich in meinem Haus leicht Unterkunft und Gastfreundschaft gewähren konnte.« Weil Murnauer Nationalsozialisten Nahum Goldmann denunzierten, fand kurze Zeit nach dem Hitler-Putsch bei ihm eine Hausdurchsuchung statt: »Mein idyllisches Leben wurde nur einmal unliebsam gestört, und zwar durch den Besuch eines hohen Münchner Polizeibeamten in Begleitung einiger Gehilfen, die mir mitteilten, daß Anzeigen gegen mich eingelaufen seien. Es gab damals in Murnau eine rührige nationalsozialistische Gruppe, die sich zu besonderer Aktivität angespornt sah, seitdem Adolf Hitler nach seinem mißglückten Münchner Putsch am 9. November 1923 im Haus der Familie Hanfstaengl im benachbarten Uffing lebte. Ich sah ihn ein- oder zweimal in der Nähe des Staffelsees. In Murnau wußte man, daß er dort lebte. Die meisten nahmen ihn nicht ernst und betrachteten ihn als einen ›verkrachten Putschisten‹. Die Anzeigen gegen mich enthielten drei Beschuldigungen: Ich sei kein deutscher Staatsbürger, sondern

43

gäbe nur vor, es zu sein; ich führte zu Unrecht den Doktortitel und leitete in Murnau eine kommunistische Jugendpropagandazentrale für Westeuropa. Nachdem die Münchner Kriminalbeamten in meinem Schreibtisch sowohl mein Doktordiplom wie das Dankschreiben des Reichskanzlers von Bethmann-Hollweg für meine Tätigkeit im Auswärtigen Amt gefunden und sich bei einer Durchsicht meiner Bibliothek überzeugt hatten, daß sie aus philosophischen, mystischen und hebräischen Büchern bestand, schlossen sie gute Freundschaft mit mir, gingen mit mir an den Staffelsee schwimmen und warnten die Murnauer Deutsch-Völkischen, wie die Nazis sich damals nannten, daß ich unter dem Schutz der Münchner Polizei stehe.«
Anfang 1924 verließ Nahum Goldmann sein Murnauer Domizil und zog nach Berlin. Jakob Klatzkin wohnte noch bis 1925 in Seehausen und folgte ihm dann. Nahum Goldmann wollte in Berlin einen Verlag gründen, der sich auf hebräische Literatur spezialisierte und die geplante Enzyklopädie fördern sollte. »Von vornherein zog ich Klatzkin zu diesen Unterhaltungen hinzu ... All dies war von Murnau aus nicht zu machen, und somit ergab sich die mir jetzt keineswegs mehr unwillkommene Notwendigkeit, wiederum nach Berlin zu ziehen.« In dem neugegründeten Uschkol-Verlag mit etwa 60 Mitarbeitern wurde Jakob Klatzkin Chefredakteur und Ismar Ellbogen sein Stellvertreter. Nahum Goldmann leitete die Abteilung für »Zeitgenössisches Judentum«. Mit dem Physiker Albert Einstein waren sie gut befreundet.
Nahum Goldmann überlebte die NS-Zeit im Exil in Palästina, wohin er 1933 geflüchtet war, und kam erst 1952 nach Deutschland zurück. Während der Nazizeit waren seine unvollendeten Schriften, Manuskripte und Bücher vernichtet worden. Jakob Klatzkin emigrierte 1933 in die Schweiz und 1941 in die USA. Ein Jahr vor seinem Tod kehrte er nach Vevey/Schweiz zurück, wo er 1948 starb.
Über die Bergstraße und die Keltenstraße bergauf kehren wir in gut 15 Minuten zum Murnauer Bahnhof zurück.
Kunstfreunde, die den Spaziergang fortsetzen wollen, können sich auf die Spuren der Maler zwischen Staffelsee und Walchensee begeben. Der Weg führt über das nahe gelegene Ohlstadt nach Sindelsdorf und Kochel am See in die Welt des »Blauen Reiter«.

Die Damen-Akademie des Künstlerinnenvereins München auf Motivsuche im Kochler Ried.

II.
Spaziergänge zwischen Staffelsee und Walchensee

Ohlstadt

Ohlstadt ist noch heute ein kleines Bauerndorf, nur 6 km von Murnau entfernt direkt an der Bahnlinie nach Garmisch-Partenkirchen gelegen. Um die Jahrhundertwende war es ein beliebter Treffpunkt bekannter Münchner Künstler und Schriftsteller, die dem Malerfürsten Friedrich August von Kaulbach auf seinem Landsitz Gesellschaft leisteten. Der Weg zur Kaulbach-Villa ist vom Dorfkern mit Kirche und Gasthaus gut ausgeschildert.

Kaulbach-Villa
Sommerhaus mit Atelier
Kaulbachstraße 22

Friedrich August von Kaulbach (1850–1920) ließ 1893 in Ohlstadt ein komfortables Landhaus mit Atelier bauen. Der kleine Ort, der im Jahr 1900 gerade einmal 848 Einwohner zählte, war von München aus seit 1889 bequem mit der Bahn zu erreichen und bot Friedrich August von Kaulbach und seiner Familie Abwechslung von der nahe gelegenen Großstadt. Hier wohnte er mit seiner zweiten Frau Frida Schytte und den drei Töchtern während des Sommers. Mit den Ohlstädter Jägern ging er gerne in die Berge auf seine Jagdhütte (heute in Privatbesitz), wo er sich oft tagelang aufhielt und Bergwelt und Jagdbegleiter malte. Häufig begleitete ihn Prinzregent Luitpold, der zu seinen Förderern zählte.

Kaulbach gehörte seit den 1870er Jahren neben Franz von Lenbach und Franz von Stuck zum offiziellen und dominierenden Künstlerkreis der Gründerzeit in München, was ihm einen großzügigen, fast fürstlichen Lebensstil in seinem Münchner Stadtpalais ermöglichte. Kaulbach porträtierte vor allem Damen aus den Kreisen der Aristokratie, der Wirtschaft und der Politik, die bis zu 90 000 Goldmark für ein Porträt von ihm zahlten. Nach der Jahrhundertwende malte er bevorzugt seine junge Familie im parkähnlichen Garten und in ungezwungener Atmosphäre. Musik und Literatur waren in der Künstlerfamilie großgeschrieben. Frida Schytte, die Kaulbach 1897 heiratete, war eine renommierte dänische Geigenvirtuosin, die u. a. mit Richard Strauss 1896 in Moskau konzertiert hatte. Auf Kaulbachs Wunsch hin gab sie ihre künstlerische Karriere auf, veranstaltete Hauskonzerte und musizierte nur noch für ihren Ehemann.

Friedrich August von Kaulbach verkehrte mit den Familien Lenbach, Hildebrand und Stuck, begegnete dort der Familie Pringsheim und Thomas Mann. Für den Mathematikprofessor Pringsheim porträtierte Kaulbach dessen Kinder im Clownskostüm. So entstand der *Kinderkarneval*, ein Bild, das Katia Pringsheim, die spätere Frau von Thomas Mann, und ihre vier Brüder zeigt. Häufig bekam Kaulbach Besuch von Ludwig Thoma und Ludwig Ganghofer, dessen Tochter Lolo er um 1903 porträtierte. Die Bekanntschaft mit Olaf Gulbransson, dessen Sohn das Patenkind Frida von Kaulbachs war, fand in den Werken beider Künstler Niederschlag. Kaulbach malte Gulbranssons zweite Frau Grete, Gulbransson wiederum zeichnete etliche Karikaturen Kaulbachs. Auch existiert ein umfangreicher Briefwechsel zwischen den beiden befreundeten Fami-

Landhaus von Friedrich August
von Kaulbach, um 1903.

lien. Als Friedrich August von Kaulbach am 26. Januar 1920 in Ohlstadt starb, schrieb Ludwig Thoma an Maidi von Liebermann:
»Rottach, 26. Januar 1920
Gestern telephonierte mich Ganghofer an: Kaulbach gestorben – – – – Mir tut der noble Mann leid, der mich sehr gern hatte und mir viel Liebes zeigte. Von der Tafelrunde an seinem Kamin sind fast alle fort. Taschner, Seidl, Stavenhagen, nun auch er selber. Das war einmal schön. Und ich fühlte in seiner Achtung immer wieder einen guten Ansporn. Auch in meiner traurigen Zeit nach 1905. Ganghofer ist sehr aufgeregt über den Todesfall.«
Die Landesversicherungsanstalt Unterfranken betreut heute in Ohlstadt Kaulbachs künstlerischen Nachlaß, der aus fast 300 Gemälden und Ölskizzen, gut 1000 Zeichnungen sowie einem großen Bestand an Skizzenbüchern, Fotografien und Autochromen besteht. Das Atelier und ein kleines holzgetäfeltes Studierzimmer sind original erhalten und seit 1997 nach einer aufwendigen Restaurierung für die Öffentlichkeit zugänglich. Neu hinzugekommen ist bereits nach Kaulbachs Tod ein Graphikzimmer, in dem nun seine Zeichnungen präsentiert werden.

Kaulbachs Tochter Mathilde (1904–1986), genannt Quappi, lernte vier Jahre nach dem Tod ihres Vaters 1924 den damals schon berühmten Kunstmaler Max Beckmann (1884–1950) kennen und heiratete ihn 1925 im Münchner Stadtpalais der Kaulbachs.

Geboren wurde Max Beckmann 1884 in Leipzig. Seit 1894 wuchs er in Braunschweig auf und ging 1900 zur Ausbildung an die Kunstschule in Weimar. Von 1904 bis 1915 lebte er in Berlin-Hermsdorf. Abseits von künstlerischen Gruppierungen, die sich vor dem Ersten Weltkrieg herausbildeten, suchte er seinen eigenen Weg. Nie verstand er sich als »Expressionist« und ließ sich keiner Künstlergruppe zurechnen. Auch den Malern um die Gruppe »Der Blaue Rei-

Friedrich August und Frida von
Kaulbach mit Tochter Mathilde
im Ohlstädter Garten, um 1914.

ter« stand er distanziert gegenüber. Als Krankenpfleger und Sanitätssoldat nahm er am Ersten Weltkrieg teil. Anschließend ließ er sich in Frankfurt am Main nieder und setzte mit Intensität seine künstlerische Arbeit fort.
Quappi Beckmann besuchte ihre Mutter in Ohlstadt mindestens einmal im Jahr und blieb dann oft mehrere Monate in dem geräumigen Landhaus. In *Mein Leben mit Beckmann* erinnert sie sich an die Aufenthalte in Ohlstadt: »Von Zeit zu Zeit wollte Beckmann der Großstadt mit ihren politischen Spannungen und ihrem Lärm entfliehen. Wir fuhren dann nach Holland und besuchten hin und wieder auch meine Mutter in Bayern. Max malte dort im Atelier meines Vaters, Friedrich August von Kaulbach, Max wanderte auch gern in den Bergen, aber abseits der üblichen Wege. Zweimal bestieg er den Heimgarten, einmal sogar den Herzogstand und hinunter nach Walchensee, einem Dorf am See auf der anderen Seite der Ohlstädter Berge.«
Zahlreiche Briefe Beckmanns an seine Frau zwischen 1924 und 1936 dokumentieren diese Besuche in Ohlstadt. Eigentlich war Max Beckmann ein Großstädter. Auf dem Land, in Ohlstadt, hielt er sich nur wenige Wochen im Jahr auf, offensichtlich zunächst gar nicht so gern, wie ein Brief vom 28. Juli 1928 an »Frau Mathilde Beckmann / b. Exzellenz v. Kaulbach / Ohlstadt b. Murnau / Ober-Bayern« dokumentiert: »Einen Tag können wir ja dann in Gottes Namen in Ohlstadt verbringen und dann geht's weiter.«
Doch in der Folgezeit wurden seine Aufenthalte in Ohlstadt immer länger. Seiner Frau Quappi schrieb er am 21. Juli 1931 aus Paris: »Mein Liebling, ... Hoffentlich ist auch Deine Reise gut von Statten gegangen und Du fühlst Dich recht wohl einmal wieder in der Heimat... Mir geht's eher gut und ich habe sogar schon gearbeitet – in 8–10 Tagen bin ich in Ohlstadt. Ich küsse Dich sehr mein Herz und alles Gute Dein Maxe Bitte sehr herzlichen Gruß an Mama.«
In den Sommern zwischen 1933 und 1936 zog er sich vor den Nationalsozialisten nach Ohlstadt zurück. Es entstanden etwa 25 Werke mit Motiven aus der Gegend um Murnau: heitere, sonnendurchflutete Bilder wie *Blick aus dem Pavillon* (1934) und *Gartenlandschaft im Frühling mit Bergen* (1934), aber auch bedrohliche, unheilverkündende Gemälde wie *Der Berg*, *Das Moor (Moosberg)*, *Abendlandschaft (Ohlstadt)* und *Holzerweg bei Ohlstadt*. An Reinhard Piper schrieb er: »Ich bemühe mich, durch intensive Arbeit über den talentlosen Irrsinn der Zeit hinwegzukommen. So lächerlich gleichgültig wird einem auf die Dauer dieses ganze politische Gangstertum, und man befindet sich am wohlsten auf der Insel seiner Seele...« 1937, nach Hitlers Rede zur Eröffnung des Hauses der Deutschen Kunst in München, verließen Quappi und Max Beckmann Deutschland.
Nach Max Beckmanns Tod, 1950, gingen von Murnau die entscheidenden Impulse aus, Werk und Andenken Max Beckmanns im öffentlichen Bewußtsein lebendig zu halten und deren wissenschaftliche Erforschung und Vermittlung zu fördern. Im Mittelpunkt stand die Sammlerin und Mäzenin Lilly von Schnitzler (1893–1993), Frau des Finanzvorstandes der IG-Farben Georg von Schnitzler. Sie sammelte seit 1924 Bilder von Beckmann und ließ sich auch

während der NS-Zeit nicht davon abhalten. Im Berlin der 1930er Jahre waren Beckmanns und Schnitzlers vier Jahre lang Nachbarn in der Graf-Spee-Straße. Frau von Schnitzler besuchte den verfemten Künstler später im Amsterdamer Exil. 1951 erwarb sie in Murnau ein Landhaus. Dort wurde am 8. Februar 1953 die Max Beckmann Gesellschaft gegründet, dort fanden die meisten Jahrestagungen statt. In ihrem Murnauer Haus betreute Lilly von Schnitzler fast 20 Jahre lang die bedeutende Max Beckmann-Kollektion, die sich heute im Kölner Wallraf-Richartz-Museum befindet. Peter Beckmann, Max Beckmanns Sohn aus erster Ehe mit der Malerin und Sängerin Minna Tube, betreute in der Folgezeit das Werk seines Vaters. Er begründete und leitete von 1954 bis 1972 als Facharzt für innere Medizin die Rehabilitationsklinik der Landesversicherungsanstalt Unterfranken, die in der Nachkriegszeit auf dem Gelände des Kaulbach-Grundstückes in Ohlstadt entstanden war.

Wir gehen die Kaulbachstraße zurück zum Dorfplatz.

Kaulbach-Gruft
Pfarrkirche St. Laurentius
mit Friedhof
Dorfmitte

Auf dem Friedhof in Ohlstadt befindet sich an der Friedhofsmauer die Kaulbach-Gruft. Dort ruhen Friedrich August von Kaulbach sowie seine zweite Frau, Frida von Kaulbach, und die Töchter Mathilde Beckmann, die am 31. März 1986 im amerikanischen Jacksonville verstarb, und Hedda Schoonderbeck-von Kaulbach. Auch Adele Arnold (1897–1949) hat als »Treueste Dienerin im Kaulbachhaus« in der Kaulbach-Gruft ihre letzte Ruhe gefunden.

Sindelsdorf

Wir setzen unsere Spazierfahrt zu den Malern im Alpenvorland nach Sindelsdorf, zum Wohnort von Maria und Franz Marc, fort und folgen dabei der Route, die Wassily Kandinsky und Gabriele Münter zu Fuß oder mit dem Fahrrad von Murnau aus wählten, um ihre Sindelsdorfer Freunde zu besuchen. Führungen durch das »Blaue Land«, wie die Malerin Gabriele Münter die Landschaft zwischen Murnau und Kochel nannte, veranstalten Fritz Walter Schmidt und Joachim F. Gießler. Anmeldung über das Verkehrsamt Murnau (Tel.: 08841/ 61 41-0) und über Tourist Info Kochel am See (Tel.: 08851/338).
Die vorbeiziehenden Dörfer haben in den letzten Jahrzehnten ihr Gesicht völlig verändert. Nur noch wenig erinnert an die Zeit um die Wende vom 19. zum 20. Jahrhundert. Wer sich also einen Einblick in ländliche Alltagskultur an originalen Beispielen unterschiedlicher Haus- und Hofformen Oberbayerns verschaffen will, sollte im Freilichtmuseum auf der Glentleiten bei Großweil einen Halt einlegen. Von Großweil aus führt die Kleinweiler Straße über Kleinweil, Zell und den Weiler Mühleck nach Sindelsdorf. Nach etwa 200 m biegt man nach rechts in die Franz-Marc-Straße ab. Das erste Haus auf der linken Seite hat die Hausnummer 1. Das Wohnhaus ist völlig umgebaut und wird heute privat genutzt.

Franz und Maria Marc vor der Schreinerei von Josef Niggl mit der Gartenlaube.

Ehemaliges Atelier von Franz Marc
Franz-Marc-Straße 1

»Das Dorf selbst klein, auseinandergezogen, mit unwirtlichen Wegen, die bei Regen kaum passierbar waren. Als einziges größeres Haus der Gasthof zur Post, in dem man übernachten und wohnen konnte. Er war zugleich eine Fleischerei. Läden gab es dort kaum. Marc und Fräulein Franck bewohnten eine kleine Etage beim Schreinermeister Josef Niggl in einem modernen, geschmacklosen Bauernhaus, im schlechtesten Stadtstil gebaut, ziemlich am Ausgang des Dorfes. Unten wohnte die Familie Niggl mit vielen Sprößlingen. Ein etwas säuerlicher Kleinkindgeruch benahm einem den Atem, wenn man das Haus betrat. Um so gemütlicher waren die Zimmer, die sich das Freundespaar oben eingerichtet hatte mit schönen alten Möbeln und vielen künstlerischen Dingen, die dem Ganzen eine sehr persönliche Note gaben«, erinnert sich später Elisabeth Erdmann-Macke, die Frau des »Brücke«-Malers August Macke.

Im Frühling 1909 wohnten Maria Franck (1876–1955) und Franz Marc (1880–1916) über ein halbes Jahr beim Schreinermeister Josef Niggl in Sindelsdorf zur Miete. Am 9. September 1909 schrieb Franz Marc an Maria, die gerade in Berlin bei ihren Eltern war: »Mein Vogelbeerbäumchen hab ich ganz tapfer weitergemalt; da droben ist so wunderschön zu malen. In der Ferne stapft das Kochler Zügle, das Karwendel blinkt herüber u. das gute Sindelsdorf liegt brühwarm in der Sonne. Du mußt diese Gegend auch noch einmal so lieben wie

51

Franz und Maria Marc in der Laube in Sindelsdorf, um 1912.

ich –.« 1910 zogen sie mit ihrem gesamten Hausstand dorthin um und blieben bis April 1914.
Helmuth Macke (1891–1936), August Mackes Vetter, beschrieb, wie diszipliniert Franz Marc den Tag gestaltete: »Marc führte ein sehr regelmäßiges Leben. Um halb neun, nach dem Frühstück, war er auf seinem Atelier oder besser seinem Dachboden und malte genau bis zum Glockenschlag zwölf, bei dessen Schall zu gleicher Zeit auch der große weiße Schäferhund zu jaulen anfing. Spätestens halb zwei Uhr stand Marc wieder vor seiner Staffelei, auf dem zugigen Boden mit unverputzten Pfannen, auf welchem eigentlich dieselbe Temperatur herrschte wie draußen. Er war eingehüllt in einen alten schwarzen Mantel, dessen mit Persianerpelz besetzten Kragen hochgeschlagen. Unter seiner vor Kälte feuchten Nase hing als Wärmespender die Zigarette zwischen den schmalen Lippen. Aber im übrigen war er vollständig absorbiert von seiner Arbeit, denn zu dieser Zeit erfolgte der Durchbruch zu seiner eigenen Form. Er hatte immer eine Folge von Bildern zu gleicher Zeit in Arbeit... Nachmittags malte Marc bis zum Dunkelwerden. Nach dem Tee machten wir einen kleinen Gang, dann erledigte Marc seine Post, und nach dem Abendbrot saß er zeichnend und spintisierend in seinem Rohrstuhl, und zu dieser Stunde entstanden die meisten seiner Bildentwürfe... Um zehn Uhr war Schluß des Tages.« (Andreas Hüneke, *Der Blaue Reiter*)
Am Neujahrsabend 1911 lernte Franz Marc in München bei Jawlensky Wassily Kandinsky (1866–1944) kennen. Beeindruckt von dieser ersten Begegnung, schrieb Marc am 2. Januar 1911 an Maria Franck von Berlin:
»Gestern Abend war ich mit Helmuth bei Jawlensky und hab mich den ganzen Abend mit Kandinsky und Münter unterhalten – fabelhafte Menschen. Kandinsky übertrifft alle, auch Jawlensky an persönlichem Reiz, ich war völlig gefangen von diesem feinen innerlich vornehmen Menschen, und äußerlich patent bis in die Fingerspitzen; daß den die kleine Münter, die mir sehr gefiel, ›glühend‹ liebt, das kann ich ganz begreifen. Sie wollen mich und Helmuth nun alle in Sindelsdorf besuchen, desgleichen wir Kandinsky und Münter in Murnau. Ach, wie freue ich mich, später mit Dir mit diesen Menschen zu verkehren, du wirst Dich sofort wohlfühlen, auch mit Münter, glaube ich.«
Ende April 1911 kamen Kandinsky und Gabriele Münter (1877–1962) zum erstenmal nach Sindelsdorf, und zwischen Murnau und Sindelsdorf fanden nun häufiger Besuche statt. »Sie sind jeden Tag willkommen; wir machen dann einen ordentlichen Spaziergang oder liegen im Wald und essen nachmittags Ku-

chen. Also hoffentlich auf recht baldiges Wiedersehen, mit vielen Grüßen von Maria und Ihrem Fr. Marc.« Im Juni 1911 heirateten Maria Franck und Franz Marc in Berlin.

In der Gartenlaube, die noch heute neben dem Haus direkt am Zaun steht, saßen Franz Marc und seine russischen Malerfreunde oft bei einer Tasse Tee zusammen und diskutierten über neue Wege in der Kunst. Dazu meinte Wassily Kandinsky später: »Den Namen ›Der Blaue Reiter‹ erfanden wir am Kaffeetisch in der Gartenlaube in Sindelsdorf; beide liebten wir Blau, Marc Pferde, ich – Reiter. So kam der Name von selbst. Und der märchenhafte Kaffee von Frau Marc mundete uns noch besser.«

Der Künstlerkreis erweiterte sich ständig. Auf Anregung von August und Helmuth Macke lud Franz Marc den Maler und Graphiker Heinrich Campendonk (1889–1957) nach Sindelsdorf ein. Im Oktober 1911 traf er dort ein und lernte sofort Kandinsky kennen, da die Vorbereitungen für den Almanach *Der Blaue Reiter* gerade in vollem Gang waren. Das Gemeinschaftsdenken der Künstlergruppe begeisterte ihn, und er beschloß, in Sindelsdorf zu bleiben – zumal Kandinsky ihm einen Bildauftrag vermitteln konnte. Bis 1914 wohnte er hier, zusammen mit Adda Deichmann, die er 1913 heiratete. Auch der Tiermaler Jean Bloé Niestlé (1884–1942), mit dem Franz Marc seit 1904 gut befreundet war, richtete sich dort sein Atelier ein. Mit Paul Klee (1879–1940) und seiner Familie, die in München in der Ainmillerstraße 32 wohnte, waren die Marcs in engem Kontakt: »Wir freuen uns des Verkehrs mit Klee's, es sind feine Menschen, ungewöhnlich musikalisch begabt. Nach unserer Rückkehr von Berlin werde ich jeden Monat eine Klavierstunde bei Frau Klee nehmen, ich freu mich schrecklich drauf. Wir feiern ja Weihnachten diesmal in Berlin und nicht in unserem kleinen Dörfchen«, schrieb Maria Marc an Elisabeth Erdmann-Macke.

In Sindelsdorf lernte der Verleger und Kunstsammler Reinhard Piper (1879–1953) August Macke und Kandinsky kennen. Er entschloß sich, den Almanach *Der Blaue Reiter* zu verlegen: »Marc und Kandinsky fühlten immer stärker das Bedürfnis, ihren Ideen in einem Sammelwerk Ausdruck zu geben. So entstand der Plan des ›Blauen Reiters‹. Es war fast selbstverständlich, daß Marc mir dieses Buch antrug...« (Reinhard Piper, *Mein Leben als Verleger*) So entstand ähnlich wie in Murnau mit Kandinsky, Münter, Jawlensky und Werefkin in Sindelsdorf eine kleine Künstlerkolonie.

1913 lud Franz Marc die renommierte Dichterin Else Lasker-Schüler (1869–1945) nach Sindelsdorf ein. Wenige Monate zuvor waren sich Franz Marc, Maria Marc und Else Lasker-Schüler zur Jahreswende 1912/13 im Umfeld der *Sturm*-Galerie von Herwarth Walden, ihrem geschiedenen Mann, zum erstenmal begegnet. Die Marcs luden die psychisch angeschlagene Großstadtdichterin ein, zur Erholung aufs Land zu kommen. »Bei einer unserer jährlichen winterlichen Reisen nach Berlin lernten Franz Marc und ich Else Lasker-Schüler persönlich kennen... Wir hatten jedoch den Eindruck, daß sie in irgendeiner Bedrängnis lebte. Darum überredeten wir sie, mit uns nach Sindelsdorf zu kommen, in dem Wunsche, ihr ein wenig Ruhe und Erholung zu geben... Es kam

Franz Marc.

Else Lasker-Schüler.

nur noch größere Unruhe über die arme Seele. Sie fühlte sich verloren in der Weite und flüchtete sich wieder in die Stadt, nach München, in eine enge Pension.«
Über zwei Jahre lang schickten sich Else Lasker-Schüler und Franz Marc Karten und Briefe von großer Intensität und Phantasie, Zeugnis einer außergewöhnlichen Künstlerfreundschaft, ein zauberhaftes Dokument des literarischen und künstlerischen Expressionismus. Die farbig illustrierten Botschaften Marcs an den »Prinzen Jussuf« beantwortete die Dichterin mit poetischen, von ihr illustrierten Kartengrüßen. Mit ihrer Kaisergeschichte *Der Malik* (1919) setzte sie Franz Marc ein literarisches Denkmal. Am 9. Dezember 1912 schickte sie ihm einen Gruß: »Der blaue Reiter ist da – ein schöner Satz, fünf Worte – lauter Sterne ... Ich dämmere noch so hin – aber bevor dein Brief kam, lieber blauer Reiter, sauste es durch meinen Raum, (eine Spelunke) zu arm für dich, (eine Chaussee ohne Bäume) meine Augen taten mir weh, als ob dein süßes Pferd Staub aufgewirbelt hätte, komme zu mir du und dein Gemahl, blauer Ritter, daß ich Euch liebe. Jussuf Prinz von Theben.«
Von Sindelsdorf geht es auf der Bundesstraße weiter nach Benediktbeuern. 2 km hinter Benediktbeuern in Richtung Kochel am See kommen wir zum Ortsteil Ried.

Ried

Villa Ried
Wohnhaus von Franz Marc
Franz-Marc-Weg

Im April 1914 zogen Maria und Franz Marc in das nur wenige Kilometer entfernte Ried. Maria Marc hatte es sich so gewünscht: »Unser stilles Sindelsdorfer Leben wurde in diesen Jahren allmählich sehr verändert durch die Menschen, die hinauskamen – die vielen Beziehungen, die das Hinausgehen in d. Öffentlichkeit mit sich brachte. Und so war es nicht immer leicht, mit der Primitivität des kl. Dörfchens allem gerecht zu werden. Die Wohnung wurde zu eng – es war schwer, ein ordentliches Mädchen als Hilfe zu finden und – vor allen Dingen konnte Franz es nicht mehr aushalten u. verantworten, auf d. kalten Speicherraum im Winter zu arbeiten. Er versuchte zwar, sich gut zu versorgen mit Wintermantel, großen Halswickeln, dicken Handschuhen, denn es begannen ihn rheumatische Schmerzen zu plagen. So fing ich dann an, ihn zu bearbeiten, daß wir das kleine Dorf aufgeben sollten. Das war natürlich nicht so einfach.« (Annegret Hoberg, *Maria Marc*)

In Ried kauften Maria und Franz Marc eine geräumige »Villa«, die sie gegen Marcs Elternhaus in Pasing tauschen konnten. Ende April 1914 zogen sie ein. Bei Kriegsausbruch meldete sich Franz Marc als Kriegsfreiwilliger. Seine *Briefe aus dem Felde* geben Aufschluß über sein letztes Lebensjahr. Den ersten Fronturlaub vom 12. bis 21. Juli 1915 in Ried und München erlebten Franz und Maria Marc, wie wohl unzählige Paare in diesen Kriegsjahren, als Zeit des nahen Abschieds. »Die kurzen Urlaubstage von meinem Mann waren traurig schön – den Druck wird man ja nicht los, bis nicht endlich Frieden ist«, schrieb Maria Marc am 14. August 1915 an Gabriele Münter.

Während dieses Fronturlaubs trafen sich Franz Marc und Paul Klee ein letztes Mal: »Kurz darauf erhielt Marc Urlaub, und kam, obwohl sehr ermüdet und sichtlich abgemagert, unausgesetzt erzählend nach München ... Um ihn eingehender und nachdem er sich schon etwas erholt hatte, zu sprechen, besuchte ich ihn in Ried bei Benediktbeuern, zuvor die Strecke von Feldafing bis Bernried zu Fuß wandernd. Die feldgrauen Sachen hingen wie ausgedrücktes Gedärme zum Trocknen im Freien. Er selber trug seine Sportshosen und farbige Joppe. Das war schon besser, aber nicht für lange!« (Paul Klee, *Tagebücher*)

Maria Marc wohnte bis zu ihrem Le-

Franz Marcs Haus in Ried, 1914.

bensende in Ried. An Gabriele Münter schrieb sie am 28. Dezember 1916, neun Monate nach Franz Marcs Tod: »Ich bin jeden Tag von Neuem dankbar, daß ich Ried habe, ich lebe so gern hier und fühle mich am wohlsten in dem schönen Häuschen, das so zum frohen, geselligen Leben gemacht scheint und nun keine lachenden glücklichen Menschen beherbergt. Aber ruhig bin ich hier wenigstens und die Ruhe, die ich hier finde, gibt mir zum Teil ja auch die behagliche Art des Häuschens. Die Größe und Verhältnisse der Zimmer – die Lage am Wald – die Aussicht auf Wiesen, Wald und Berge – das tut so unendlich wohl...«

Die ausgebildete Zeichenlehrerin und Malerin blieb bis zu ihrem Tod, 1955, künstlerisch tätig. Sie webte moderne Gobelins mit Wolle, gefärbt mit selbst hergestellten Pflanzenfarben. Ihre eigentliche Lebensaufgabe blieb es, den umfangreichen schriftlichen Nachlaß und das künstlerische Lebenswerk ihres Mannes zu verwalten.

Das Haus in Ried ist schwer zugänglich. Eine Besichtigung der Innenräume ist nicht möglich.

Kochel am See

Die Straße von Ried nach Kochel führt durch eine Riedlandschaft, die von der Loisach durchzogen wird. Die weite Fläche des Kochler Riedes, ihre besondere Vegetation, die vielen, zum Teil windschiefen Heuschober und die für diese Gegend typischen »Streuhaufen« machen den Reiz dieses Landschaftsschutzgebietes aus, das sich in den letzten 100 Jahren nicht wesentlich verändert hat. Auf einem der vielen Rad- oder Wanderwege kann man den Spuren der Maler folgen, die auf ihrer Motivsuche auch damals schon mit dem Fahrrad unterwegs waren. Weitere Informationen zu Wanderkarten erteilt das Tourist Info Kochel (Tel.: 08851/338).

Auf Motivsuche im Kochler Ried

Im Sommer 1902 folgte Gabriele Münter einer Einladung Kandinskys, zusammen mit seiner Malklasse »Phalanx« nach Kochel hinauszufahren. Das Arbeiten unter freiem Himmel war für Kandinsky ein dem akademischen Lehrprogramm ganz und gar entgegengesetztes Arbeitsprinzip geworden, das er bis weit in die Murnauer Zeit um 1912/13 beibehielt. Damit tat er es der Dachauer Malerschule und der Münchner »Scholle« oder auch der Worpsweder Malerkolonie in Norddeutschland gleich. In Kochel kamen sich Kandinsky und seine Schülerin Gabriele Münter auch privat näher. Die sichere, unmittelbare Art ihres Zeichnens und Malens nahm ihn gefangen. Johannes Eichner, Gabriele Münters späterer Lebensgefährte, erzählt, wie sich die beiden lieben lernten: »Kandinsky fuhr Rad, womit er seine weit in

Wassily Kandinsky (li.) und seine »Phalanx«-Malklasse im Ried bei Kochel, Sommer 1902.

der Landschaft verstreuten Schülerinnen bei ihrer Arbeit aufsuchte, mit einer Trillerpfeife sein Kommen ankündigend. Gabriele Münter radelte auch – die anderen Damen nicht –, und so fanden sich beide leicht zu Ausflügen zusammen... Einmal, als sie bei einem Ausflug der ganzen Schule am Walchensee gewesen waren und etwas abgesondert gegen den Kochelsee abstiegen, tanzte und sang Gabriele Münter für sich auf dem Weg dahin, des Gefährten und Lehrers vergessend. Als sie dann wieder zusammengingen, war in seiner Stimme und in seinen Worten ein neuer Klang... Er muß von da ab stark bewegt gewesen sein, so daß er, als seine Frau nach Kochel nachkam, die Schülerin bald bat, ihren Studienaufenthalt abzubrechen.« (Johannes Eichner, *Kandinsky und Gabriele Münter*)

Kunstfreunde, die sich gerne an authentischer Atmosphäre erfreuen, können von der Bushaltestelle zwischen Ried und Kochel aus zur Staffelalm hinaufwandern. Sie liegt auf dem Weg zum Rabenkopf (1559 m) unterhalb des Gipfels. Die Gehzeit beträgt etwa zwei Stunden. Die Hütte innen ist allerdings nicht öffentlich zugänglich.

Die Staffelalm am Rabenkopf
Aufenthaltsort von Franz Marc

Während Kandinskys »Phalanx«-Gruppe das Kochler Ried erforschte, zog sich Franz Marc im Frühjahr und Sommer 1902 auf die nahe gelegene Staffelalm zurück und malte naturalistische Studien. Ursprünglich wollte Franz Marc auch im Sommer 1903 auf die Staffelalm gehen.

Er hatte sich mit dem Senner Johann Müller angefreundet, der ihn erwartete: »Werther Herr Mark! Ich habe heute die Staffelalm bezogen wen Sie Lust und Liebe haben können Sie mich besuchen auch eine Zeit dableiben nach belieben. Wierde mir sehr Lieb sein wen sie Ihren Aborat mit nehmen wierden um hie und da ein schönes Bild zumachen wen gerade das Vieh schön bei Alm Hütte steht. Sie könten den Abrat ganz gut in Kochel irgendwo einstellen wen Ihnen das Dragen zu viel wird dan könnte ihn mein Bub hohlen habe auch gemerkt daß Sie dawaren besten Dank für Zigarren sie sind in Rauch aufgegangen Gut geschmekt...« (Brief vom 6. Mai 1903. Zit. nach dem Ausstellungskatalog *Franz Marc 1880–1916*)

Doch daraus wurde nichts, denn Franz Marc verbrachte den Sommer für Studien in Paris und der Bretagne. Im Sommer 1905 kam er wieder auf die Staffelalm und bemalte die Wände und den großen Herd. Am 4. September 1908 schrieb Babette Osterer, die Sennerin der Staffelalm, an Marc, der sich damals in Lenggries aufhielt: »Lieber Herr Marc, jetzt muß ich Ihnen erfreuliches mitteilen, nämlich von meinem schönen Herd. Derselbe wird allgemein bewundert von nobel und unnobel, von Herrschaften und Bauerleute, oft werde ich sogar arg beneidet ob desselben, ich selber habe ja auch eine riesige Freude an ihm und denke so oft ich Feuer mache an den liebenswürdigen Herrn Maler ...« Der Herd ist nicht mehr erhalten. Doch ein Hirsch mit Hirschkuh ist oben auf der Staffelalm noch zu sehen.

Wir gehen auf die Bundesstraße zurück und fahren in Richtung Kochel weiter. Über die Bahnhofstraße gelangen wir zum Schmied-von-Kochel-Platz. Hier befindet sich das Hotel zur Post.

❶ **Hotel zur Post**
Logis von Franz Marc
und Maria Franck
Schmied-von-Kochel-Platz 6
Mit dem idyllisch am Kochelsee gelegenen Dorf war Franz Marc von Kindheit an vertraut. Zwischen 1884 und 1893 fuhr die Familie von München aus mit wenigen Ausnahmen jährlich in die Sommerfrische nach Kochel. Der Ort war ans Eisenbahnnetz angebunden und binnen Stundenfrist für Münchner erreichbar. Während seines Studiums an der Akademie der Bildenden Künste in München kam Franz Marc zu Malstudien nach Kochel an die Plätze seiner Kindheit zurück. 1906 verbrachte er mit seiner Geliebten Maria Franck das Faschingswochenende im Hotel zur Post, wo sie zwei Zimmer mieteten. Die gemeinsamen Tage sollten Klärung in eine verzwickte Lage bringen. Maria Marc erinnerte sich später: »Am Ende des Faschings – am Samstag vor dem Faschingssonntag – fuhr er mit mir in die Berge – in den

Staffelalm. Postkarte von Franz Marc an seine Mutter, 1902.

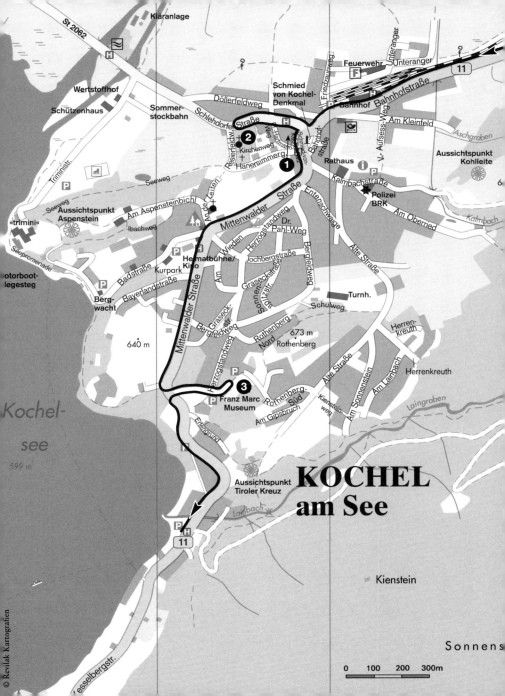

Schnee – nach Kochel! Auf diese Fahrt! – ich war so aufgeregt – so voller Zweifel, ob ich mich in diese – mir ganz aussichtslos erscheinende Verbindung hineinstürzen sollte? Das wußte ich ja genau, daß ich ihm ganz verfallen würde, wenn ich nachgab und ihm angehören würde ... Wir stiegen in Kochel aus und nahmen uns Zimmer im Hotel Post – u. gingen dann spazieren, im tiefen Schnee u. grauer Dämmerung.« (Annegret Hoberg, *Maria Marc*)
Von Mai bis Oktober hielt sich Franz Marc wieder dort auf und malte unaufhörlich. Bisher war nicht herauszufinden, wo er genau wohnte. Er hatte ein großes Bild in Arbeit, *Zwei Frauen am Berg*, das Maria Franck und Marie Schnür auf einer Wiese zeigt. Es ist Zeugnis einer komplizierten Dreiecksgeschichte, in die sich Franz Marc 1906/07 hineinmanövrierte und aus der Maria Franck, die spätere Maria Marc, letztendlich als Gewinnerin hervorging, obwohl er zunächst Marie Schnür heiratete.
Franz Marc hatte Marie Schnür, 36jährige Lehrerin an der Damen-Akademie des Künstlerinnen-Vereins, die Ehe versprochen, um ihr zu ermöglichen, daß sie ihr neugeborenes uneheliches Kind zu sich holen konnte. Gleichzeitig hatte er ein Liebesverhältnis zu Maria Franck, das sich im Frühjahr 1907 intensivierte. Er hatte die Malerin im Fasching 1905 auf der »Bauernkirta«, einem Künstlerfest beim Schwabinger Wirt, kennengelernt. Zeitgleich stand Franz Marc zu seinem Eheversprechen und heiratete im März 1906 Marie Schnür. Schon bald darauf bereute er diesen Schritt. Am 14. September schrieb er Maria Franck: »Wird mir das Schicksal wohl jemals die

Hotel zur Post.

Dummheit vergeben, die ich mit dieser Heirat angerichtet habe? Heute komm ich zu Dir und sag: hilf mir! Im übrigen muß ich doch gleich dahinter setzen, daß ich fest überzeugt bin, daß mir dieses eklige Jahr von größtem seelischem Nutzen gewesen ist. Eine Seelenrettung mit Hindernis.« Die Ehe mit Marie Schnür wurde 1908 geschieden.
Wir biegen in die Schlehdorfer Straße ein und bleiben auf der linken Seite. Nach wenigen Metern kommen wir zur Pfarrkirche St. Michael.

❷ **Friedhof Pfarrkirche St. Michael**
Grab von Franz und Maria Marc
Kirchenweg
Im Winter 1909 besuchten Gabriele Münter und Wassily Kandinsky das befreundete Komponistenehepaar Thomas und Olga von Hartmann. Die beiden nutzten die Zeit in Kochel, um gemeinsam auf dem Friedhof die einheimische Grabkultur zu studieren. Kandinsky malte Grabsteine, Münter malte Grabkreuze.

Wenige Jahre später fand ihr gemeinsamer Freund Franz Marc auf diesem Friedhof seine letzte Ruhestätte. Am Nachmittag des 4. März 1916 kam Franz Marc bei Verdun in den Vogesenkämpfen um. Kurz zuvor schrieb er an seine Frau den letzten Brief: »Ja, dieses Jahr werde ich auch zurückkommen in mein unversehrtes, liebes Heim, zu Dir und zu meiner Arbeit. Zwischen den grenzenlosen schaudervollen Bildern der Zerstörung, zwischen denen ich lebe, hat dieser Heimkehrgedanke einen Glorienschein, der garnicht lieblich genug zu beschreiben ist. Behüte nur dies mein Heim und Dich selbst, Deine Seele, Deinen Leib und alles was mir gehört, zu mir gehört!« Franz Marc wurde unter großer Anteilnahme seiner Truppe im Park ihres Quartiers, des kleinen Schlosses Gussainville bei Braquis, beerdigt und 1917 in eine Grabstätte auf dem Friedhof in Kochel überführt. Das Grab mit einem schmiedeeisernen Kreuz liegt ganz in der Nähe der Friedhofsmauer mit Blick auf den Jochberg. Maria Marc wurde 38 Jahre später neben Franz Marc beerdigt. Am 25. Januar 1955 starb sie in ihrem Haus in Ried bei Benediktbeuern mit 78 Jahren.

Wir gehen die Schlehdorfer Straße zurück und biegen rechts in die Mittenwalder Straße ein. Wir fahren weiter in Richtung Kesselberg/Walchensee. Nach etwa 2 km, ziemlich am Ortsrand gelegen, biegen wir links in den Herzogstandweg ein.

❸ Franz-Marc-Museum
Herzogstandweg 43

Das Franz-Marc-Museum wurde 1986 gegründet. Es ist in einer Villa aus der Zeit um die Wende vom 19. zum 20. Jahrhundert untergebracht und zeigt über 150 Werke aus dem Marc-Nachlaß, ergänzt durch Leihgaben aus anderen Kunstsammlungen. Hinzu kommen schriftliche Dokumente zum Leben Franz Marcs. Das Werk seines Vaters Wilhelm Marc ist mit zahlreichen Gemälden dokumentiert; daneben finden sich Bilder seiner Künstlerkollegen Paul Klee, Ernst Heckel, Else Lasker-Schüler, Gemälde seiner Künstlerfreunde des »Blauen Reiter« und der »Neuen Künstler-Vereinigung München«.

Ein Raum mit ein- und mehrfarbigen Holzschnitten mit den dazugehörenden Druckstöcken und Gemälden lassen den Arbeitsprozeß lebendig werden. Zu sehen sind auch Exemplare aus Franz Marcs Sammlung religiöser Volkskunst aus Oberbayern und Zeugnisse asiatischer und europäischer Kunst. Für ihn waren sie Beispiele einer unverfälschten, ursprünglichen Kunst aus innerer Notwendigkeit, die er selbst schätzte und deshalb sammelte. Sie gaben ihm Anregungen für seine Auseinandersetzung

Gabriele Münter (li.) und Olga von Hartmann in Kochel, 1909.

mit der Kunst und für sein Werk. Schon bei seinen Künstlerfreunden rief diese Sammlung große Begeisterung hervor: »Marc war ein Mensch, der einen ausgesprochenen Sinn für den Wert von selbst den unbedeutendsten Gebrauchsgegenständen hatte. Er umgab sich mit gediegenen Dingen und kaufte lieber gar nichts als etwas Billiges und im Material Schlechtes. So war jedes Ding, das man in die Hand nahm, ein kleines Kunstwerk.« (Elisabeth Erdmann-Macke, *Erinnerung an August Macke*)
Wir setzen die Fahrt in Richtung Urfeld am Walchensee auf der kurvenreichen Bergstraße über den Kesselberg fort. Von dort hat man einen wunderschönen Blick auf den Kochelsee und auf das Alpenvorland. Bei gutem Wetter kann man bis München sehen. Bergabwärts taucht schon bald das eisige Grün des Walchensees mit dem kleinen Ort Urfeld auf.

Urfeld am Walchensee

»Dieses Urfeld ist ein ganz winziger Ort, es gibt dort eine Post, zwei Gasthäuser, aber weder Schuster noch Schneider. Einige Villen, ebenfalls im Liliputanerstil, leuchten unter schwarzen Tannen hervor. Eines dieser Häuschen gehört uns, hart am Fuße des Herzogstands.« So beschrieb 1921 der Maler Lovis Corinth seinen Sommerwohnsitz am äußersten Nordzipfel des Walchensees. Neben Max Liebermann und Max Slevogt ist Lovis Corinth der dritte bedeutende deutsche Impressionist. Der gebürtige Ostpreuße studierte u. a. in Königsberg und München, verbrachte drei Jahre in Paris, kam 1879 an die Akademie nach München und lebte ab 1900 in Berlin.
Wir fahren die Hauptstraße am Ufer des Walchensees entlang und kommen zum ehemaligen Hotel Fischer am See.

Ehemaliges Hotel Fischer am See
Sommerfrische von Lovis Corinth
Urfeld 9

Von Mitte Juli bis Mitte August 1918 verbrachte der Maler Lovis Corinth (1858–1925) mit seiner Familie in Urfeld im Hotel Fischer am See den Sommer. Sein Sohn Thomas erinnert sich später an dessen 60. Geburtstag am 21. Juli: »Wir wohnten im Hotel Fischer am See, wo zum Geburtstag ein Festessen mit der Familie und Freunden auf der Terrasse stattfand; viele Gratulationstelegramme und Briefe trafen ein. Zum Essen gab es das Feinste, nämlich Seiblingfische aus dem See und eine Bowle mit Champagner und Erdbeeren.«
Lovis Corinth entwarf für Max Rein-

Hotel Fischer am See, um 1950.

hardt in Berlin die suggestiven Bühnendekorationen und Kostüme zu *Salome* und *Pelleas und Melisande*. In diesen Jahren sah man den Maler regelmäßig auf Reinhardt-Premieren. Gute Kontakte bestanden auch zu Richard Strauss, für den Lovis Corinth 1908 die Umschlagillustration für den Klavierauszug der Oper *Elektra* anfertigte. Max Reinhardt, Direktor des Deutschen Theaters, schickte ins Hotel Fischer am See einen Geburtstagsgruß: »Ihr heutiger Ehrentag gibt mir die angenehme Gelegenheit in der größten Menge Ihrer Bewunderer Ihrer, hochverehrter Meister, mit den herzlichsten Glückwünschen zu gedenken. Ad Multos Annos. Reinhardt Deutsches Theater.«

Lovis Corinth war sogleich von der Schönheit der Landschaft, vom Zauber des Walchensees, der Bergkulisse, des Lichts und der Luft, gepackt. *Walchensee, Dorfstraße* war das erste Bild, das hier entstand. Seine Frau Charlotte Berend-Corinth schlug vor, in Urfeld ein Haus zu bauen, und Lovis Corinth willigte ein: »Eines Tages, wir bummelten am See entlang, meinte Lovis: ›Ich habe mit einem Bild ... Mark verdient. Was soll ich damit machen?‹ ›Gib mir das Geld‹, antwortete ich, ›ich baue dir hier ein Haus.‹ ... ›Du bist dazu imstande‹, scherzte Corinth ... Ich schrieb an eine Baufirma in München ...« Im Sommer 1919 fand sich die Familie Corinth wieder in Urfeld im Hotel Fischer ein, wenige Monate später war das eigene Haus fertig.

Das ehemalige Gasthaus wird seit mehreren Jahren privat genutzt und ist für die Öffentlichkeit ebensowenig zugänglich wie das Haus Petermann.

Lovis Corinth mit seiner
Frau Charlotte vor dem neuerbauten
Haus in Urfeld, 1920.

Haus Petermann
Wohnhaus von Lovis Corinth

Weihnachten 1919 feierte die Familie Corinth zum erstenmal in dem neuerbauten Haus. Die Corinths nannten es »Haus Petermann«, nach dem Mädchennamen von Lovis Corinths Frau. Es war von Berlin aus äußerst umständlich zu erreichen. »Von Berlin nach München im D-Zug, wo es manchmal schwer war, Schlafwagenreservationen zu bekommen, oder wenn man am Tage fuhr, mußte man zeitweise im Zugkorridor stehen, so schwierig war es, Sitzplätze zu finden. Von München nach Kochel ging es stundenlang im Bummelzug und von Kochel nach Urfeld im Schlitten mit Pferdegespann«, erinnert sich Corinths Sohn Thomas später.

Im Juni 1920 kam Lovis Corinth wieder und blieb bis Anfang August. Von nun an verbrachte er regelmäßig Weihnachten und die Sommermonate hier, zuletzt die Winterferien 1924/25. Seine Walchenseebilder machen die Gegend für die Kunstgeschichte unsterblich.

In seiner *Selbstbiographie* schrieb Lovis Corinth: »Seit fünf Jahren verleben wir den Sommer am Walchensee. Meiner Frau schenkte ich ein Stück Terrain, worauf sie ein kleines Blockhaus erbaute... Ein reizender Blick war hier auf den See, und bald hatte ich alle Motive gemalt, die nun zur Freude der Menschheit werden sollten. Ob es wirklich künstlerische Arbeiten bleiben werden, muß die Zeit entscheiden.«

Der Walchensee entfachte in Corinth eine solche Lust zum Schaffen, daß in nur sieben Jahren 58 Gemälde, Aquarelle, Lithographien, Radierungen und Zeichnungen entstanden. Die Bilder waren auch finanziell ein großer Erfolg: »Meine Produktionskraft war größer denn je. Gerade beim Niedergang des

Charlotte und Lovis Corinth
in Urfeld, 1924.

Die Corinths vorm Haus, Urfeld, 1923.

Krieges errang ich durch die Motive des Walchensees über die Maßen große Erfolge, im finanziellen Sinne und im idealen. Jeder Berliner wollte ein Bild aus jener bayrischen Gebirgsecke besitzen, und so kam es, daß ich nebst dem Stilleben ein Spezialist für diesen schönen Winkel vom Walchensee wurde. Auch die Galerien wollten durchaus diese Bilder haben.«

Seine Frau Charlotte Berend-Corinth verrät in ihren Erinnerungen, wie seine Bilder entstanden: »An manchem Abend saß er in Urfeld und wartete den Mond ab, um ihn zu malen. Er wartete nie vergebens, überhaupt selten spielte ihm das Wetter einen Streich. Alles war für die Mondmalerei vorbereitet, die Leinwand stand mit der Staffelei oder dem Holzbrett da, die Palette war voller Farben. Dann trat der Mond über den Jochberg und Lovis stürzte sich in die Arbeit hinein wie jemand, der ins Wasser springt, und die Wellen schlagen über ihm zusammen...« (*Lovis Corinth. Eine Dokumentation*)

Nach Lovis Corinths Tod am 17. Juli 1925 ging die Familie weniger oft nach Urfeld. Für seine Frau waren die Erinnerungen zu schmerzlich. Nur wenige Jahre nach seinem Tod wurden die Meisterwerke von den Nationalsozialisten als »entartet« beschlagnahmt. Sohn Thomas lebte seit 1931 in den USA. 1939 kaufte der Atomphysiker Werner Heisenberg das Haus der Corinths.

Vom Walchensee aus setzen wir den Weg über Wallgau und Krün in Richtung Garmisch-Partenkirchen fort. Von dort aus fahren wir nach Oberau und biegen in Richtung Ettal ab. Über den Ettaler Berg kommen wir nach etwa 10 km nach Oberammergau, Ausgangspunkt unseres nächsten Spaziergangs.

Vor dem Kurhotel Wittelsbach in Oberammergau.

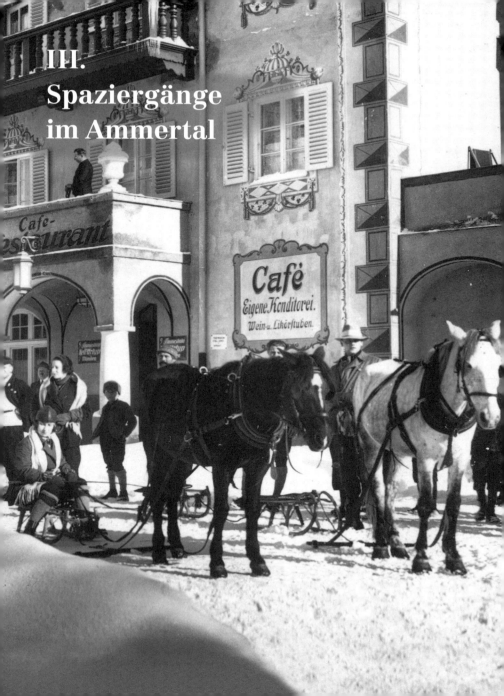

III.
Spaziergänge im Ammertal

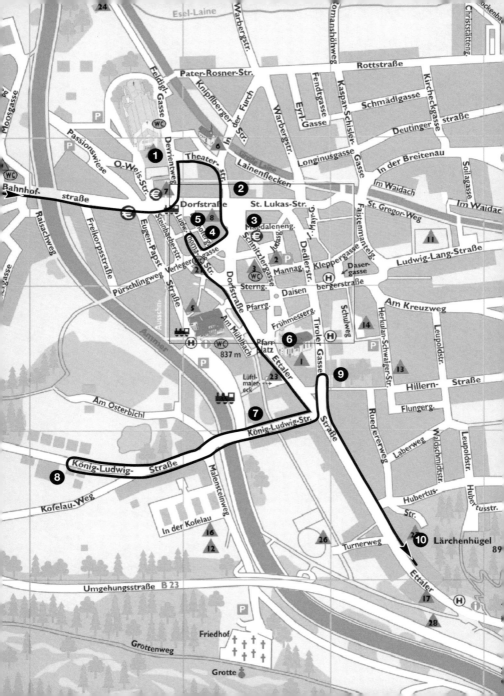

Oberammergau

»Oberammergau, ein bairisches Gebirgsdorf, ist nicht das größte und, von Natur aus, nicht einmal das großartigste in diesem schönen Lande ... Und doch ist Oberammergau des Abendlandes berühmtestes Dorf; wer sonst wenig über Deutschland weiß, viele tausend Meilen fern; von diesem Oberammergau hat er gehört, vom Passionsspiel, von den Schnitzern, von den buntbemalten Häusern; und wie dieses Dorf das ganze Werdenfelser Land, ja, ganz Oberbayern teilnehmen läßt an seinem ureigensten Ruhme ...« So sah der Schriftsteller Eugen Roth Ende der 1950er Jahre den Passionsort.

Oberammergau ist ein Ort, der Vorurteile wie ein Magnet anzieht. Was den einen pure Geschäftstüchtigkeit ist, erscheint den anderen als letzte Bastion der abendländischen Christenheit. In Oberammergau kreist fast alles um die Frage: Wie ist unter heutigen Bedingungen etwas auf die Bühne des Passionsspielhauses zu bringen, was einmal ein religiöses Gelübde war? Für Juden ein Ärgernis, für kritische Aufklärer eine Torheit, für Protestanten ein Verstoß gegen das Bilderverbot, und selbst in Bayern von katholischen Regierungen verboten, stand das Passionsspiel immer im Kreuzfeuer.

Längst ist Oberammergau ein vielbesuchter Erholungsort im Sommer und im Winter geworden. Nur wenige Meter vom Trubel entfernt, kann man immer noch Bergeinsamkeit und Naturidylle genießen. So mancher Urlauber weiß es zu schätzen, im Privatquartier bei einem Holzbildhauer am Oberammergauer Lebensgefühl teilhaben zu können, auch wenn gerade nicht Passionszeit ist.

Bis 1860 gelangte man mit der Pferdekutsche oder zu Fuß zum Passionsspiel. Am »Ettaler Berg«, damals noch der alte, steil emporstrebende Ziehweg, der heute nur noch von Spaziergängern genutzt wird, mußten Besucher gleich welchen Standes aussteigen und zu Fuß weitergehen. Denn kein Pferd konnte Kutsche und Reisende gleichzeitig die steile Strecke emporziehen. Doch auch der Weg über Bad Kohlgrub war voll bergiger Hindernisse, die die Reisenden immer wieder zum Absteigen und Fußmarsch nötigten. »Rechnet man nun aber Anreise, die Anstrengung des Spielbesuches, viele Stunden auf harten Holzbänken, bei jedem Wetter und unter freiem Himmel, und wieder die gleichen Strapazen der Rückfahrt zusammen, so kann der von allen Bequemlichkeiten des modernen Reiseverkehrs verwöhnte Mensch unserer Tage den Idealismus seiner Vorfahren nur bewundern. Und wenn man bei Regenwetter ohne Mittagspause durchzuspielen pflegte, scheint uns das kaum eine Erleichterung bedeutet zu haben.« (Otto Günzler und Alfred Zwink, *Oberammergau*)

1890 verbesserte sich die Situation mit dem Ausbau der Ettaler Bergstraße und dem Bau der Eisenbahnlinie nach Garmisch. So richtig bequem wurde es aber erst, seitdem die Lokalbahn von Murnau nach Oberammergau fertiggestellt war. Rechtzeitig zu Beginn des Passionsspiels wurde sie am 25. April 1900 eröffnet. Es galt als Sensation, daß man an einem Tag von München nach Oberammergau und zurück gelangen konnte. Die Postkutsche war überflüssig geworden, und der Massentourismus konnte beginnen. Das hatten Thomas Cook und sein Sohn

John Mason rechtzeitig erkannt, als sie bei ihrem Besuch 1890 die Vermarktung Oberammergaus in großem Format in die Hände nahmen und ab 1900 bei Sebastian Zwink eine Filiale eröffneten. Nach dem Ersten Weltkrieg wurde die Ettaler Bergstraße geteert, für die Passion 1930 begradigt und erheblich übersichtlicher gemacht.

Wir beginnen unseren Rundgang am Bahnhof Oberammergau, der, kommt man aus Murnau, am Ortsanfang liegt. Von dort aus folgen wir der Bahnhofstraße, biegen links in den Devrientweg ein und gehen direkt auf das Passionstheater zu, das linker Hand liegt.

❶ Passionstheater
Theaterstraße 16

»Scherz und Ernst wohnen im bairischen Volk nah beieinander, Sinnenlust und Frömmigkeit; und das ›Komedi- und Tragedispielen‹ mag seit unvordenklichen Zeiten der Brauch gewesen sein; auch für Oberammergau ist ja durch eine Ettaler Aufschreibung bezeugt, daß schon Anno 1580 ein Spiel aufgeführt worden ist – vermutlich aber war es ein weltliches, ein ›Paurenspiel‹.« (Eugen Roth und Klaus Hansmann, *Oberammergau*)

Katholisch-barocker Raum fördert die Lust am Bild, an der Inszenierung und damit am Spiel. In Oberammergau wachsen bereits die Kinder ins Passionsspiel hinein. Es begleitet sie in wechselnden Rollen ihr Leben lang. Doch zum Spielen braucht es einen Ort. Gespielt wurde seit 1634 auf dem Friedhof, dann ab 1830 auf der Passionswiese in einem Bühnenhaus aus Holz. Der Um-

Die neue Bühne des Passionstheaters 1890 unter Einbeziehung der früheren Anlage.

und Neubau 1890 mit Teilüberdachung brachte das Theater auch technisch auf den neuesten Stand. Das Passionstheater mit Bühnenhaus und Überdachung in der heutigen Form stammt von 1930 und wurde 2000 gründlich renoviert.
Um das Passionsspiel rankt sich noch heute eine Geschäftemacherei mit Heiligenbildchen, Devotionalien, Oberammergau-Andenken und Passions-Tand. Die völlig verarmte Schriftstellerin Franziska Gräfin zu Reventlow (1871–1918) wollte davon profitieren und mietete sich eine Holzbude vor dem Passionsspielhaus. Der Philosoph, Lebenskünstler und Anarchist Erich Mühsam (1878–1934) erinnert sich:
»Ich denke mit Wehmut daran, wie sie wochenlang im Zimmer hockte, Hunderte von Gläsern um sich herum, und die Landschaften von Oberammergau, das Theater, die rührendsten Szenen der Christusgeschichte und sonstwelche frommen Dinge darauf malte. Sie war auf die Idee gekommen, ihrem Dalles durch den Verschleiß von Andenken an Oberammergau bei den gerade fälligen Passionsspielen abzuhelfen. Tatsächlich reiste sie hin, saß die ganze Zeit von früh bis abends in einer Holzbude vor dem Theater und hoffte auf die amerikanischen Millionäre, die ihr die Gläser abkaufen würden. Aber die ganze Zeit hindurch regnete es, und außerdem waren die Andenken viel zu billig, als daß reiche Leute sie gekauft hätten. So kam sie fast mit dem ganzen Vorrat und mit vermehrter Schuldenlast nach Schwabing zurück.«
Der Schriftsteller Lion Feuchtwanger (1884–1958) kam 1900 und 1910 nach Oberammergau und brandmarkte in mehreren Zeitschriftenartikeln die Ge-

Lion Feuchtwanger.

schäftstüchtigkeit der Oberammergauer. In seinem Roman *Erfolg* (1930) widmet er dem Dorf Oberfernbach alias Oberammergau ein eigenes Kapitel: »Zur Zeit der Urgroßväter hatten die bayrischen Bauern ihr Spiel aufgeführt aus naiver Frommheit und aus herzhafter Freude am Komödienspiel: jetzt war die einfältige Weihe zur gut organisierten, rentablen Industrie geworden. Sie hatte dem Dorf eine Bahnlinie gebracht, Absatz für die Produkte seiner Holzschnitzereien, Kanalisation, Hotels. Heuer, während der Inflation, da man sich die einfältige Weihe in hochwertigem ausländischen Geld bezahlen ließ, war für die Oberfernbacher besonders gute Zeit.«

Joachim Ringelnatz mit dem
Christusdarsteller Anton Lang und
zwei Mitarbeitern des *Simplicissimus*,
Albert Köster und Peter Scherr
(von li. nach re.), 1922.

1922 besuchte der Dichter Joachim Ringelnatz (1883–1934) mit seinen Freunden vom *Simplicissimus*, Peter Scherr und Albert Köster, die Passion und ließ sich mit dem Christusdarsteller Lang Arm in Arm fotografieren. Die französische Philosophin und Schriftstellerin Simone de Beauvoir (1908–1986) sah 1934 die Jubiläumsspiele, die Adolf Hitler kurz vor der Wahl zum Reichspräsidenten für seine antisemitische Propaganda nutzte.

»Wir hatten nicht viel für folkloristische Darbietungen übrig, aber die Passion war wirklich großes Theater. Man gelangte durch eine Art Tunnel in eine riesige Halle, die zwanzigtausend (!) Zuschauer faßt. Von acht bis zwölf und von zwei bis sechs Uhr erlahmte unsere Aufmerksamkeit nicht eine Sekunde. Die Breite und Tiefe der Bühne erlaubte ungeheure Massenszenen, und jeder Statist spielte seine Rolle mit solcher Überzeugung, daß man sich inmitten der Menge glaubte, die Christus zujubelte, die ihn auf dem Weg durch die Straßen von Jerusalem verhöhnte. ›Lebende Bilder‹, stumm, unbeweglich, wechselten mit bewegten Szenen. Zu einer sehr schönen Musik aus dem siebzehnten Jahrhundert kommentierte ein Frauenchor das Drama: die langen, gewellten Haare, die über die Schultern fielen, erinnerten an alte Shampoo-Reklamen... Die Dörfler von Oberammergau wandten die Prinzipien Brechts bereits vor Brecht an: eine einmalige Verbindung von Exaktheit und ›Verfremdung‹ machte die Schönheit dieses Passionsspiels aus. Trotz allem hatten wir genug von Deutschland. Die Abstimmung vom 19. August stattete Hitler mit diktatorischen Vollmachten aus, die durch nichts

Simone de Beauvoir.

Gasthof Alte Post, um 1910.

mehr eingeschränkt waren; Österreich wurde nationalsozialistisch. Wir waren sehr froh, wieder in Frankreich zu sein.« (Simone de Beauvoir, *In den besten Jahren*)

Vom Passionstheater aus gehen wir die gegenüberliegende Theaterstraße weiter und gelangen zum Hotel Alte Post, das linker Hand an der Kreuzung zur Dorfstraße liegt.

❷ Ehemaliger Gasthof Alte Post
Früher Schwabenwirt
Logis von Erika Mann
Dorfstraße 19

Das Hotel Alte Post ist vermutlich das älteste Gasthaus am Platz und geht im Kernbestand auf 1612 zurück. Bereits im 17. Jahrhundert wurde es von Handelsleuten viel besucht. 1783 erwarb Gilbert Pfeiffer den »Löwen« und gab ihm den Hausnamen »Schwabenwirt«. Max II. von Bayern pflegte beim Schwabenwirt Quartier zu nehmen, wenn er auf dem Weg zur Jagd in Oberammergau Station machte. 1851 wurde Katharina Pfeiffer, die Mutter von Ludwig Thoma, die erste Postexpeditorin am Ort.
1864 kaufte Sebastian Holz den Gasthof – ohne Posthalterei – und nannte ihn Alte Post. Seit 1896 ist das Hotel im Besitz der Familie Preisinger.
Im Sommer 1930 besuchte Erika Mann (1905–1969), Schriftstellerin und Tochter von Thomas Mann, das Passionsspiel in Oberammergau und übernachtete im Gasthof Alte Post. Tagsüber saß sie vor dem Haus und beobachtete das Passionstreiben:
»Der wahre Spaß aber beginnt erst im Orte selbst. Man sitzt beim Schnitzel vor der ›Post‹ und schaut den Leuten zu auf dem Platz. Ein Junge radelt vorbei, dunkler, hübscher Süd-Typ, er hat lange, schwarze Wattelocken, bis auf die Schultern herunter. Verwirrt schaut man ihm nach. Dann geht das Licht auf: Kleiner Passionsstatist, fern sei dir der Friseur. Ein Mann kommt des Wegs –, sollte er unser Herr Jesus selbst sein –, Bart und Frisur hätte er dafür. – Gegenüber das

Erika Mann in ihrem Ford Cabriolet.

Wittelsbacher-Hotel wird umgebaut, im Malerkittel steht ein wunderbar schöner Johannes und streicht die Fensterrahmen. Holdselige Erscheinung, stehst du da und pinselst, damit die Amerikaner es säuberlich haben?
Ist man erst einmal aufmerksam, findet man kaum ein Haus, an dem nicht verschönt würde. Die Bilderln, die treuherzigen, bunten, müssen aufgefrischt, die Sprücherln, die lieben, tumben, verstärkt werden. So blöd sind wir nicht, daß euch etwa auf fremdländisch kämen, mit ›welcome‹ und ›English spoken‹ –, wir wissen, was uns reizvoll macht, sind urwüchsig boarisch, ein rauhes Bergvolk, lieblich bemalt. Mit unserem Spiel, übrigens, ist es uns wirklich ernst. Wir sind ehrgeizig und fromm, – gastfreundlich und habgierig zugleich. Daß wir uns soviel Mühe geben und unseren lieben, alten Ort vorübergehend in ein ganz künstliches Oberammergau verwandeln, in eins, das besser in Hollywood stünde, ist nicht nur Berechnung. Wir sind stolz auf unser Dorf und möchten es gern tadellos präsentieren.« (Erika Mann, *Blitze überm Ozean*)
Wir überqueren die Dorfstraße und gehen auf den Wittelsbacher Hof zu.

❸ Hotel Wittelsbach
Logis von Giacomo Puccini
Dorfstraße 21

Im gegenüberliegenden Hotel Wittelsbach wohnte zur Passion 1922 Giacomo Puccini (1858–1924), der italienische

Komponist und Tonkünstler. Die Uraufführung seiner Oper *La Bohème* hat ihn schlagartig berühmt gemacht.

Die übernächste Passion stand schon ganz im Schatten des Hakenkreuzes. Am 13. August 1934 besuchte Reichskanzler Adolf Hitler (1889–1945), eine Woche vor der Wahl zum Reichspräsidenten, das Spiel und nutzte es für seine Propagandazwecke. Den Passionsspielbesuchern und Schaulustigen zeigte er sich in der Mittagspause auf dem Balkon des Hotels Wittelsbach:

»Hitler war mit Gefolge in seiner bekannten Autokolonne gekommen, um die unter einem Decknamen bestellten Plätze im Theater einzunehmen. Er setzte sich nicht in die Loge, sondern nimmt unter ›seinem geliebten Volke‹ Platz. Mittags ißt er im Hotel ›Wittelsbach‹. Die Besucher des Spieles scharen sich inzwischen um das Hotel und rufen nach ›dem Führer‹. Endlich zeigt er sich auf dem Balkon. Nachmittags ist er wieder im Theater.

Nach dem Ende der Vorstellung begehrt er, auf die Bühne geführt zu werden, und läßt sich die Hauptdarsteller vorstellen. Eifrig betont er den hohen Wert des historischen Spieles und verspricht Oberammergau sein immerwährendes Wohlwollen. Dann fährt er ab. Am folgenden Sonntag ist ›Volksabstimmung‹. Der Besuch Oberammergaus macht sich gut in den Augen der christlichen Wählerschaft. Vorher hält Hitler noch eine Rede, er nennt Oberammergau, zusammen mit Bayreuth, die Exponenten des deutschen Kulturlebens. So redet er gar trefflich und doch wird die Propagandarolle deutlich sichtbar, die Oberammergau für ihn zu spielen hat... Schon 1933 waren in Oberammergau die Straßen umbenannt worden, trotz des allgemeinen nationalistischen Taumels aber benennt das Dorf nicht eine Straße nach der braunen Prominenz.« (Otto Günzler und Alfred Zwink, *Oberammergau*)

Schräg gegenüber auf dem Dorfplatz, der ziemlich in der Mitte von Oberammergau liegt, steht das Geburtshaus von Ludwig Thoma. Noch heute erinnert eine Gedenktafel an den prominenten bayerischen Schriftsteller.

❹ Geburtshaus von Ludwig Thoma
Verlagshaus der Firma Georg Lang sel. Erben
Dorfstraße 20

Der Verleger Andreas Lang kaufte 1785 das ehemalige Amtshaus des Ettaler Richters von Ammergau. Ludwig I., seit 1825 König von Bayern, beehrte am 11. August 1831 Oberammergau und stieg beim Senior des bedeutendsten Schnitzereiverlages, Eduard Lang, ab. Dieser dokumentierte ehrerbietig den Besuch des kunstsinnigen Regenten mit einer Haustafel als Erinnerung an den königlichen Gast. In diesem Haus kam der Schriftsteller Ludwig Thoma (1867–1921) am 21. Januar 1867 zur Welt:

»Im Januar 1867 besuchte meine Mutter ihre Schwester Marie Lang in Oberammergau, um im Verlegerhause ihre Niederkunft abzuwarten, denn sie getraute sich nicht, in der Riß zu bleiben, weitab von jeder Hilfe, die bei starkem Schneefalle überhaupt nicht erreichbar gewesen wäre. Am 21. Januar gegen Mittag kam ich zur Welt, und meine Verwandten erzählten mir, ich hätte gerade, als sie von der Schule heimkamen, so laut geschrieen, daß sie mich schon auf der

**Geburtshaus von Ludwig Thoma,
Verlagshaus der Firma
Georg Lang sel. Erben, 1877.**

Straße hörten.« (Ludwig Thoma, *Erinnerungen*)
Katharina Pfeiffer, Tochter des Schwabenwirts und Mutter von Ludwig Thoma, hatte ihren späteren Mann, den Forstamtsaktuar Max Thoma aus Schongau, am 14. März 1854 im Hause des Verlegers Lang kennengelernt. »Sie hing zeitlebens mit allen Fasern an ihrem Heimatdorfe und an ihrer älteren Schwester Marie, die in jungen Jahren den k. Posthalter und Verleger Eduard Lang heiratete, früh Witwe wurde und die auf uns Kinder durch ihre vornehme, stille Art einen unvergeßlichen Eindruck machte.«
Zur Passion 1900 kam Ludwig Thoma, der damals seine Juristenlaufbahn bereits beendet hatte und in der Redaktion der Satirezeitschrift *Simplicissimus* arbeitete, mit vier Freunden und *Simplicissimus*-Mitarbeitern nach Oberammergau. Sie übernachteten vom 9. bis 16. Juni 1900 in seinem Geburtshaus beim Verleger Lang.
Das nächste Passionsspiel 1910 besuchte er gleich mehrmals, wieder begleitet von kunstsinnigen Freunden. Zur Hauptprobe am 11. Mai kam er mit seiner ersten Frau Marion und dem bekannten Münchner Verleger Georg Hirth. Am 25. Juli war der norwegische Zeichner Olaf Gulbransson mit seiner Frau Grete dabei, und eine Woche später brachte er den Dachauer Bildhauer Ignatius Taschner mit, mit dem er eng befreundet war. Sie wohnten beim Verleger Lang in äußerst prominenter Umgebung. Nicht weniger als 15 Angehörige des Hauses Habsburg waren dort zur Passion abgestiegen, darunter die Erzherzogin Marie Valerie, Lieblingstochter der Kaiserin Elisabeth und ihres Gemahls Kaiser Franz Joseph I. von Österreich.
Mit dem Schriftsteller Georg Queri machte Ludwig Thoma ebenfalls im Hause Lang sel. Erben Bekanntschaft: »Ich lernte ihn näher kennen, als er 1910 während der Ammergauer Passionsspiele bei meinen Verwandten wohnte. Was er mir von seinem Leben erzählte, seine Art, den Himmel immer voller Baßgeigen zu sehen und, was fehl schlug, leicht zu verschmerzen, auch in bescheidensten Verhältnissen nie ängstlich und nie kleinlich zu sein, jede Behaglichkeit ausgenießend an allem Genüge zu finden, machte ihn mir lieb.«
Georg Queri (1879–1919) arbeitete beim Verleger Lang sel. Erben und soll dessen Tochter eng verbunden gewesen sein. Reinhard Piper erinnert sich: »Oft hielt sich Queri in Oberammergau auf. Er hatte den ältesten Text des Passionsspiels von 1662 herausgegeben. Einmal im Winter fuhr ich zu ihm hinaus. Er

wohnte bei dem Verleger Georg Lang – ›Verleger‹ insofern, als er die Oberammergauer Schnitzarbeiten in großem Stil an Wiederverkäufer vertrieb. So war ich Gast in dem großen Patrizierhaus mit der schönen, geschnitzten Türe, worauf Merkur unter einem Palmbaum sitzt... Die Tochter des Hauses machte zu Ehren meines Besuchs mit uns eine Schlittenfahrt nach Schloß Linderhof. Seit meiner Kindheit war ich nicht mehr im offnen klingelnden Pferdeschlitten gefahren.« (Reinhard Piper, *Mein Leben als Verleger*) *Wir überqueren die Verlegergasse, biegen rechts in die Ludwig-Thoma-Straße ein und gelangen zum Bauhofer-Haus.*

❺ Bauhofer-Haus
Logis von Anton Bruckner
Heute Ludwig-Thoma-Straße 5

1880 besuchte der 56jährige Komponist Anton Bruckner (1824–1896) die Passionsspiele und wohnte im Bauhofer-Haus. Dort verliebte er sich in die junge Marie Bartl, die im Passionsspiel eine der weinenden Frauen darstellte. Unverhohlen machte er dem jungen hübschen Mädchen den Hof. Nach seinem Tod 1896 fanden sich in Anton Bruckners Nachlaß Briefe einer Marie Bartl aus Oberammergau. Man forschte in Oberammergau nach Briefen des berühmten Komponisten. Doch Marie Bartl, inzwischen mit einem Ammergauer Bildhauer verheiratet, hatte das Bündel Briefe, die Botschaften Bruckners an »seine liebe Marie«, längst verbrannt.
Wir gehen zurück zur Dorfstraße, die in die Ettaler Straße übergeht. Neben der Pfarrkirche St. Peter und Paul steht das Forsthaus.

❻ Forsthaus
Logis von Ludwig Ganghofer
Ettaler Straße 3

Hier wohnte während der Passion 1900 und auf seinen zahlreichen Besuchen in Oberammergau der Schriftsteller Ludwig Ganghofer (1855–1920), bekanntester und erfolgreichster Bestsellerautor seiner Zeit. Die guten Kontakte zur staatlichen Forstverwaltung ermöglichten dem Sohn eines Försters diese außergewöhnliche Unterkunft. Das stattliche Haus wurde 1763 vom Priester Joseph Ignaz Daser (1724–1785) erbaut und nach seinem Tod dem Kloster Ettal vermacht, das es als Richterhaus nutzte. Nach der Säkularisierung 1803 ging es in bayerischen Staatsbesitz über und wurde vom letzten Propst von Kloster Rottenbuch bewohnt. Besonders während der Passionsaufführungen übernachteten im »Prälatenhaus«, wie das Forsthaus damals genannt wurde, prominente Gäste, so etwa im Jahr 1815 der Minister Montgelas mit Gemahlin und 1820 König Ludwig I. von Bayern. Im Mai 1830 wurde das Haus der Sitz der staatlichen Forstverwaltung und beherbergt heute das Bayerische Forstamt Oberammergau.
Ludwig Ganghofer war ein begeisterter Jäger und teilte seine Jagdleidenschaft mit dem Schriftstellerkollegen Ludwig Thoma, mit dem er eng befreundet war. Den Schnitzern von Oberammergau setzte Ludwig Ganghofer mit seinem Roman *Der Hergottsschnitzer von Ammergau* ein literarisches Denkmal. In einem Brief vom 24. Juli 1900 versuchte er von seinem Jagdhaus Hubertus in der Leutasch aus, den Schriftsteller Hugo von Hofmannsthal (1874–1929) für einen Besuch der Passionsspiele zu ge-

Ludwig Ganghofer.

stellung, dieser zwischen künstlerischer Naivität und einer durch Jahrhunderte ins Gewaltige ausgeschulten Form hin- und herschwankende Stil einen tiefen Eindruck machen muß. Es steckt wahrhaftig ein Stück weltlicher Tragödie in der christlichen Kunst dieser Hochland-Bauern. Und wie unter freiem Himmel die Natur hier mitspielt! Bei der Vorstellung, die wir hier sahen, ging während der Kreuzigungsszene ein Gewitter mit Blitz und Donner über Theater und Bühne nieder.« (Ludwig Ganghofer an Hugo von Hofmannsthal, 24. Juli 1900)

Hugo von Hofmannsthal, 1901.

winnen. Seit seiner Zeit in Wien war Ganghofer mit diesem befreundet. Hofmannsthal zählt zu den Wiederbelebern der Salzburger Festspiele, in deren Mittelpunkt sein *Jedermann* steht. Dieses Theaterstück vom Tod, der jeden trifft – ob alt oder jung, arm oder reich –, wurde in Oberammergau zwischen den Spielen des öfteren zur Aufführung gebracht:
»Verehrter Freund!
Ich bin seit 4 Wochen immer auf der Fahrt gewesen, kam heute früh nach Hause – von Oberammergau – und muß morgen wieder nach Innsbruck. Das kleine ›Schnauferl‹ meiner Wanderungen will ich benützen, um Ihnen einen Gruß zu schreiben...
Vielleicht haben Sie Lust, mit (nach Oberammergau) hinzufahren. Sehen müssen Sie das. Ich glaube, daß gerade auf Sie die Großzügigkeit dieser Dar-

Wir gehen die Ettaler Straße weiter und biegen rechts in die König-Ludwig-Straße ein. An der Ecke zur Eugen-Papst-Straße steht das Hotel-Restaurant Böld.

❼ Ehemalige Pension Böld
Sommerfrische von Thomas Mann
König-Ludwig-Straße 10
Früher Haus Nr. 121 a

Im Frühling 1920 erholte sich Katia Mann (1883–1980) sechs Wochen in der Pension Andreas Böld, die 1909 umgebaut worden war. Thomas Mann (1875–1955) arbeitete währenddessen an seinem Roman *Der Zauberberg*, und Katia Mann versorgte ihn mit vielen Details aus dem Sanatoriumsmilieu. Sie registrierte sehr genau, was um sie herum vorging, schrieb es auf und sammelte so Material, das ihrem Mann für seinen Roman Inspirationen liefern konnte. Ihre Briefe werfen ein Schlaglicht auf das damalige Kuren in Oberammergau: »Es herrscht ... ein ganz freundlicher geselliger Ton, nach dem Abendbrot nehme ich meist ein halbes Stündchen teil, womit mein Konversations-Bedürfnis befriedigt ist.« (Brief von Katia an Thomas Mann, 16. Juni 1920)

Die Tage vor Weihnachten 1929 verbrachte Thomas Mann wieder in der Pension Böld. Seinen Gastgebern schrieb der frisch gekürte Nobelpreisträger am Heiligen Abend ins Gästebuch: »Dankbar für vier friedvolle Tage in persönlich bewegter Zeit.«

Die ehemalige Pension ist heute das Landhotel Böld mit 110 Betten und 150 Restaurantplätzen.

Pension und Landhaus Böld vor dem Umbau, um 1906.

Wir überqueren die Eugen-Papst-Straße und bleiben weiterhin auf der König-Ludwig-Straße. Nach etwa 700 m kommen wir zum Hotel Friedenshöhe.

Katia Mann, 1920.
Das Foto stand auf Thomas Manns Schreibtisch.

Villa Friedenshöhe, um 1900.

❽ Villa Friedenshöhe
Logis der Familie Mann
König-Ludwig-Straße 31
Früher Haus Nr. 131 d

Thomas Mann und seine Frau Katia verbrachten mit ihren Kindern und dem Personal mehrmals die Sommermonate in Oberammergau. Von Mitte Juni bis Ende September 1906 mieteten sie sich in der Pension Friedenshöhe ein, die damals »sieben Schlafzimmer mit zwölf Betten« hatte. In der kleinen Pension arbeitete Thomas Mann an seinem Roman *Königliche Hoheit* und erlebte dort »stille, luftige, ziemlich arbeitsame Tage«. In einem Brief schrieb er, es sei »enorm heiß. Aber ›Kgl. Hoheit‹ kommt in Gang. Ich bin voller Dank gegen den Frieden der Natur, der mich dazu befähigt.« Im August kamen auch seine Geschwister Heinrich Mann (1871–1955) und Karla Mann (1881–1910) nach Oberammergau. Heute ist aus der ehemals kleinen Pension ein stattliches Hotel mit Restaurant geworden.

Wir gehen zurück zur Ettaler Straße und biegen in die Tiroler Gasse ein. Nach wenigen Metern kommen wir rechts zum renovierten ehemaligen Wohnhaus von Josef Ruederer, in dem heute das Jugendzentrum untergebracht ist.

❾ Wohnhaus von Josef Ruederer
Tiroler Gasse 3

Eine Tafel am Haus erinnert noch heute daran, daß im Sommer 1880 Generalfeldmarschall Helmuth von Moltke hier wohnte. 1903 kaufte der Schriftsteller Josef Ruederer (1861–1915) dieses Haus, baute es um und gab ihm im wesentlichen seine heutige Gestalt. In den großzügig angelegten Garten stellte er ein zweites Gebäude, das ihm als Gästehaus für seine zahlreichen Besucher diente.

Josef Ruederer entstammte einer reichen Münchner Bürgerfamilie und wurde mit dem 30. Lebensjahr Privatier. Das ermöglichte ihm ein sorgenfreies Leben als Schriftsteller. Stets hatte er in München große Stadtwohnungen. Den Sommer verbrachte er gerne im Alpenvorland, entweder in Walchensee oder in Farchant bei Garmisch. Nach dem Tod der Eltern begann für Josef Ruederer ein neuer Lebensabschnitt. Als Zeichen seiner nunmehr unabhängigen Existenz ließ er 1908 die Villa in der Maria-Theresia-Straße 28 im vornehmen Münchner Villenviertel Bogenhausen erbauen, das neben dem Landsitz in Oberammergau als Stadthaus diente. Er starb 1915 in München und wurde in einem Ehrengrab auf dem Waldfriedhof beigesetzt. In Oberammergau entstand die Tragödie *Der Schmied von Kochel* (1911), in der die Geschehnisse in der Sendlinger Mordweihnacht von 1705 thematisiert werden. Mit diesem historischen Drama beschäftigte sich Ruederer 15 Jahre lang. In der Erzählung *Beim Eisschießen* (1911) liegen eigenes Erleben und Literarisierung nah beieinander.

Josef Ruederer nahm an der Passion nie großen Anteil. Ihn interessierte dieses Volksspiel mehr der Eigenart wegen, die es dem Dorf verleiht. Trotzdem stand sein Haus Besuchern der Passion immer offen. So trug sich der Komponist und Musiker Richard Strauss mit seiner Frau Pauline, geb. de Ahna, und dem Sohn Franz am 17. August 1910 ins Gästebuch von Josef Ruederer ein. Zusammen mit seinem Verleger Otto Fürstner besuchte er das Passionsspiel.

Beide Häuser gingen nach dem Tod von Ruederers Frau Elisabeth 1934 in den Besitz der Gemeinde Oberammergau über. Das Landhaus wurde anläßlich der Passion 1922 zu einer Gedächtnisstätte umgebaut. Später richtete dort die Gemeinde einen Kurgarten und Leseräume für den Kurbetrieb ein. Der gesamte schriftliche Nachlaß und ein großer Teil des Hausbestandes gingen Ende der 1920er Jahre in den Besitz der Landeshauptstadt München über und werden in der Monacensia, Literaturarchiv und Bibliothek, betreut.

Wir kehren zurück auf die Ettaler Straße ortsauswärts. Etwa nach 200 m steht etwas verdeckt auf Höhe der Ampel das Hillern-Schlössl.

❿ Landhaus von Wilhelmine von Hillern
Ettaler Straße 45

Kurz vor dem Ortsausgang in Richtung Ettal ließ die Schriftstellerin Wilhelmine von Hillern (1836–1916) nach ihren Vorstellungen 1886 das »Hillern-Schlössl« errichten. Häufig bei ihr zu Gast war Felix Dahn (1834–1912), der Autor von *Kampf um Rom*. Bis 1910 blieb diese Villa ihr Domizil.

Am 11. März 1836 kam sie als Tochter des Historikers und Schriftstellers Dr. Christian Birch und dessen Frau Charlotte Birch-Pfeiffer, meistgespielte Theaterautorin des 19. Jahrhunderts, zur Welt. Berühmt wurde Wilhelmine von Hillern durch den Roman *Die Geyerwally*, der 1873 als Fortsetzungsroman, dann in Buchform erschien. Es wurde in elf Sprachen übersetzt. Nach dem Tod ihres Mannes kam sie mit dem Prinzen Max von Baden nach Oberammergau. Es gefiel ihr so gut, daß sie 1880 dorthin zog. In Oberammergau konvertierte sie – beeindruckt von den Passionsspielen – zum Katholizismus. Dort entstand die dramatisierte Fassung der *Geyerwally*.

Anzeige zum Verkauf des Hillern-Schlössl vom 20. Mai 1957.

Aus den Erlebnissen und Eindrücken der Passion 1880 heraus schrieb sie *Am Kreuz. Ein Passionsroman aus Oberammergau*. Er fand in Oberammergau ein schlechtes Echo. 1888 bot Wilhelmine von Hillern einen selbstverfertigten Passionstext an und ließ durch die königliche Regierung den Oberammergauern nahelegen, ihr die Leitung des Passionsspiels zu übertragen. Das Dorf leistete Widerstand gegen diese fremde Einmischung. Wilhelmine von Hillern wurde von da an gemieden. Sie starb 80jährig am 25. Dezember 1916 in Hohenaschau. Ihr Grab befindet sich seit 1920 auf dem alten Oberammergauer Friedhof an der Pfarrkirche St. Peter und Paul (Ettaler Straße 1).

Wir fahren nun mit dem Auto in das etwa 6 km entfernte Ettal oder nehmen den Fuß- bzw. Radweg entlang der Landstraße. Stündlich verkehren von der Ortsmitte in Oberammergau aus Regionalbusse, die in Ettal vor dem Hotel Ludwig der Bayer halten.

Ettal

Hotel Ludwig der Bayer
Kaiser-Ludwig-der-Bayer-Platz 10

Erst durch den Bau der neuen Ettaler Bergstraße und des Klosterhotels Ludwig der Bayer 1923/24 waren die Voraussetzungen geschaffen worden, um in Ettal die Sommerfrische und den Winterurlaub zu verbringen. Auch benötigten die Besucher des 1905 wiedereröffneten Internats der Benediktinerabtei Übernachtungsmöglichkeiten. Mit dem Hotel Ludwig der Bayer entstand für damalige Verhältnisse ein Nobelhotel. Dort konnte man ungestört arbeiten und sah sich gleichzeitig von einer beeindruckenden Berglandschaft umgeben.

Rabindranath Tagore (1861–1941), Literaturnobelpreisträger von 1913 und bedeutender Repräsentant der modernen indischen Literatur, logierte am 20. Juli 1930 im Hotel Ludwig der Bayer, als er in Oberammergau die Passionsspiele besuchte. Doch auch ein anderer Nobelpreisträger für Literatur hielt sich 1930 in Ettal auf, wie die *Ammergauer Zeitung* am 14. Januar verrät:

»Es ist ganz besonders zu begrüßen, daß es das Hotel Ludwig der Bayer verstanden hat, sich in verhältnismäßig kurzer Zeit einen allseits guten Ruf zu sichern, wie die Liste der eingetragenen Gäste beweist. Es ist nicht möglich, all die Namen aus ersten Gesellschaftskreisen anzuführen, und sei nur erwähnt, daß auch heuer wieder der deutsche Nobelpreisträger für Literatur, Herr Dr. Th. Mann mit Familie ... sowie Gäste aus aller Herren Länder wie Amerika, England, Indien und China dort Wohnung genommen haben.«

Die Familie Mann, München, 1925. Sitzend von li. nach re.: Katia, Michael, Thomas und Elisabeth. Golo und Monika (stehend) waren bei den Winterurlauben nicht dabei.

Thomas Mann verbrachte mit seiner Frau Katia und den beiden jüngsten Kindern Michael und Elisabeth die Winterurlaube 1927, 1929 und 1930 in Ettal in der »arbeitsamen Winterfrische«. Die Kinder konnten dort Ski laufen und spazierengehen. Der »Zauberer« nutzte diese Zeit, um seine umfangreiche Korrespondenz zu erledigen. An den in Paris lebenden amerikanischen Schriftsteller Ludwig Lewisohn schrieb Thomas Mann am 6. Februar 1927: »Seien Sie für heute aus diesen winterlichen Bergen, wo eine herrliche Sonne den Schnee erglänzen macht, recht herzlich gegrüßt neben Ihrer Gattin von meiner Frau und mir.« Der Nachmittag war ganz der Familie gewidmet.

»Um etwa 16.00 Uhr kam der Nachmittagsausflug – entweder ins Blaue Gams, zur heißen Schokolade mit Schlagrahm und Kuchen«, oder nach Oberammergau, »wo es Musik zur heißen Schokolade gab«, so Thomas Manns jüngste Tochter Elisabeth Mann-Borgese (1919–2002) in einem Brief an Pater Maurus Kraß. »Aber bei weitem das schönste war der Kuhstall. Wir durften

helfen, die Kühe zu melken, und die schaumige, warme Milch kosten; unvergeßlich; und dann ging man wieder nachhause.«
In seinem 1947 im kalifornischen Exil fertiggestellten Roman *Doktor Faustus. Das Leben des deutschen Tonsetzers Adrian Leverkühn erzählt von einem Freunde* setzte Thomas Mann dem Kloster Ettal ein literarisches Denkmal. Adrian Leverkühns Freund, der Violinist Rudi Schwertfeger, schlägt eine Schlittenfahrt von Oberammergau nach Kloster Ettal über das von König Ludwig II. erbaute Schloß Linderhof vor: »Mit anständigem Interesse, auch wohl mit verhohlenem Kopfschütteln nahmen wir alles in Augenschein und setzten dann bei aufklärendem Himmel unsere Fahrt gegen Ettal fort, das wegen seiner Benediktiner-Abtei und zugehörigen Barockkirche einen guten architektonischen Ruf genießt. Ich erinnere mich, daß während der Weiterfahrt und dann in dem den frommen Stätten schräg gegenüberliegenden, sauber geführten Hotel, wo wir unser Diner einnahmen, das Gespräch sich dauernd um die Person des, wie man so sagt, ›unglücklichen‹ (warum eigentlich unglücklichen?) Königs drehte, mit dessen exzentrischer Lebenssphäre wir eben in einige Berührung gekommen. Die Erörterung wurde nur durch die Besichtigung der Kirche unterbrochen und war im wesentlichen eine Kontroverse zwischen Rudi Schwertfeger und mir über den sogenannten Wahnsinn Ludwigs, den ich zu Rudi's größtem Erstaunen für ungerechtfertigt und für eine brutale Philisterei, wie übrigens auch für ein Werk der Politik und des sukzessorischen Interesses erklärte.«
Wir überqueren die Ammergauer Straße und biegen nach der Klosteranlage in die Klosterstraße ein, die direkt am Sportplatz des Benediktinergymnasiums vorbeiführt. Am obersten Punkt der Straße liegt auf einer leichten Anhöhe die Gastwirtschaft Blaue Gams, von wo man den schönsten Blick auf die imposante Klosteranlage hat.

Gastwirtschaft Blaue Gams
Thomas Manns
Nachmittagsstunden
Vogelherdweg 1

Auf Thomas Mann und seine Familie übte die Gastwirtschaft Blaue Gams, die 1929 »an Stelle des bisherigen kleinen Landhäuschens« komplett neu errichtet wurde, große Anziehungskraft aus. Mit seinen Kindern trank er während der Winterurlaube am Nachmittag hier ganz gern eine Tasse Schokolade und genoß die schöne Aussicht. Am 9. Februar 1927 schrieb er seinem Schriftstellerkollegen Gerhart Hauptmann eine Ansichtskarte: »Lieber verehrter Gerhart Hauptmann, – Umstehendes ist nicht der Escorial, sondern das hiesige Kloster, malerisch in den jetzt schön verschneiten Bergen gelegen, die täglich auf uns blicken. Das Wetter ist engadinisch, das Hotel (Ludwig der Bayer) ausgezeichnet. Der Aufenthalt befriedigt uns sehr und beglückt die Kinder.«
Mit dem Inhaber und Wirt Konstantin Reichenbach hielt Thomas Mann auch dann noch Briefkontakt, als er längst im kalifornischen Exil war: »Wir denken gern an Ettal und an unsere Besuche in der Blauen Gams zurück, wo wir so viele gemütliche und auch schmackhafte Nachmittagsstunden verbracht haben.« (Brief vom 16. November 1947)

Wir gehen den Weg zurück und betreten über eines der vier Eingangsportale das Innere der Klosteranlage, in deren Zentrum die Basilika liegt.

Benediktinerabtei Kloster Ettal
Kaiser-Ludwig-der-Bayer-Platz 1

Im Vergleich zu vielen anderen bayerischen Benediktinerklöstern wurde Ettal relativ spät, im Jahr 1330, von Kaiser Ludwig IV., genannt »der Bayer«, gegründet. Im Mittelalter und bis ins 17. Jahrhundert unbedeutend, fand Ettal um 1700 zu seiner eigentlichen Hochblüte. Ettals berühmtester Abt, Placidus II. Seitz (1709–1736), gründete 1710 eine Schule, die als sogenannte »Ritterakademie« eine Zwischenform zwischen Gymnasium und Universität war. Sie besaß für einige Jahrzehnte überregionale Bedeutung und brachte eine Reihe wichtiger Gestalten des politischen und geistigen Lebens in Bayern und Österreich hervor. Mit dem großen Klosterbrand 1744 ging auch die Schule zugrunde. Als Zentrum geistigen Lebens und Stätte der Bildung erlebte die Ettaler Klosterbibliothek von der zweiten Hälfte des 17. Jahrhunderts bis 1803 ihre Blütezeit. Doch die Bibliothek wurde im Zuge der Säkularisation aufgelöst, der größte Teil der Bestände ging an den Staat oder wurde verkauft. Die Mönche mußten Ettal verlassen, ein Großteil der Abteigebäude wurde abgerissen. Erst 1900 zog erneut benediktinisches Leben in Ettal ein. 1905 wurde in den alten Gebäuden das Benediktinergymnasium mit humanistischem Zweig wiedereröffnet. Seit-

Blick auf die Ettaler Klosteranlage, 1894.

her haben Generationen von Schülern das Benediktinergymnasium besucht und ihre Schulzeit im angegliederten Internat verbracht.

Der Schriftsteller Manfred Bieler (1934–2003) hat in seinem Roman *Der Kanal* (1978) das Internatsleben in Ettal alias Beuren literarisch verewigt. 1968 hatte er die DDR verlassen und war nach München gekommen. Über Jahre ging Manfred Bieler regelmäßig in die Benediktinerabtei in Klausur und ließ sich dort zu neuen literarischen Stoffen inspirieren. »Das erste, was Leonhard im Internat lernen mußte, waren Namen. Die Benediktinerpatres hießen wie Heilige, die Klassenkameraden wie Weltfirmen und Adelsgeschlechter. Der Rothaarige am Nachbartisch war mit der berühmten Brauerei identisch, und der Urahn des Lateinprimus war die Hauptperson einer Schillerschen Dramentrilogie.«

Vor allem die Ettaler Benediktiner selbst haben als Autoren seit Jahrhunderten in ihren Bereichen Hervorragendes geleistet. Die Interessengebiete des alten Ettaler Klosters reichen von Geographie, Geschichte, Philologie, Philosophie über theologische Themen bis zur Dichtung, wobei das Theater besonders hervorzuheben ist. Die Namen mehrerer Ettaler Pater sind eng mit dem Oberammergauer Passionsspiel verbunden: 1750 hatte der Ettaler Pater Ferdinand Rosner (1709–1778), ohne mit der Überlieferung ganz zu brechen, den Ammergauern ein neues Spiel im Geiste des Barock geschrieben. Auf der Bühne erscheinen die allegorischen Figuren von Tod und Sünde, von Geiz und Neid. 30 Jahre später, noch auf der Höhe des so berühmt gewordenen bayerischen Rokoko, wurde der Text im Geiste der Aufklärung erneuert. Pater Magnus Knipfelberger (1747–1825) schrieb das neue Versdrama so, daß es vor dem »churfürstlichen Bücherzensur-Kollegium« Gnade fand. Der Ettaler Pater Othmar Weis (1769–1843) arbeitete den Text in Prosa um und revidierte diese Revision im Jahre 1815 – als ein Spieljahr eingeschoben wurde – wieder. Der Text wurde vom Oberammergauer Ortspfarrer Alois Daisenberger 1860 den Erfordernissen der Zeit angepaßt und um den *Prolog* erweitert, der das Spiel gliedert und strafft. Im Jahr 2000 wurde der Text noch einmal gründlich überarbeitet.

Pater Rupert Mayer (re.) mit Willibald Wolfsteiner, Abt von Ettal, 1940.

Im Kloster Ettal fanden mehrere Priester, die sich dem NS-Regime widersetzten, während des Dritten Reiches ein Refugium: allen voran Pater Rupert Mayer SJ (1876–1945) und Pastor Dietrich Bonhoeffer (1906–1945).

Pater Rupert Mayer gehört zu den bedeutendsten Vertretern des christlichen Widerstandes gegen das NS-Regime. Bereits in den frühen 1920er Jahren hatte der Jesuitenpater in seinen Predigten den Rassen- und Klassenhaß der Nationalsozialisten bekämpft. Nach deren Machtübernahme wandte er sich gegen die NS-Kirchenpolitik. Dafür erhielt er 1935 Redeverbot, 1937 wurde er von der Gestapo verhaftet und zu sechs Monaten Gefängnis verurteilt. Dank einer Amnestie Hitlers kam er vor Ende der Haft frei, wurde jedoch bald darauf erneut verhaftet und verurteilt. Er wurde ins KZ Sachsenhausen gebracht und dort sieben Monate lang in Isolierhaft gehalten. Im April 1940 wurde er nach Absprache mit Kardinal Faulhaber entlassen. Da er nur noch 50 kg wog und in Lebensgefahr schwebte, befürchteten die NS-Machthaber, sein Tod könne Unruhe in München auslösen. Er erhielt Predigtverbot und wurde nach Ettal »verbannt«. Die Nationalsozialisten wollten ihn auf diese Weise mundtot machen. Am 7. August traf er in Ettal ein. Er durfte das Kloster bis zum Ende des Krieges nicht mehr verlassen und keine Besuche empfangen, außer von Beamten und Mitbrüdern. Er durfte keine Seelsorge üben und nur in der Hauskapelle zelebrieren. Für den äußerst agilen Pater war diese Verbannung nur schwer zu ertragen. Nach Kriegsende kehrte er im Mai 1945 nach München zurück, allerdings krank und erschöpft. Er versuchte, der notleiden-

Dietrich Bonhoeffer, Christoph von Dohnanyi und Eberhard Bethge (von li. nach re.) in Ettal, 1940.

den, ausgebombten Bevölkerung zu helfen, organisierte die Nahrungsmittelversorgung und beschaffte Unterkünfte für Flüchtlinge und Einheimische. Am 1. November 1945 starb er während der Predigt als Spätfolge seiner schweren Haftbedingungen an einem Schlaganfall. Zur gleichen Zeit wie Pater Rupert Mayer fand sein evangelischer Kollege Pastor Dietrich Bonhoeffer in Ettal Zuflucht. Nach Adolf Hitlers Ernennung zum Reichskanzler hatte er in seiner »Friedensrede« frühzeitig vor der drohenden Kriegsgefahr gewarnt und sich der »Bekennenden Kirche« angeschlossen. Über seinen Schwager Hans von Dohnanyi bekam Bonhoeffer Kontakt zum politisch-militärischen Widerstand um Admiral Wilhelm Canaris, der ihn im Amt Ausland/Abwehr im Oberkommando der Wehrmacht beschäftigte. Seit Kriegsbeginn war er in Pläne eingebunden, die das Wirken Hitlers beenden sollten. Auf Anregung seiner Mutter hielt er sich von November 1940 bis Ende Februar 1941 im Kloster Ettal auf. Darüber hinaus hatte er im Hotel Ludwig

der Bayer ein Zimmer, um Besuch empfangen zu können. Dort hat er an seiner *Ethik* geschrieben. In zahlreichen Briefen ließ er seine Eltern und seinen Freund Eberhard Bethge an Beobachtetem und Erlebtem teilhaben, wie etwa am 23. November 1940: »Ich bin noch immer drüben Gast. Das geordnete Leben tut mir wieder sehr wohl ... Die selbstverständliche Gastfreundschaft, die offenbar etwas spezifisch Benediktinisches ist, die wirklich christliche Ehrerbietung, die dem Fremden um Christi willen erzeigt wird, beschämt einen fast. Du solltest doch auch nochmal herkommen! Es ist eine Bereicherung.«
Am 5. April 1943 wurde Bonhoeffer von der Gestapo unter der Beschuldigung der Wehrkraftzersetzung verhaftet. Er wurde im Militärgefängnis Berlin-Tegel, im Berliner Gestapogefängnis und im KZ Buchenwald inhaftiert. Am 8. April 1945 verschleppte ihn die SS in das KZ Flossenbürg, wo er von einem Standgericht zum Tod verurteilt wurde. Das Urteil wurde am gleichen Tag vollstreckt. Eine Gedenktafel in der Seitenkapelle der Basilika erinnert an die beiden christlichen Widerstandskämpfer.

Die Basilika

Die Münchner Schriftstellerin Annette Kolb (1870–1967) nahm als Deutsch-Französin die vom Barock geprägten oberbayerischen Eigenheiten besonders intensiv wahr und studierte sie auf vielen Fahrten quer durch das Alpenvorland. Ihr Alter ego Daphne Herbst macht in dem 1927 entstandenen gleichnamigen Roman einen Ausflug nach Ettal und läßt vor der Klosterkirche halten:
»Daphne war allein, ungestört dem Brausen hingegeben, das auch ohne Sang, ohne Einsetzen der Geigen und Fortissimi den Bau erfüllte. Die Fenster, ein verstärkter Chor, atmeten den Zug der Wolken ein, und den Text des Liedes, den diese geschmückten Mauern aufrichteten, verstand Daphne wohl. Sie verweilte so lange, daß dem Aloys auf seinem Bock schon manch kräftiger Fluch entfahren war... Auf dem Rückweg lag Ettal im beginnenden Dunkel, nur die Kirche war erleuchtet, Orgelklänge drangen bis an den Schlitten, aber Daphne stieg nicht mehr aus. Sie hatte für heute genug.«
Über einen Seiteneingang verlassen wir die Klosteranlage und gehen auf die Werdenfelser Straße zurück, die quer durch Ettal führt. Auf der gegenüberliegenden Seite steht noch heute die Villa Christophorus.

Villa Christophorus
Wohnung von Sergej Prokofjew
Werdenfelser Straße 6

Schräg gegenüber der Klosteranlage lebte vom März 1922 bis Dezember 1923 der russische Komponist Sergej Prokofjew (1891–1953), bekannt durch sein musikalisches Märchen *Peter und der Wolf*. Die damalige Besitzerin Dr. Agnes Genewein ließ 1966 ihm zu Ehren eine Gedenktafel am Haus anbringen.
Im Mai 1918 hatte Sergej Prokofjew Rußland verlassen. Anerkannt als Revolutionär der Musik und Mitglied der Petersburger Avantgarde, reiste er mit offizieller Zustimmung des Volkskommissariats für Volksbildung und mit sowjetischem Paß, studienhalber und auf Zeit. Über zwei Jahrzehnte blieb Prokofjew Wanderer zwischen den Welten.

Sergej Prokofjew und seine Frau Lina Prokofjewa, Anfang der 1920er Jahre.

Amerika zollte dem erfolgsgewöhnten Künstler Achtung und Anerkennung. Seit 1922 lebte Sergej Prokofjew wieder dauerhaft in Europa. »Im März 1922 übersiedelte ich nach Süddeutschland, in die Nähe des Klosters Ettal an den Ausläufern der Bayerischen Alpen..., eine malerische und ruhige Gegend, zum Arbeiten geradezu ideal.« (Sergej Prokofjew, *Dokumente*) In der Villa Christophorus gedachte er ein ruhiges Jahr zu verbringen. Bei seinem Auszug im Dezember 1923 waren es schließlich annähernd zwei Jahre geworden, eine Zeit, die aus dem unsteten Wanderleben des Komponisten durch die Metropolen der Neuen und der Alten Welt, West und Ost, herausfällt.

Begleitet wurde der Komponist von seiner Mutter, die in der Abgeschiedenheit der Berge Erholung suchte. Häufigen Besuch bekam Prokofjew von Carolina Codina (1897–1989), die ihn von Paris aus, wo sie ihr Gesangsstudium abschloß, in Ettal aufsuchte. Zusammen unternahmen sie ausgedehnte Wanderungen in die nähere und fernere Umgebung. Von Ettal aus brach Prokofjew 1922 und 1923 wiederholt zu längeren Konzertreisen durch Westeuropa auf. »Die Konzerte, zu denen ich von Ettal aus fuhr, waren über Frankreich, England, Belgien, Italien und Spanien verstreut.«

Ettal war für Prokofjew eine künstlerisch äußerst produktive Zeit. Es entstanden die Reinschriften der Klavierauszüge zu *Die Liebe zu den drei Orangen* und zum *Märchen vom Chout*. Daneben widmete er sich neuen Arbeiten, wie der Fünften Klaviersonate C-Dur, die »in ihrem episch-einheitlichen Bewegungsablauf den Aspekt der Idylle von Prokofjews Ettaler Aufenthalt reflektiert« (Thomas Schipperges, *Sergej Prokofjew*). Die Hauptarbeit während dieser Zeit galt aber der Oper *Der feurige Engel*. Skizzen zu dem Werk gingen bereits auf das Jahr 1920 zurück. Erst acht Jahre später, im Sommer 1928, nach mehreren Neufassungen und Umarbeitungen, konnte die Partitur fertiggestellt werden. In Ettal zeigte sich der Komponist inspiriert durch die »wunderbare Ruhe«, in der »man still dasitzen und große Werke schaffen kann«. Seine Beziehungen zum Musikleben im deutschsprachigen Raum wollte er von dort aus nicht intensivieren. Der Musik des im unweiten Garmisch lebenden Richard Strauss stand er fern.

Am 8. Oktober 1923 heirateten Carolina Codina – von da an Lina Prokofjewa – und Sergej Prokofjew in Ettal. Trauzeu-

gen waren Prokofjews Mutter und sein Freund Boris Baschkirow, den Gemeindeunterlagen nach alle dort wohnhaft.
Im Dezember 1923 verließ Prokofjew mit seiner Familie Ettal. Paris sollte noch einmal, vor der endgültigen Umsiedlung in die Sowjetunion 1936, Zentrum seines Lebens werden.
Die Fahrt kann über den Ettaler Berg in Richtung Oberau fortgesetzt werden. Dort biegen wir nach Garmisch-Partenkirchen ab, Ausgangspunkt unseres nächsten Spaziergangs.

Ödön von Horváth (re.) mit Freunden bei einer Bergwanderung am Höllentalferner, 1920er Jahre.

IV. Spaziergänge rund um die Zugspitze

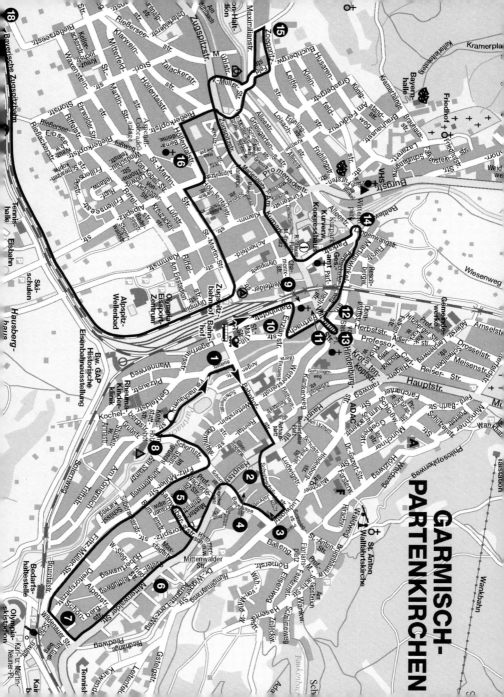

Bis Januar 1935 waren Garmisch und Partenkirchen zwei selbständige Gemeinden mit einer jeweils eigenen Geschichte und Entwicklung. Ein Bauboom, der die beiden Orte hat zusammenwachsen lassen, hatte erst verstärkt in der zweiten Hälfte des 19. Jahrhunderts eingesetzt. Ausgelöst wurde er durch den Tourismus und den Bahnanschluß 1889, der die Alpenregion mit München verband. Erholungsreisen während der Sommer- und Wintermonate wurden jetzt für breite Bevölkerungsschichten möglich. 1914 wurde ein neuer Bahnhof am Ortsrand von Garmisch gebaut. Anläßlich der Winterolympiade 1936 wurden die beiden Orte am 1. Januar 1935 zwangsvereinigt. Ziemlich in der Mitte, sozusagen auf der grünen Wiese, wurde als Symbol der Vereinigung ein neues Rathaus errichtet.

Welches Flair die nah beieinanderliegenden Winterkurorte Garmisch und Partenkirchen in den 1920er Jahren hatten, erschließt sich am besten durch Lion Feuchtwangers Roman *Erfolg* (1930). Das Buch ist eine kritische Diagnose Bayerns und der bayerischen Menschen zwischen 1921 und 1924. Die Münchner Schickeria hat darin ein neues Ausflugsziel: In Garmisch treffen sich die Schönen, Mächtigen und Reichen der »bayerischen Hochebene« zum Skilaufen, zum Nachmittagstee und zum Plaudern. In den luxuriösen Hotels sind sie ganz unter sich. »Sie war jetzt acht Tage in Garmisch. Herr Pfaundler hatte recht gehabt, dieser Ort war heuer ein Treffpunkt von Großkopfigen aus aller Welt«, stellt die weltgewandte Johanna Krain fest.

In Garmisch sitzt die Prominenz aus

Palasthotel Sonnenbichl, um 1910.

Wirtschaft, Justiz und Politik mit den Erfolgsschriftstellern Josef Pfisterer alias Ludwig Ganghofer und Matthäi alias Ludwig Thoma an einem Tisch und steuert die Geschicke des Landes. Der Balladen singende Ingenieur Pröckl alias Bert Brecht trifft sich dort mit seinem Konzernchef Baron Andreas von Reindl, der am ehesten dem Großindustriellen Alfred Kuhlo ähnelt. Er hat seinen Ingenieur zu einem Gespräch nach Garmisch ins »Palace-Hotel« gebeten, und Pröckl ist der Einladung äußerst widerwillig gefolgt. Gemeint ist das Palasthotel Sonnenbichl, ein Hotel »Ersten Ranges, direkt an Wald und See« (Burgstraße 91), wo regelmäßig Künstlerkonzerte stattfanden. Der dort zur Schau gestellte Wohlstand empört in *Erfolg* den klassenbewußten Pröckl: »Die Zeitungen übertrieben nicht; dieser faule, luxuriöse Ort inmitten der eiternden allgemeinen Not war ein Ärgernis... Er ärgerte sich über die halbnackten Frauen, die durch die Halle gingen und den Lebensunterhalt ganzer Familien um ihren dummen Leib herumhängen hatten. Unwirsch, aus seinen tiefliegenden Augen sah er auf die Männer in der vorgeschriebenen schwarzen Abendtracht der herrschenden Schicht, die Hals und Brust aus den weißgestärkten, unpraktischen, ungesunden Hemden und Kragen reckten... Aus den Cafés, den Hotels kam die Jazzmusik der Tanztees. Das Empfangspersonal, die Boys, als er im Palace-Hotel nach dem Baron Reindl fragte, beäugten den verdächtigen Kerl in der zerrissenen, verschwitzten Lederjacke mit Spott und Neugier.«

Der 1914 am Ortsrand von Garmisch neu errichtete Bahnhof ist für uns der Ausgangspunkt für zwei Spaziergänge, die uns zum einen durch Partenkirchen und zum anderen durch Garmisch führen.

Das Bahnhof-Hotel, um 1914.

Partenkirchen

Wir verlassen den Bahnhof am vorderen Haupteingang und überqueren den Bahnhofsvorplatz auf der rechten Seite. Schräg gegenüber stand früher das Bahnhof-Hotel.

❶ Ehemaliges Bahnhof-Hotel
Logis von Max Beckmann
Bahnhofplatz

Im Roman *Erfolg* kommen die meisten Gäste schon aus Prestigegründen mit dem eigenen Wagen. Doch seit 1889 war Garmisch von München aus bequem mit der Bahn zu erreichen. Der Fremdenverkehr nahm nun explosionsartig zu. Hotels und Pensionen schossen aus dem Boden, der Villenbau boomte. Der Maler Max Beckmann (1884–

Max und Mathilde »Quappi« Beckmann beim Skilaufen, um 1928.

1950) verbrachte als begeisterter Eis- und Skiläufer mit seiner Ehefrau Mathilde, geb. von Kaulbach, genannt Quappi, seit 1927 mehrmals den Skiurlaub in Garmisch. Aus dem »Bahnhof-Hotel mit Parkvilla und Blaues Haus/Garmisch« schreibt er am 3. Januar 1932 an Israel Ber Neumann:
»Ich habe hier 14 Tage Sky gelaufen und fühle mich ganz frisch und intensiver wie je ... Viele Grüße von meiner Frau an Sie beide. Ihr Beckmann«
Der Aufenthalt hinterließ Spuren in seinem Werk. Mit *Die Schlittschuhläufer* (1932) malte Beckmann kurz nach dem Garmischer Aufenthalt eine Art Karneval auf dem Eis: Auf dem Briefpapier des Bahnhof-Hotels entstand die Entwurfszeichnung für das Gemälde *Der kleine Fisch* (1932).
Wir gehen die Bahnhofstraße entlang, vorbei am Rathaus, überqueren die Hauptstraße und biegen in die Schnitzschulstraße ein. Inmitten des Kurparkes Partenkirchen liegt die 1893 vom Mannheimer Zigarettenfabrikanten Mayer-Doß erbaute Villa Christina.

Villa Christina. Zeichnung, um 1920.

❷ Richard-Strauss-Institut
Vormals Villa Christina
Schnitzschulstraße 19

In diesem Haus verbrachte Albrecht Haushofer (1903–1945), Wissenschaftler, Widerstandskämpfer und Dichter der *Moabiter Sonette*, seine Jugendjahre. Im Eingangsbereich des Landhauses erinnert eine Tafel an ihn. Albrecht Haushofer war seit 1940 Professor für politische Geographie in Berlin. Schon früh betätigte er sich als Dramatiker und schrieb Römerstücke, von denen zwei an kleineren deutschen Bühnen aufgeführt wurden. Nach 1933 ließ sich Haushofer auf ein gefährliches Wagnis ein: Er war Mitarbeiter in einem Beraterstab des Auswärtigen Amtes – zugleich schloß er sich einer Widerstandsgruppe an.
Nach dem Englandflug von Rudolf Heß 1941 wurde Haushofer vorübergehend inhaftiert und ein weiteres Mal nach Stauffenbergs gescheitertem Attentat auf Hitler am 10. Juli 1944. In einem Bauernhaus einer befreundeten Familie oberhalb der Partnachalm in Mittergraseck bei Garmisch wurde er als Mitglied der Widerstandsbewegung von der Gestapo aufgespürt und verhaftet. Im Gefängnis an der Lehrter Straße im Berliner Stadtteil Moabit entstanden die berühmten *79 Moabiter Sonette*, die 1946 erstmals erschienen. In den letzten Tagen des Kampfes um Berlin wurde Haushofer am 29. April 1945 von einem SS-Kommando erschossen.
Seit 1999 ist in der geräumigen Villa das Richard-Strauss-Institut (RSI) untergebracht. Am 8. September 1999, dem

Albrecht Haushofer.

50. Todestag des Komponisten Richard Strauss (1864–1949), wurde das ehemalige Institut der Münchner Stadtbibliothek in Garmisch-Partenkirchen wiedereröffnet, wo er mehr als 40 Jahre lang zu Hause war.

Wir gehen die Schnitzschulstraße entlang und biegen rechts in die Ludwigstraße. Nach wenigen Metern sehen wir auf der rechten Seite das mit bunten Motiven bemalte Hotel Post.

❸ Hotel Post
Früher Gasthof zur Post
Motiv von Josef Ruederer
Ludwigstraße 49

Die »Post« von Partenkirchen gehört zu den traditionsreichsten Häusern am Platz. König Ludwig II. machte auf seinem Weg ins Schachen-Schloß hier Rast, um Kutsche und Pferd zu wechseln. In der alten Poststube, die original erhalten ist, ließ er sich königlich bewirten. Als sich wegen des Bahnanschlusses 1889 die Posthalterei nicht mehr rentierte, entstand an Stelle des Pferdestalls 1911 Partenkirchens erste Bar. Das Hotel hatte damals schon 40 Zimmer.

Im Gasthof zur Post ließ der Münchner Schriftsteller Josef Ruederer (1861–1915) seine Komödie *Die Fahnenweihe* (1896) spielen. Sie enthält alle Themen, die den Moralisten und Satiriker bewegten: Korruption, Grundstücksspekulation, Vereinsmeierei, Heuchelei und Lüge. Ruederer griff eine Partenkirchner Skandalgeschichte auf, die ihn schon längere Zeit bewegte. Damals wohnte er noch nicht im nahe gelegenen Oberammergau, sondern verbrachte den Sommer 1894 im nur wenige Kilometer entfernten Farchant und besuchte des öfteren die typisch bayerische Gastwirtschaft. Im Poststüberl trank er sein Bier und beobachtete alles, was um ihn herum passierte. Posthalterin und Posthalter lieferten ihm Anregungen für sein Theaterstück. Schauplatz ist der Festsaal des Gasthofs zur Post. »Großer, sehr tiefer Raum, der vorne an jeder Seitenwand ein breites Fenster hat. In ziemlicher Entfernung von den Fenstern nach rück-

Gasthof zur Post, um 1907.

wärts befindet sich je eine große Flügeltüre mit Milchglas, von denen die rechte auf eine Veranda, die linke durch einen Hausgang in das Innere des Gasthofs führt ... Runde Tische und Rohrstühle stehen an den Seitenwänden ungeordnet durcheinander, doch lassen sie den Mittelraum völlig frei.«
Der Schauplatz von damals hat sich nicht wesentlich verändert. Das Parkett ist noch original, genauso der Kachelofen und der alte Lüster. Die »Poststube« ist bis heute erhalten. Über die Veranda geht man auch heute noch in den Wirtsgarten mit acht Kastanienbäumen, wo früher jeden Sonntag Musikanten aus Tirol zum Frühschoppen aufspielten.
Uraufgeführt wurde das Theaterstück nicht in München, wie man vermuten könnte, sondern am 29. November 1896 in Berlin im Theater des Westens. Dieses Bühnenstück machte Ruederer mit einem Schlag bekannt und ist sein erfolgreichstes geblieben. Josef Ruederers Frau Elisabeth starb am 15. August 1934 in Partenkirchen.
Von der Ludwigstraße biegen wir in die Badgasse.

❹ Logis von Ernst Kreidolf
Badgasse 12

Von 1889 bis 1895 lebte der Maler Ernst Kreidolf (1863–1956) mit einigen kurzen Unterbrechungen im sogenannten Samm-Haus. Dort traf er den aus Petersburg stammenden Russen Leopold Weber (1866–1944), mit dem ihn eine lebenslange Freundschaft verband. Kreidolf hatte in München die Akademie der Bildenden Künste besucht. Schwere gesundheitliche Probleme zwangen ihn je-

Das sogenannte Samm-Haus, um 1898.

doch, die Stadt zu verlassen. Er litt an Schlaflosigkeit, Nervosität und Migräneanfällen, die ihn am Arbeiten hinderten. Beide hatten der »Verderbtheit der Stadt« den Rücken gekehrt und waren auf der Suche nach dem »urgesunden Leben« in der freien Natur. Sie nahmen großen inneren Anteil am Leben der Landbevölkerung. »Störend in unsrer Einsamkeit empfanden wir nur die wenigen Monate, die sich die Sommerfrischler Heuschreckenschwärmen gleich über Berg und Tal wälzten und alle Wirtshäuser lärmend erfüllten. Aber auch das kam uns wieder auf andre Art zugute, indem wir so mit manchem interessanten Menschen bekannt wurden und unsre Verbindung mit der Außenwelt nicht ganz abriß.« (Ernst Kreidolf und Leopold Weber, *Mit Ernst Kreidolf in den Bayerischen Bergen*)
In der Stille der bayerischen Berge malte Kreidolf Landschaften, Porträts, biblische Bilder. Dort kam ihm der Gedanke, Texte mit Blumen, Schmetterlingen und Käfern zu illustrieren. 1896 lithographierte er die ersten Blumenmärchen. Es

Ernst Kreidolf am Eibsee, um 1893.

folgten die Bilderbücher *Fitzebutze* (1900), die *Wiesenzwerge* (1902), *Alte Kinderreime* (1908), *Der Gartentraum* (1911). 1895 zog er mit Leopold Weber nach München. Ernst Kreidolf verließ 1917 München und siedelte nach Bern um. Die Kreidolf-Bilderbücher wurden in mehrere Sprachen übersetzt, vor allem ins Schwedische, Niederländische, Norwegische, Ungarische und Slowenische.
Wir folgen der Badgasse in Richtung Hauptstraße und überqueren sie. Dann gehen wir auf der rechten Seite ortsauswärts weiter und biegen in die Samwebergasse ein.

❺ **Haus Zufriedenheit**
Wohnhaus von Albert Steinrück
Samwebergasse 8
Früher Alpspitzstraße 123 f
Entlang der Hauptstraße entstand in der Gründerzeit das Villenviertel von Partenkirchen, das den Schweizer Nobelkurorten Arosa und Davos nachempfunden war. In dieser prominenten Umgebung ließ sich 1915 Albert Steinrück (1872–1929), einer der großen Schauspieler und Regisseure seiner Zeit, mit seiner Frau Liesl Gussmann (1885–1920) nieder. Sie wohnten im Haus Zufriedenheit beim Kunsthändler Johann Rieger.
Seit 1908 war Steinrück Hofschauspieler in München am Residenztheater. Zuvor war er von 1905 bis 1908 bei Max Reinhardt am Deutschen Theater Berlin engagiert gewesen, während seine Frau Schauspielerin am Berliner Schillertheater war. Im Februar 1906 erkrankte sie an einem Lungenleiden und mußte sich 1907 von der Bühne zurückziehen. 1908 heirateten die beiden. Bis zu ihrem Tod

Haus Zufriedenheit, um 1920.

im April 1920 hielt sie sich wegen der guten Luft fast nur noch in Partenkirchen auf. Der Schriftsteller Max Krell schreibt in seinen Lebenserinnerungen: »Das Haus Steinrück war ein abgelegener Mittelpunkt; es lag nicht in München, wo Albert Steinrück dem Nationaltheater das künstlerische Relief gab, sondern in Partenkirchen. Partenkirchen war zwar schon sportiv angehaucht, im übrigen aber noch ein großes Alpendorf. Ein Bach, ein Wiesengürtel und ein gründlicher Haß schied es von Garmisch. Die romanische Gründung Garmisch befehdete das germanische Partenkirchen. Man heiratete nicht von einem Dorf zum anderen, es gab Partenkirchener Bauern, die lieber einen Viertelstundenumweg machten, als Garmischer Gebiet zu betreten... Wenn Albert Steinrück zwei oder drei freie Tage vor sich sah, fuhr er nach Partenkirchen hinaus, wo seine Frau notgedrungen leben mußte: eine grazile kleine Person mit großen schwarzen Augen und den Zeichen schwindender Lebenskraft.«

Liesl Gussmann stammte aus Wien. Ihre Schwester Olga war mit dem Schriftsteller Arthur Schnitzler (1862–1931) verheiratet. Ab 1908 war er mit seiner Frau regelmäßiger Gast im Haus Zufriedenheit und besuchte seine kranke Schwägerin. Meistens stieg er in der Villa Gibson ab. Doch man traf im Haus Zufriedenheit auch andere prominente Vertreter der Wiener Literaturszene an, u. a. die Schriftsteller Jakob Wassermann und Richard Beer-Hofmann. Dieser hatte 1890 seinen Beruf als Jurist aufgegeben und war Dichter geworden. Er zählte neben Hugo von Hofmannsthal und Arthur Schnitzler zu den bedeutendsten Protagonisten österreichischer

Arthur Schnitzler, 1924.

Jahrhundertwende-Literatur. Der Neuromantiker unternahm Ende Juni 1910 von München aus eine Autofahrt an die bayerischen Seen und krönte seine Reise mit einem längeren Aufenthalt bei den Steinrücks. Auch die junge Generation war im Haus Zufriedenheit zu Gast, etwa der Schriftsteller Kasimir Edschmid und die spätere Filmdiva Henny Porten, die Albert Steinrück über ihren damaligen Mann Curt A. Stark im Residenztheater in München kennengelernt hatte. *Wir gehen zurück zur Hauptstraße und folgen ihr ortsauswärts. Sie führt unmittelbar zur Mittenwalder Straße. Auf der linken Seite stand um die Wende vom 19. zum 20. Jahrhundert ein riesiger Hotelkomplex, der sich fast über den ganzen Hang hinzog.*

Villa Gibson, um 1900.

❻ Jeschke's Hotel und Kurhof Partenkirchen
Früher Sanatorium Wigger
Mittenwalder Straße 5–7

1905 erwarb der Arzt Florenz Wigger mehrere Villen und schuf binnen weniger Jahre einen riesigen Gebäudekomplex mit mehreren Einrichtungen zu Kurzwecken. Das Sanatorium für Nerven- und Stoffwechselerkrankungen genoß schnell internationalen Ruf. Der Schriftsteller Arthur Schnitzler kam zwischen 1908 und 1914 mindestens einmal im Jahr nach Partenkirchen, wo er im Sanatorium Wigger seine Schwägerin Liesl besuchte und in der nahe gelegenen Villa Gibson (Gesteigstraße 8) abstieg. Meistens machte er zuvor einen kurzen Halt in München, ging ins Theater, dinierte mit Freunden festlich im Hotel Vier Jahreszeiten, bevor er die Fahrt nach Partenkirchen fortsetzte. Am 11. Mai 1908 notierte er nach einer Autofahrt durch das bayerische Oberland: »Wundervoll.« Am 20. August 1910 kam er wieder: »Ankunft Partenkirchen. Albert auf der Bahn. Mit ihm Sanatorium Wigger; zu Liesl. Besser als wir gefürchtet, fieberfrei. – Wohnen Pension Gibson – 22/8 Mit O. und Albert Spaziergang Partnachklamm. Graseck; Albert luncht mit uns –« Während des Ersten Weltkrieges wurde es für den österreichischen Schriftsteller sehr schwer, für Deutschland ein Visum zu bekommen. Dem Freund Richard Beer-Hofmann schrieb er am 23. August 1916 aus Altaussee: »Von meiner Schwägerin kommen etwas bedenkliche Nachrichten; es ist sehr möglich, daß Olga (wenn sie das Passvisum bekommt) auf 8–12 Tage nach Partenkirchen fährt, – auch ich bemühe mich um ein Visum, – warte aber jedenfalls, wenn Olga reist, ein Telegramm von ihr aus Partenk. ab, ehe auch ich hinfahre.« Ein Jahr später gelang die Reise. Am 21. August 1917 fuhr Olga Schnitzler nach Partenkirchen zu ihrer Schwester. Arthur Schnitzler folgte ihr am 4. September und blieb 14 Tage; dann kehrte er über München nach Wien zurück. Ende August 1918 kam er für zwei

Erika Mann, Pamela Wedekind und Klaus Mann (von li. nach re.), 1925.

Dr. Wigger's Kurheim.

Wochen das letzte Mal nach Partenkirchen. Seine Schwägerin Liesl Steinrück starb am 7. April 1920 in Garmisch an Lungentuberkulose.

1921 wurde »Dr. Wigger's Kurheim« vollständig umgebaut und am 15. Dezember 1921 unter dem Namen »Jeschke's Hotel und Kurhof Partenkirchen« neu eröffnet. Klaus Mann (1906–1949), ältester Sohn von Thomas Mann, hielt sich im Inflationsjahr 1923 häufig dort auf. Eigentlich ging er noch in die Odenwaldschule, doch die Ferien verbrachte er bei den Eltern in München. Zusammen mit Pamela Wedekind, Tochter des Dramatikers Frank Wedekind, Ricki Hallgarten, Willi Süskind und Theodor Lücke fuhren sie dann hinaus aufs Land. »Theo arrangierte Maskenbälle, nächtliche Schlittenfahrten, luxuriöse Weekends in Garmisch oder am Tegernsee«, erinnert sich Klaus Mann in *Der Wendepunkt*. »Als wir alle zusammen zwei oder drei Tage in Partenkirchen waren, hatten wir ein Appartement in Jeschkes Hotel – damals einem der elegantesten von Deutschland –: alles von Theo gezaubert. Dort verkehrten nur die feinsten Schieber, die abends mindestens im Smoking an den Spieltischen saßen; ich im Russenanzug mitten zwischen ihnen ... Ich fand die Russenkapelle derartig schön, daß ich schwermütig wurde. Erika sprach in Zungen; sie konnte wie ein Münchener Ladenfräulein reden, das sich auf eine grauenhafte Art bemüht, fein zu wirken, und im gezierten Bayrisch die skandalösesten Geschichten aus ihrem Vorleben meldet. Bei Herrn Jeschke selber fragten wir an, ob wir nicht ein wenig auftreten dürften, wir seien doch alle so talentiert; aber er reagierte kühl und befremdet.« (Klaus Mann, *Kind dieser Zeit*) Der Hotelkom-

Erika Mann, Liesl Karlstadt und Amalie Wellano (von re. nach li.), Mitte der 1950er Jahre.

plex und die Villa Gibson wurden abgerissen. Heute stehen auf dem Gelände moderne Appartementhäuser.
Wir folgen weiter der Mittenwalder Straße und biegen am Ortsende rechts in die Wildenauer Straße ein.

❼ Hotel-Pension Leiner
Logis von Liesl Karlstadt
Wildenauer Straße 20

In der Hotel-Pension Leiner verbrachte die Komikerin und Volksschauspielerin Liesl Karlstadt (1892–1960) in den 1950er Jahren häufig ihren Urlaub. Partenkirchen hatte sie schon vor dem Zweiten Weltkrieg auf ihren vielen Besuchen in Ehrwald/Tirol kennengelernt, wo sie sich oft mit der Schriftstellerin Erika Mann traf. Nach der endgültigen Trennung von ihrem jahrzehntelangen kongenialen Partner Karl Valentin (1882–1948) begann sie nach Kriegsende eine zweite Karriere, diesmal als Solistin. Das Theater und der Film beschäftigten sie in den 1950er Jahren weiterhin regelmäßig. Ihre große Popularität begründete jedoch der Rundfunk. Sie spielte die resolute Frau Brumml in den *Brummlgeschichten*. Und in der beliebten Serie *Familie Brandl* von Ernestine Koch verkörperte sie die Mutter Brandl, die mit ihrem Mann ein kleines Geschäft führt.
Im Sommer 1960, bevor eine neue Folge der Serie *Familie Brandl* aufgenommen werden sollte, fuhr sie mit ihrer Schwester Amalie Wellano nach Garmisch-Partenkirchen, um sich einige Tage zu erholen. Die beiden nahmen Zimmer in der Hotel-Pension Leiner. Am nächsten Tag starb Liesl Karlstadt im Hotel an einem Gehirnschlag. Amalie Wellano notierte auf der Postkarte unter das Motiv des Hotels: »Hier im Haus Leiner starb meine innigstgeliebte Liesl am 27. Juli 1960. Für mich ging die Sonne

unter.« Beerdigt wurde Liesl Karlstadt auf dem Bogenhauser Prominentenfriedhof Sankt Georg in München.
Wir gehen die Wildenauer Straße entlang und biegen in die Fritz-Müller-Straße ortseinwärts ein. Über die Schornstraße, in die wir links einbiegen, kommen wir zur Kreuzung Am Holzhof.

❽ Wohnung von Alexander Kanoldt
Am Holzhof 4

Der Maler Alexander Kanoldt (1881–1939) lebte mit seiner Familie zwischen 1931 und 1933 hier bei Familie Cassardt und unterhielt eine private Malschule. Die in dieser Zeit entstandenen Ölgemälde und Lithographien stellen bevorzugt Motive aus der Garmischer Umgebung dar. In einem Brief erklärte Kanoldt einem Freund, wie wichtig für ihn der Verkauf der Blätter war: »Es ist sozusagen unsere einzige Einnahmequelle, weil die Schule im Winter ja kaum die Spesen aufwiegt. Das lohnt sich nicht. Und mit den Bildern ist gegenwärtig auch wenig los. Der Graphik aber geht es zeitweise sehr gut. Natürlich habe ich furchtbar viel Arbeit damit – richtige Verlagstätigkeit.« (Bayerische Staatsbibliothek München, Alexander Kanoldt an Walter Blumtritt, o. J.)
Geboren wurde Kanoldt 1881 in Karlsruhe. 1909 zog er mit seiner Mutter und seiner älteren Schwester nach München, gründete dort zusammen u. a. mit Kandinsky, Jawlensky, Erbslöh und Werefkin die »Neue Künstler-Vereinigung« und wurde deren Sekretär. 1911 spaltete sich der »Blaue Reiter« von der »Neuen Künstler-Vereinigung« ab, ohne Kanoldt, der dem Weg in die Abstraktion nicht folgen wollte. Er trat im Mai 1932 in die NSDAP ein und wurde 1933 Direktor der Hochschule der Bildenden Künste in Berlin, außerdem Senator der Preußischen Akademie der Künste und Vorsitzender des Künstlerischen Prüfungsamtes. 1936 schied Kanoldt auf eigenen Wunsch aus der Berliner Hochschule aus. Im Sommer 1937 wurden 17 Werke Kanoldts im Rahmen der Aktion »Entartete Kunst« in verschiedenen deutschen Museen beschlagnahmt. Die Gestapo durchsuchte im Sommer 1938 seine Berliner Wohnung. Im Januar 1939 starb er in Berlin.
Wir gehen an der Partnach entlang über die Partnachauen zurück zum Bahnhof.

Alexander Kanoldt, um 1920.

Garmisch

Wir folgen der Bahnhofstraße in die entgegengesetzte Richtung. An der Ecke Chamonixstraße lag das Bunte Haus.

❾ Das ehemalige Bunte Haus
Die ersten Jahre von Michael Ende
Bahnhofstraße 43

Am 12. November 1929 wurde Michael Ende im Gemeindekrankenhaus Garmisch geboren und als Michael Andreas Helmuth mit der Nr. 87 ins Garmischer Geburtsregister eingetragen. Seine ersten Lebensjahre verbrachte er im Bunten Haus, das längst abgerissen wurde. Seit November 1999 erinnert an der Bahnhofstraße 43 eine Gedenktafel an den international renommierten Schriftsteller. Sein Vater, der Hamburger Kunstmaler und Bildhauer Edgar Ende (1901–1965), war durch einen Zufall 1927 nach Garmisch gekommen. Wegen heftig einsetzender Regenfälle hatte er im kleinen Laden von Luise Bartholomä (1892–1973) im Bunten Haus Unterstand gesucht, die dort arabische Spitzen und bunte Edelsteine verkaufte. Die beiden verstanden sich auf Anhieb. Kurz darauf zog Edgar Ende zu ihr. Am 22. Februar 1929 heirateten sie auf dem Garmischer Standesamt. Neun Monate später kam ihr Sohn Michael zur Welt. Viel Geld hatten die Eheleute nicht. Edgar Ende malte Bilder, deren Wert erst später erkannt wurde, und seine Frau Luise verdiente den Unterhalt für die Familie.

1931 zogen Endes von Garmisch nach München. Möglicherweise, weil ihnen der Laden, und damit wohl auch die Wohnung, gekündigt worden war. Möglicherweise aber, weil mit Spitzen und Edelsteinen in der Zeit der Weltwirtschaftskrise kein Geld zu verdienen war.

Das Bunte Haus, um 1930.

Michael Ende meinte: »Denn in Garmisch kann ein Maler nichts werden, der muß nach München. Meine Mutter machte den Laden zu und man ging nach München.« Edgar Endes Gemälde verkauften sich dort so gut, daß sich die ökonomische Lage der Familie deutlich verbesserte. Michael Ende wuchs im Atelier seines Vaters auf, einem dunklen Raum, der keine Fenster und nur ein Oberlicht aufwies. »Ich bin«, so Michael Ende später, »mit dem Blick in den Himmel groß geworden.« (Peter Boccarius, *Michael Ende*) Edgar Endes Bilder und Ansichten prägten sein eigenes Werk nachhaltig. Die Bilder zeigen visionäre, meist entseelte Landschaften, surreale Traumwüsten mit Torsi und schemenhaften, abstrakten Gestalten.

Schräg gegenüber an der Ecke Enzianstraße steht noch heute das Hotel Roter Hahn.

Hotel Roter Hahn, 1949.

⑩ Hotel Roter Hahn
Logis von Hans Reisiger
Bahnhofstraße 44

Hier lebte und arbeitete der Schriftsteller und Philosophieprofessor Hans Reisiger (1884–1968) zwischen 1939 und 1943. Zuvor hatte er hier schon seit Jahren regelmäßig den Sommer verbracht. Er war mit den großen Schriftstellern seiner Zeit eng befreundet: mit Thomas Mann, Annette Kolb und Gerhart Hauptmann, die ihn damals in Garmisch besuchten. Thomas Manns Sohn Golo widmete Hans Reisiger zum 80. Geburtstag einen Beitrag in der *Frankfurter Rundschau*: »Mein Vater, sonst oft in sich gekehrt, taute auf, sobald Hans Reisiger da war. Die beiden konnten zusammen lachen, daß es eine Freude war; sich unterhalten in ernsten Gesprächen wie mit allerlei Anekdoten, Scherzen, Nachahmungen und Reimen; sogar zusammen Karten spielen... So ist er zwei Großen seiner Zeit, Gerhart Hauptmann und Thomas Mann, schier unentbehrlich geworden. Er konnte zuhören wie kein anderer, wenn ihm aus einer werdenden Arbeit vorgelesen wurde, ... konnte eingehen, kritisieren, ermuntern.«

Zuvor hatte sich Hans Reisiger Mitte der 1930er Jahre im nahe gelegenen Seefeld/Tirol niedergelassen, das er von seinen häufigen Besuchen in Ehrwald gut kannte, »teils im Protest gegen Deutschlands politische Verwandlung, die ihm widerwärtig war, teils auch einfach, weil das Tiroler Bergdorf ihm zusagte. Dort wurde er von der Welle ›des Anschlusses‹ erfaßt, gestellt, mit anderen ›Verdächtigen‹ in einem Schulgebäude inhaftiert. Die Herren... waren aber nicht weiter bösartig; von unserem Dichter wollten sie bloß wissen, ob er wohl ein guter Deutscher sei? Reisiger bejahte das und wurde entlassen«, so Golo Mann. Als Thomas Mann 1949 zum erstenmal seit 1933 wieder Deutschland besuchte, traf er auch seinen alten Freund Reisiger wie-

der. Es existiert ein Foto vom Juli 1949, das Thomas Mann und Hans Reisiger nebeneinander im Fond eines offenen Wagens zeigt. Inzwischen hatte ihn Thomas Mann in seinem Roman *Dr. Faustus* als »Rüdiger Schildknapp« literarisch verewigt.
Wir biegen rechts in die Enzianstraße ein und gehen links in die Partnachstraße.

⓫ Haus Roseneck
Michael Endes Jugend
Partnachstraße 50

Der Zufall wollte es, daß Michael Ende mit 13 Jahren in seinen Geburtsort zurückkehrte, zunächst in das Haus Kramerhof, dann ins Haus Roseneck, ganz in die Nähe des Bunten Hauses.
Als in München im Herbst 1943 Bomben fielen und sich ganze Straßenzüge in Schutt und Asche verwandelten, wurden viele Schulkinder zusammen mit ihren Lehrern aufs Land evakuiert. Die Schüler des Max-Gymnasiums – unter ihnen Michael Ende – quartierte man in das kleine Hotel Haus Kramerhof (früher Müllerstraße 12) ein. Tagsüber lernten

Michael Ende und seine Mutter, um 1934.

sie im Speisesaal des Hotels Latein und Griechisch. Nachts vertrieben sie sich mit Darbietungen und Sketchen verschiedenster Art die Zeit. Michael Ende machte den Regisseur. Eine seiner Inszenierungen wurde sogar vor großem Publikum in einem Garmischer Kino gezeigt. Ihre Freizeit verbrachten die Schüler zusammen mit ihren Lehrern im Sommer mit Tageswanderungen und Bergtouren; im Winter liefen sie am Kreuzeck Ski und gingen ins Olympiastadion zum Schlittschuhlaufen. Im Kramerhof schrieb Michael Ende seine ersten Gedichte. Als die Zöglinge gegen das schlechte Essen heftig aufbegehrten, wurde Michael Ende ins Haus Roseneck strafversetzt. Dort lernte er seine erste große Liebe Gudrun kennen, die Tochter des Hausbesitzers. Er erteilte ihr Nachhilfestunden und machte mit ihr viele Spaziergänge zum Kramerplateau. Nach dem Abitur absolvierte Michael Ende ein Ausbildung an der Falkenberg-Schule in München. Eigentlich wollte er Regisseur werden. Mit dem Schreiben

Pension Roseneck, um 1925.

von kleinen Geschichten hielt er sich über Wasser, bis ihm mit *Jim Knopf* Anfang der 1960er Jahre der Durchbruch gelang.

Der Autor von *Jim Knopf und Lukas der Lokomotivführer* (1960), *Jim Knopf und die Wilde 13* (1962), *Momo* (1973) und der *Unendlichen Geschichte* (1979) zählt zu den wohl erfolgreichsten Schriftstellern der Nachkriegszeit. Seine Bücher wurden in 40 Sprachen übersetzt und erreichten weltweit eine Auflage von über 20 Millionen Exemplaren.

Schräg gegenüber, dort, wo die Bahnhofstraße in die Von-Brug-Straße mündet, stand früher das exklusive Hotel Neuwerdenfels.

⓬ Ehemaliges Hotel Neuwerdenfels
Logis von Ernst Bloch
Von-Brug-Straße 13

Der Philosoph Ernst Bloch (1885–1977) hielt sich zwischen 1911 und 1915 häufig in Garmisch auf. Von 1912 bis 1915 hatte er im Haus Erdmann seinen festen Wohnsitz. Er gilt als einer der wichtigsten deutschen Philosophen des 20. Jahrhunderts.

Anfang Mai 1913 kam seine Braut zu Besuch. Kurz vor seiner Hochzeit logierte er mit ihr lieber im Nobelhotel Neuwerdenfels als in dem ihm so vertrauten Haus Erdmann. Das »vornehme Familien- und Passanten-Hotel in zentraler freier Lage« mit 120 Betten, das 1903 gebaut wurde, war eines der besten Häuser am Platz und hatte damals schon »fließendes, warmes und kaltes Wasser in allen Zimmern«. Am 6. Mai 1913 schrieb Ernst Bloch von dort einem Freund: »Heute abend, in einer halben Stunde, kommt meine Braut aus München zurück, und wir werden uns jetzt nicht mehr trennen. Ich selbst habe die Zwischenzeit der Einsamkeit von oben bis unten mit Arbeit vollstopfen können, habe über 100 Seiten geschrieben, und seit heute morgen 9.25 Uhr liegt ›Die Welt und ihre Wahrheit als utopisches Problem‹, 280 Seiten stark bereit, um Else in die Hände gelegt zu werden ... Wir haben hoffentlich in 14 Tagen

Ernst Bloch, 1925.

Hotel Neuwerdenfels, um 1910.

Hochzeit. Von ganzem Herzen Dein Freund Ernst.« Er führte seine Braut in Garmisch aus. »Zum ersten Mal wieder mit der brillant, maßlos vornehm, blond, blauäugigen (strahlend groß) und bedeutend aussehenden Else zum Abendessen gegangen. Wir sprechen darüber, daß die nächste Wirtschaft 20 Minuten von unserem Haus entfernt ist, so daß wir auf Flaschenbier angewiesen wären. Dagegen schlägt Else vor, ab und zu ein Faß von 20 Litern (das Mindestmaß) aufzuheben, aber wo dazu die Herrengesellschaft (vier Mann) hernehmen? Nachdem es fast nur Leimsieder gibt... Von Herzen! Dein Ernst.« (Ernst Bloch, *Briefe*, 26. Mai 1913) Der prachtvolle Hotelbau wurde in der Nachkriegszeit abgerissen.

Wir folgen ein kurzes Stück rechts der Von-Brug-Straße und gelangen zum Wittelsbacher Hof.

⓭ Haus Wittelsbach
Heute Wittelsbacher Hof
Logis von Kurt Tucholsky
Von-Brug-Straße 24

Hier logierte der Satiriker und Schriftsteller Kurt Tucholsky (1890–1935) mit Blick auf den Gebirgsbach Partnach, während er in der nahe gelegenen Villa des Künstlerpaares Max Pallenberg und Fritzi Massary in der Alleestraße 33 zusammen mit dem Schriftstellerkollegen Alfred Polgar eine Auftragsarbeit für Max Reinhardt vorbereitete.

Dieser war auf die Idee gekommen, ein Revuetheater neuen Typs zu kreieren, das Kritik und Publikum gleichermaßen überzeugen würde. Die Hauptrolle sollte Fritzi Massary singen. Als Textautoren wurden Kurt Tucholsky und Alfred Pol-

Kurt Tucholsky, um 1928.

gar gewonnen. Im Mai 1926 arbeiteten die beiden ein Exposé aus. Zwei Monate später trafen sie sich mit den Pallenbergs in Garmisch, um gemeinsam ein fertiges Manuskript zu erstellen. Man arbeitete fleißig, machte Ausflüge, ging spazieren. Fast täglich berichtete Kurt Tucholsky seiner Frau Mary über den dortigen Aufenthalt.
»Garmisch
Haus Wittelsbach 10. Juli 26
Liebes Xchen, ... Bruno Frank kommt heute her, der, der die Tochter von Massary zur Frau hat. Pallenberg hat heute bei Tisch ›Mutti‹ zu Massary gesagt, die es nicht wissen will ... Es regnet hier, egal – das Hotel ist sehr schön – das Essen bei der M. unbeschreiblich. Das habe ich noch nie gesehn. Es ist ganz große Tour, und dabei ganz einfach.« (Kurt Tucholsky, *Unser ungelebtes Leben*)
Obschon die Arbeit schließlich Fortschritte machte, der Premierentermin verschoben wurde und die vorläufigen Ergebnisse die Auftraggeber zufriedenstellten, fand die mit *Der Untergang des Abendlandes* betitelte Revue auf Reinhardts Bühne nicht statt und kam auch später nicht zur Aufführung. Möglicherweise, weil Polgar mit allen Beteiligten in Konflikt geriet, denn er war nicht allein in Garmisch-Partenkirchen erschienen, sondern in Begleitung seiner späteren Frau Lisl, und diese erregte bei Tucholsky heftigste Antipathie. Am Ende veröffentlichte Tucholsky einige seiner für die Revue verfaßten Texte in der *Weltbühne* und schrieb eine Satire auf die mißglückte Auftragsarbeit: »Also sehn Se, ich hab mir das so gedacht ... Dreigroschenoper mitm Schuß Lehár – Na, und natürlich Starkomponist, Starregie,

Das Hotel Wittelsbach, um 1925.

Starbesetzung u. a. mit Pallenberg und der Massary. Ablieferung des Manuskripts? In acht Tagen bitte!«
Wir biegen auf der gegenüberliegenden Seite in den Partnachuferweg ein, der zur Alleestraße führt.

⓮ Wohnhaus von Fritzi Massary und Max Pallenberg
Alleestraße 33

Im Januar 1919 erwarben die Operndiva Fritzi Massary (1882–1969) und der Komiker und Charakterschauspieler Max Pallenberg (1877–1934) das zwischen Loisach und Partnach idyllisch in einem großen Garten gelegene Landhaus zum Preis von 160 000 Reichsmark von der Staatsratswitwe Julie Zaepernick. Erbauen lassen hatte es 1898 vermutlich der Hofschauspieler Mathias Lützenkirchen, der es einige Jahre später veräußerte. 1923 besuchten nacheinander Max Reinhardt, Hugo von Hofmannsthal und Alfred Polgar das gastfreundliche Haus von Fritzi Massary. »Hofmannsthal hatte ein Lustspiel – ›Der Unbestechliche‹ – geschrieben und auch schon Absprachen über die Premiere in Wien getroffen. Pallenberg sollte die Hauptrolle übernehmen. Während des Winters umdüstert und ermüdet, auch körperlich schlecht beieinander, machte sich Hofmannsthal nach Garmisch auf, um Pallenberg das Lustspiel vorzulesen. Der zeigte sich begeistert, wollte unverzüglich mit dem Rollenstudium beginnen – daß er es auch tat, ist unwahrscheinlich. Aufgeheitert, gut gelaunt, verließ der sonst so herbe und verschlossene Hofmannsthal das Haus.« (Carola Stern, *Die Sache, die man Liebe nennt. Das Leben der Fritzi Massary*)

Der Journalist und Theaterkritiker Alfred Polgar (1873–1955) hatte bereits den Sommer 1922 in der Garmischer Villa verbracht. Mit Max Pallenberg verband ihn eine geistige Wahlverwandtschaft. Bis zu seinem Tod blieb er Alfred Polgars bester Freund. Seine Frau Fritzi verehrte Polgar hingebungsvoll und lobte sie 1923 in einer oft zitierten Kritik: »Die Massary macht der dummen Operette den Sublimierungsprozeß. Sinnlicher Reiz geht dabei keiner verloren. Er bleibt gebunden und gesichert im Temperament dieser Frau, das schöpferisch ist...«

Wie es im Innern des Landhauses von Fritzi Massary aussah, erzählt Kurt Tucholskys Brief an seine Frau Mary vom 9. Juli 1926: »Um M.[assarys] Haus sind viele Hunde – sie hat selbst drei. Großer Skandal. Auf dem Piano steht das Manuskript von ›Olala‹ mit dem Bild von (Oscar) Strauss. Sie hat Teppich Sachen, daß man gar nichts mehr sagen kann – und zwar alles leise, gemütlich, alles bewohnt, nichts Prunkhaftes, nirgends friert man. Sie selbst ist in der Haltung vollendet, ganz kühl, ganz natürlich, vernünftig, gar nichts Komödiantisches. Er und Graetz – den Unterschied müßtest Du sehen! Nie ein Wort über sich, nie eins über seine Rollen, nichts von Ruhm – gar nichts. Liebenswürdig, natürlich – sicherlich falsch, aber herrlich gemacht. Aber man will eine Wohnung haben, in der man still sitzen kann. Liesl entsprechend. Kalt, lauernd, verwöhnt – scheußlich. Die Nervenbelastung ist viel zu stark, als daß mir auch nur ein Vers einfällt. Wenn ich nur ohne Schaden herauskomme!« (Kurt Tucholsky, *Unser ungelebtes Leben*)

Fritzi Massary, Garmisch-Partenkirchen, um 1924.

Alfred Polgar.

Fritzi Massarys Tochter Liesl wohnte zunächst mit im Haus. Sie war eng liiert mit dem um 16 Jahre älteren Schriftsteller Bruno Frank (1887–1954). Bereits mit 22 hatte er seinen ersten Roman geschrieben und inzwischen mehrere Theaterstücke erfolgreich aufgeführt. Am 6. August 1924 fand im Garmischer Landhaus der Pallenbergs die Hochzeit statt. Anschließend zog Liesl mit ihrem Mann in dessen am Starnberger See gelegenes kleines Haus und 1926 in die Münchner Villa des Dirigenten Bruno Walter in der Mauerkircher Straße, ganz in der Nähe der Familie Mann.
1927 verkauften die Pallenbergs ihr Landhaus in Garmisch und erwarben eine Villa in Bissone am Luganer See.
Wir machen einen Spaziergang quer durch den Kurpark Garmisch und gelangen zum Richard-Strauss-Platz, auf dem seit 1989 der Richard-Strauss-Brunnen mit den drei mythologischen Frauenfiguren aus den Opern »Daphne«, »Elektra« und »Salome« steht. »Am Kurpark« entlang gelangen wir über den Marienplatz in die Zugspitzstraße, biegen rechts in die Von-Müller-Straße, überqueren die Loisach und biegen dort, wo Garmischs beste Lage, die Maximilianstraße, beginnt, in die Feldstraße ein, die zur Zoeppritzstraße führt. Benannt ist die Straße nach dem Ingenieur und begeisterten Bergsteiger Adolf Georg Zoeppritz (1855–1939). Am Eingang zum Grundstück Zoeppritzstr. 42 weist ein Namensschild auf den ehemaligen Bewohner hin, dessen Villa immer noch in Familienbesitz und für die Öffentlichkeit nicht zugänglich ist.

⓯ Richard Strauss-Villa
Zoeppritzstraße 42

Richard Strauss ließ hier 1908 vom Münchner Architekten Emanuel von Seidl in enger Abstimmung ein Landhaus errichten. Mehrere Bauplätze hatte Richard Strauss besichtigt, bevor die Wahl auf das Grundstück in der Zoeppritzstraße fiel – wohl auch, weil hier noch am späten Nachmittag die Sonne auf das Grundstück schien.
Richard Strauss (1864–1949) entstammte einer gutsituierten bürgerlichen Familie in München. Der Vater war erster Hornist am Hoforchester, die Mutter kam aus der Brauereifamilie Pschorr. Die Dresdner Uraufführung der *Salome* am 9. Dezember 1905 begründete den Welterfolg des Opernkomponisten Richard Strauss – und schuf die gesicherte materielle Basis für den Bau der Garmischer Villa.
Fernab der Großstadt hielt er sich zwischen 1908 und 1950 vor allem in den

Die Villa von Richard Strauss bei der Einweihung 1908.
Im Vordergrund Strauss und seine Frau Pauline.

Sommermonaten in Garmisch auf und nutzte diese für ihn wertvollste Zeit des Jahres stets zum Komponieren. Hier entstanden von nun an die meisten seiner Werke. Uraufgeführt und dargeboten wurden sie jedoch in den traditionsreichen Musikmetropolen Wien, München, Dresden und Berlin. In einem Brief an seine Frau, die gerade auf Kur war, beschrieb er das Leben in der Garmischer Villa: »Der Garten ist in vollstem Blütenflor. Dahlien, Salvien gesetzt, die Pfingstrosen werden in einigen Tagen aufgehen, der Flieder duftet bis ins Eßzimmer und über meinen Schützling, den geköpften Ahorn, wirst Du staunen, er wirft schon schöne Schatten und ist so dicht belaubt, daß man den Stamm kaum mehr sieht. Bubi ist täglich im Moos, hat schon vier Böcke geschossen. Sonst ist es herrlich still, nur die lieben Buben bringen noch ab und zu Leben in das Idyll. Sonntag trafen Gregor und Krauss zusammen und wir kamen nach dem Würsteessen, nachher Spargel mit Schinken, Baisertorte, in eine so interessante Debatte über ›Danae‹, daß Krauss statt um 3 erst um 5 Uhr nach Bozen abfuhr.«

Mehr als 40 Jahre war Richard Strauss in Garmisch-Partenkirchen zu Hause – mit nur wenigen Unterbrechungen. Gerne kehrte er nach internationalen Verpflichtungen und Konzertreisen in sein Refugium, das die Garmischer Villa ihm, seiner Frau Pauline, geb. de Ahna, seinem Sohn Franz, der Schwiegertochter Alice und den beiden Enkeln Richard und Christian bot, zurück. Von seinen Konzertreisen schickte Richard Strauss viele Briefe an seine Frau Pauline in Garmisch. Darin betonte er wiederholt, wie wichtig ihm seine Familie und sein dortiges Zuhause seien. Am 31. Oktober 1930 schrieb er aus Brüssel:

»Nun bin ich mit meiner Weisheit zu Ende ... und bin bei meinem Ceterum Censeo angelangt, daß es am schönsten in Bayern und Österreich ist und nirgends die Luft so gut wie in Garmisch und nirgends so schön als im eigenen Haus beim lieben Pauxerl, das innigst umarmt ihr treuester R.«

Gerne stieg er mit seiner Frau auf die nahe gelegenen Berge oder ging mit seiner Familie am Eibsee spazieren. In eine Holzhütte auf einer kleinen Insel zog er sich gelegentlich zurück, um ungestört zu arbeiten oder ... Skat zu spielen. Franz Klarwein, Tenor und Sohn des Garmischer Bahnhofswirts, erinnert sich später: »Er spielte sehr gut, variabel und gewagt. Wie ein genialer Mathematiker

Richard Strauss mit seiner Frau Pauline bei einem Spaziergang am Eibsee, um 1925.

Hugo von Hofmannsthal (li.) und Richard Strauss vor dessen Haus in Garmisch, um 1925.

wußte er nach drei, vier Stichen, was der andere hatte. Und er bluffte meisterhaft. Und wenn er bluffte, machte man Fehler. Das war seine Stärke. Er gewann oft, auch wenn wir die Trümpfe hatten.«
In seiner *Alpensinfonie* setzte Richard Strauss, so Kurt Wilhelm in seiner einzigartigen Bildbiographie, der Landschaft um Garmisch ein musikalisches Denkmal. Mit einem 130köpfigen Orchester, in dem allein drei Schlagzeuger unter anderem für Windmaschine, Donnermaschine und Herdengeläute vorgesehen sind, beschreibt er eine Bergbesteigung, die noch bei Nacht beginnt, den Sonnenaufgang und die Wanderung über Wiesen, Almen und Gletscher thematisiert,

das Glücksgefühl auf dem Gipfel ausdrückt, aber auch die Gefahren, die im Gebirge durch Irrwege und Gewitter lauern. Strauss vollendete die *Alpensinfonie* 1915 in Berlin. Die Uraufführung fand dort am 28. Oktober 1915 statt.
Richard Strauss bekam häufig Besuch von sehr prominenten Künstlern, einer davon war Hugo von Hofmannsthal (1874–1929). Erstmals begegnet waren sich der Dichter und der Komponist 1900 in Paris. Die mehr als 20 Jahre dauernde Zusammenarbeit des großen Musikers und des großen Schriftstellers ist in der Geschichte des deutschen Musiktheaters einzigartig. 1917 gründeten Richard Strauss und Hugo von Hofmannsthal mit Max Reinhardt die Salzburger Festspielgemeinde. In über 600 Briefen dokumentierten die beiden die Entstehungsgeschichte der gemeinsamen Werke, die »hundertfache Bemühung ums Einzelne«. Hofmannsthal schrieb für so berühmte Opern wie *Elektra*, *Der Rosenkavalier*, *Ariadne auf Naxos* und *Frau ohne Schatten* die Libretti. Freilich ist auch nicht zu übersehen, wie kompliziert die Zusammenarbeit war. In seinen Briefen beklagte sich Hofmannsthal häufig, Strauss habe den Text »mit dicker Musik zugedeckt« und so seine Intentionen zunichte gemacht. Für Strauss war der Fall ganz einfach. Die Musik hatte auf jeden Fall zu dominieren; sie war für ihn das herrschende Element. Hofmannsthal dagegen war an einer »selbständigen Dichtung« gelegen.
Der Dirigent Karl Böhm (1894–1981) kam häufig nach Garmisch, um *Daphne* vorzubereiten, ebenso der Karikaturist Olaf Gulbransson (1873–1958), der Richard Strauss am treffendsten karikiert hat. Wenige Zeitgenossen haben

plastische Beschreibungen von Strauss gegeben. Der französische Dichter, Musikologe und Nobelpreisträger Romain Rolland gehört zu ihnen. Die beiden hatten einander 1891 in Bayreuth im Cosima-Haus kennengelernt. Seine Notizen vermitteln ein lebendiges Bild des Komponisten. 1898 schrieb er: »Er ist groß, schlank, hat flauschiges Haar und einen weißblonden Schnurrbart. Blaß, helle Augen, runder Rücken und ein unsicherer Gang auf langen Beinen mit kleinen Füßen. Breite Schultern. Schöne feine lange gepflegte Hände, die aristokratisch wirken. Sein Klavierspiel ist weich, leicht, schwebend, nicht hart und prägnant wie bei Berufspianisten. Am Klavier wirkt er gleichgültig und lässig. Seine Art zu reden eher bäuerlich, seine Haltung ist nie straff. Der ändert sich beim Dirigieren. Das ist der andere Strauss, der in starker Spannung vor Konzentration vibriert.«

Im Schriftsteller Stefan Zweig (1881–1942) fand Richard Strauss einen neuen Librettisten, nachdem Hugo von Hofmannsthal 1929 gestorben war. Stefan Zweig schrieb zwischen 1932 und 1934 das Libretto zu *Die schweigsame Frau*. Aus Bescheidenheit und Höflichkeit hatte Zweig jede Einladung nach Garmisch abgelehnt. Er war nie dort. Die Oper wurde 1935 in Dresden uraufgeführt, dirigiert von Karl Böhm. Man wollte zunächst den Namen von Stefan Zweig aus dem Programmzettel streichen, fügte ihn auf den Protest von Richard Strauss hin dann aber wieder ein, untersagte Strauss jedoch die weitere Zusammenarbeit mit dem jüdischen Textautor. Es kam zum Eklat. Richard Strauss legte daraufhin die Präsidentschaft der Reichsmusikkammer nieder, die er seit 1933 innegehabt hatte.

1939 feierte Richard Strauss mit seiner Frau in Garmisch goldene Hochzeit. Die Kriegsfronten rückten näher. Strauss und seine Frau blieben vom Sommer 1944 an in Garmisch-Partenkirchen. Der Ort wurde kampflos besetzt. Am Morgen des 30. April 1945 standen auf der Wiese neben Richard Strauss' Haus amerikanische Panzer, und um 11 Uhr fuhren Jeeps auf den Vorplatz. Die Armee beschlagnahmte Villen für sich, die Besitzer hatten sie binnen 15 Minuten zu räumen. Strauss kleidete sich an, trat vors Haus und sagte: »Ich bin Richard Strauss, der Komponist von *Rosenkavalier* und *Salome*.« Auf dem Jeep saß Major Kramer, niederländischer Abstammung und Musikkenner. Er sorgte augenblicklich für Respekt. Strauss bat die Soldaten ins Haus und holte seinen amerikanischen Ehrenbürgerbrief von Morgantown. Dann wurde den Offizieren und Soldaten Hirschragout bereitet. Mittags zogen sie ab; und am Abend bekam das Haus das *Off limits*-Schild, das weiteren ame-

Stefan Zweig, um 1930.

Klaus Mann (re.) in der Uniform der US-Army, 1945.

In seinem Lebensbericht *Der Wendepunkt* griff Klaus Mann das Ereignis noch einmal auf:
»Gestern war ich bei Richard Strauss in Garmisch, mit Curt Rieß zusammen, der hier als ein ›US Correspondent‹ tätig ist. Wir ließen uns als zwei amerikanische Reporter melden; der Meister empfing uns mit großer Herzlichkeit, ohne mich zu erkennen, natürlich, und ohne daß ich ihm irgendwelche Aufschlüsse über meine Identität gegeben hätte. Auch diese Unterhaltung fand vor einer Villa im blühenden Garten statt... Ja, so einer ›wurschtelt‹ sich durch, ganz gleich, unter welchem Regime. Haben die Nazis einen sinnlosen und mörderischen Krieg verschuldet? Sind Millionen Unschuldiger in Gaskammern zugrunde gegangen? Liegt Deutschland in Schutt und Asche? Was kümmert es Richard Strauss?«

Richard Strauss distanzierte sich wiederholt von der Vereinnahmung durch die Nationalsozialisten und engagierte sich persönlich für die Rettung von jüdischen Mitbürgern aus dem KZ. Von alledem wußte Klaus Mann selbstverständlich nichts, als er Richard Strauss in seiner Garmischer Villa besuchte und sein aus heutiger Sicht ungerechtfertigt hartes Urteil fällte.

Schon bald darauf verließen Richard Strauss und seine Frau Garmisch und ließen sich in Baden bei Zürich nieder. Einen Monat vor seinem 85. Geburtstag kehrten die beiden in die Garmischer Villa zurück. Am 11. Juni 1949, seinem großen Tag, wurde Richard Strauss Ehrendoktor der Universität München und Ehrenbürger von Garmisch-Partenkirchen. Im Rahmen des Festaktes dankte der Komponist für die Auszeichnungen: »Ich bin glücklich, daß es mei-

rikanischen Besuchern die Beschlagnahme verbot, so sein Biograph Kurt Wilhelm.
Ein Besuch blieb der Familie Strauss besonders gut in Erinnerung. Zwei gutaussehende deutsch sprechende Journalisten baten Richard Strauss um ein Interview. Kurz danach erschien in der Soldatenzeitung *Stars and Stripes* ein äußerst kritischer Artikel, verfaßt von Mr. Brown alias Klaus Mann: Er hatte die opulenten »Weekends« Anfang der 1920er Jahren noch gut im Gedächtnis, als er in der Uniform der US-Army Mitte Mai 1945 nach Garmisch zurückkehrte.

Richard Strauss, Ende der 1940er Jahre.

ner Frau und mir vergönnt ist, wenigstens für die Sommermonate wieder nach der alten Heimat zurückzukehren in den Kreis meiner Familie und den Genuß eigenen Hauses und Gartens.« Am 8. September 1949 starb Richard Strauss nach kurzer Krankheit in Garmisch. Die Urnen von ihm und seiner Frau wurden auf dem Friedhof Garmisch 1980 beigesetzt.
Seit 1950 hat sich die Inneneinrichtung der Villa nicht mehr verändert. Treppenhaus, Arbeits- und Speisezimmer blieben ebenfalls erhalten.
Wir gehen einen schmalen Fußweg zur Maximilianstraße, überqueren die Loisach und die Zugspitzstraße und kommen in die Rießerkopfstraße. Die übernächste Querstraße ist die Höllentalstraße, in die wir links einbiegen. Hier hat sich ein Stück altes Garmisch bis heute erhalten. Wir gehen bis zur Kreuzung Hausbergstraße zum Gästehaus Sonnenblume, ehemals Haus Erdmann mit Gästehaus.

❶⓰ Haus Erdmann
Refugium von Ernst Bloch
Höllentalstraße 36 a
Früher Haus Nr. 64 1/3

Der Philosoph Ernst Bloch hielt sich zwischen 1911 und 1915 häufig in Garmisch auf, zunächst im Staudacher Hof (Höllentalstraße 48), dann im Haus Erdmann, wo er von 1912 bis 1915 seinen festen Wohnsitz hatte.
Im November 1911 kam der junge Doktor der Philosophie zum erstenmal ins Haus Erdmann. Er arbeitete gerade an seiner Habilitation, die er im Sommer 1912 vorstellen wollte. Dem Philosophen und Freund Georg Lukács schrieb er: »Lieber Georg ... Hier ist es sehr still und schön zum Philosophieren. Vielleicht zieht auch ein Glück herauf. Es geht auch sehr schnell mit der Arbeit vorwärts. Dein Ernst.« Mit Pauline de Ahna, der Frau von Richard Strauss, pflegte er gesellschaftliche Kontakte: »Bereits zwei Spaziergänge mit Frau Richard Strauss; gestern zum Abendessen eingeladen. Beides entsetzlich!! Er

Haus Erdmann, um 1910.

ist in Haag.« (Ernst Bloch, *Briefe*, November 1911) Einen Monat später wollte Ernst Bloch Georg Lukács dazu überreden, »aus dem schlechten Florentiner Winter und dem ekelhaften Kriegerland herauszukommen und etwa hierher nach Garmisch in Stille und reine Luft und Alpenlandschaft zu ziehen«, was ihm jedoch nicht gelang.

Von Juni bis August 1912 war er wieder da, spielte viel Klavier und erholte sich in der freien Natur: »Wieder mit Paulinchen eine halbe Stunde spazieren gegangen und über den Dreck auf den Garmischer Straßen geredet.« Mit der Pensionsbesitzerin hatte er sich inzwischen bestens angefreundet: »Ich bekomme übrigens von Frau Erdmann hier im Haus ein schönes Geschenk. Sie besitzt (da ein Freund von ihr einen kleinen Balken aus Kants Haus bei dessen Abbruch kaufte) ein Brett aus diesem Balken, von dem ich ein Teil bekomme und das ich unmerklich an eine Seite meines kommenden großen Schreibtischs einfügen lasse.« Anfang Oktober 1912 kam er aus Ungarn zurück und war froh, »wieder in meiner Heimat zu sein«. Das bäuerliche Leben in Garmisch gefiel ihm viel besser als das großbürgerliche in der Großstadt: »Lieber Djoury, ich sitze wieder an meinem alten Mittagstisch in der so sehr vertrauten niedrigen bäurischen Wirtsstube, aß mit Patriotismus das deutsche Essen und habe dazu den ›Loisach-Boten‹ und die ›Neuesten Nachrichten‹ gelesen... Ich bin froh, aus Pest weg zu sein.«

Im Haus Erdmann beendete er Ende April 1913 seine *Erkenntnistheorie* und faßte neue Pläne. Er wollte für die *Frankfurter Zeitung* über »unser aller ehemaligen Kollegen Don Quixote« einen Essay in Dialogform schreiben. Der Zeitungsartikel wurde nicht gedruckt, dafür erschien 1915 sein Essay *Über Don Quichote und das abstrakte Apriori*.

Am 17. Juni 1913 heiratete »der ledige Doktor der Philosophie« vor dem Standesamt Garmisch Else Sophie Antonia von Stritzky, die zu ihm ins Haus Erdmann, das heutige Gästehaus Sonnenblume, zog. Fast zwei Jahre blieben sie dort wohnen. Dann mieteten sie sich ab April 1915 in Grünwald bei München eine Villa, die sie bis Februar 1917 bewohnten.

Wir gehen die Höllentalstraße ortseinwärts, biegen rechts in die Alpspitzstraße und gehen links die St.-Martin-Straße entlang, bis wir zum Zugspitzbahnhof kommen. Von dort aus fahren wir mit der Bayerischen Zugspitzbahn, die auf den Gipfel der Zugspitze hinauffährt, bis zur Haltestelle Rießersee.

❶ Hotel Rießersee
Logis von Ernst Bloch
Am Rieß 2

Ende März 1915 verbrachten Else und Ernst Bloch mehrere Tage in Garmisch, weil ihre Grünwalder Wohnung noch nicht bezugsfertig war. Sie bevorzugten das noble Hotel & Pension Rießersee, das am Ufer des Rießer Sees etwa eine halbe Stunde zu Fuß vom Ortskern entfernt lag. Von dort schrieb Ernst Bloch am 25. März 1915 einem Freund: »Mein lieber Djoury! Ich bin auf einige Tage hierhergefahren, da ich den letzten Handanlegungen der Handwerksleute nicht beiwohnen wollte. Das hat Else in großartiger Weise besorgt. Sie ist seit gestern hier und ruht sich noch einige Tage aus, dann werden wir erst einziehen.«

Hotel Rießersee, um 1910.

Ernst Blochs erstes großes Buch, *Geist der Utopie*, erschien 1918. In den 1920er Jahren lebte er vor allem in Berlin und pflegte regen Austausch mit Theodor W. Adorno, Walter Benjamin, Bertolt Brecht, Otto Klemperer u. a. 1933 wurde er ins Exil gezwungen und lebte ab 1938 in den USA. Nach dem Krieg lehrte Bloch an den Universitäten in Leipzig und ab 1961 in Tübingen, wo er 1977 im Alter von 92 Jahren starb.

Das Hotel brannte vor wenigen Jahren aus und ist inzwischen neu erbaut worden.

Wir setzen unsere Fahrt mit der Bayerischen Zugspitzbahn fort, steigen in Grainau aus und folgen der Beschilderung zur Höllentalklamm. Wer ein geübter Wanderer ist, dem ist ein Ausflug über die Höllentalklamm zur Höllentalhütte zu empfehlen. Diesen Weg nahm der Alpinist Ödön von Horváth.

⓲ Tour über die Höllentalklamm zur Höllentalhütte

Der Schriftsteller Ödön von Horváth (1901–1938) übernachtete auf seinen Bergtouren zur Zugspitze oder zur Alpspitze, die er zusammen mit seinem Bruder Lajos und mit Freunden aus Murnau unternahm, oft auf der Höllentalhütte, um von dort aus möglichst früh über den Höllentalferner in das Hochgebirge aufsteigen zu können. Die Höllentalhütte liegt oberhalb der Höllentalklamm und ist auch heute im Sommer bewirtschaftet. Von dort schrieben Lajos und Ödön von Horváth am 14. Juli 1920 an die Eltern eine Ansichtskarte, die im Hotel Fröhler in Murnau zur Sommerfrische waren. In einem Tourenbuch des Alpenvereins hat sich Ödön von Horváth mit folgender Eintragung vom darauffolgenden Samstag verewigt:

»Ödön Josef von Horváth D(eutscher und). Oe(sterreichischer) A(lpen).V(erein).Sekt(ion). München. Knorrhütte – Innere – Mittlere – Äußere – Höllentalhütte – Volkarspitze – Hochblassen – Alpspitze – Kreuzeck am 17. Juli 1920.«
Hans Geiringer, mit dem Ödön von Horváth viele Bergtouren unternahm, erinnert sich später an diese gemeinsame Tour: »Dagegen konnte er irgendwo in den Alpen stundenlang in einem verräucherten Wirtshaus sitzen und entzückt der Zither und den ›Schnaderhüpferl'n‹ lauschen... Trinken konnte er recht gut, nicht zu viel, aber auch nicht zu wenig. Nur einmal sah ich ihn einen halben Liter mit einem Zug hinunterstürzen – aber das war ausnahmsweise nur Limonade und ereignete sich auf dem Kreuzeckhaus bei Garmisch, nachdem wir in siebenstündiger Kletterei die Traversierung Zugspitze – Alpspitze hinter uns hatten. Es war die schönste Tour meines Lebens. Damals gab es noch keine Bahnen und keine Hotels auf der Zugspitze und man mußte sich die 2963 Meter sauer verdienen... Die Berge liebte er, als wenn sie seine Heimat wären, wie ja überhaupt alles, was mit der Natur zusammenhing, ihn froh und heiter stimmte.« (*Materialien zu Ödön von Horváth*)
Mit der Bahn oder mit dem Auto fahren wir von Grainau aus bis zur deutsch-österreichischen Grenze bei Griesen und erreichen nach etwa 20 km Ehrwald/Tirol, das auf der Rückseite des Wettersteingebirges liegt.

Ehrwald/Tirol

»Ehrwald, am Rande Tirols gegen Bayern gelegen, nennt sich das Zugspitzdorf, obschon man von der Zugspitze eigentlich nichts sieht. Was sich gewaltig mit einer mächtigen Kalkwand im Osten über dem Dorf erhebt, ist der Wetterstein. Auf seinem Nordgrat sieht man ein paar Träger der Zugspitzschwebebahn zur Höhe staken... Zwanzig Minuten geht man vom Bahnhof ins Dorf und hat dabei Gelegenheit genug, seine Häuser rechts und links der Straße zu betrachten.« (Alfred Längle, *Bei der Dichterin Paula Ludwig in Ehrwald*)
Gleich am Ortsanfang folgen wir der gut beschilderten Straße zur Talstation der Tiroler Zugspitzbahn.

Arbeiter beim Einhängen der Seile an der Talstation der Tiroler Zugspitzbahn, 1926.

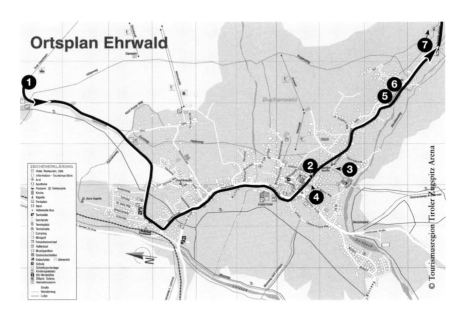

❶ Tiroler Zugspitzbahn
Talstation Ehrwald
Motiv von Ödön von Horváth
Obermoos 1

Ödön von Horváth entdeckte den Bergsteiger- und Wintersportort in Tirol schon früh im Zuge seiner literarischen Vorarbeiten. In Ehrwald entstand Mitte der 1920er Jahre mit dem Bau der Tiroler Zugspitzbahn ein »Wunderwerk der modernen Technik«. Im Frühjahr 1925 wurde mit den Arbeiten an der Seilschwebebahn von Ehrwald/Tirol auf den Zugspitzkamm (2805 m ü. d. M.) begonnen. Nach 14 Monaten wurde sie am 5. Juli 1926 eröffnet. Sie überwindet auf einer 3360 m langen Strecke mit sechs Stützen einen Höhenunterschied von 1578 m. Die Errichtung der eisernen Stützen in eisigem Gelände erforderte von den Bergbahnarbeitern völlige Schwindelfreiheit und eine gute Ausrüstung. Beides war in den seltensten Fällen gegeben. Viele Arbeiter kamen aus dem angrenzenden Deutschland. Teilweise waren sie schlecht ausgestattet und den extremen Arbeits- und Witterungsverhältnissen im Hochgebirge nicht gewachsen. Sie übernachteten in den Baracken, die in den Felsen errichtet worden waren, und lebten wochenlang in dem unwegsamen Gelände. Regelmäßig ins Tal hinab stiegen nur die einheimischen Arbeiter, die am nächsten Tag in aller Frühe wieder den weiten Weg zur Baustelle hinaufkletterten. Mindestens vier Arbeiter kamen während der Bauarbeiten ums Leben. Im Wettrennen zwischen der bayerischen und der österreichischen Seite zum Zugspitzgipfel blieben die Arbeiter auf der Strecke. Es kam zum Streik. Am 5. Mai 1926 machte die *Innsbrucker Volkszeitung* mit der Schlagzeile »Mit Bajonetten gegen Streikende« auf das »unerhörte Vorgehen des Bezirkshauptmannes von Reutte« beim Zugspitzbahnbaustreik aufmerksam. Häufige Beschwerden gegen die »schlechten Unterkunftsverhältnisse auf den Höhenstellungen und die fortdauernden Anstände mit der Menage« hatten die Arbeiter aufgebracht. In der Zeitung stand: »Übrigens schuldet die Bauleitung der Zugspitzbahn nicht wenigen Arbeitern schon seit Wochen und Monaten Lohnrückstände, die bei manchen Arbeitern bis zu 100,– Schilling ausmachen und trotz aller Interventionen bis heute nicht voll zur Auszahlung gelangt sind.« 18 Gendarmen, die eiligst aus den umliegenden Posten zusammengezogen wurden, luden ihre Gewehre mit scharfer Munition und gingen »mit Bajonett auf« gegen die streikenden Arbeiter vor. Wer daraufhin die Arbeit nicht fortsetzte, wurde entlassen. Die aufregende Geschichte des Bahnbaus ist im »Gipfelmuseum« auf der österreichischen Seite des Zugspitzgipfels ausführlich dokumentiert, das 1986 anläßlich des Jubiläums »60 Jahre Tiroler Zugspitzbahn« errichtet wurde.

Ödön von Horváth nahm die skandalösen Arbeitsbedingungen zur Vorlage für sein erstes Volksstück *Revolte auf Côte 3018*. Er zeigt darin die Schattenseiten beim Bau eines solchen Wunderwerks, das letztendlich allein von Geldinteressen bestimmt wird. Aus der Lokalzeitung und auf seinen zahlreichen Bergtouren im Zugspitzgebiet erfuhr er von den schlechten Arbeitsverhältnissen und den Unfällen beim Bergbahnbau. Auch war er mit dem damaligen Hüttenwirt des Münchner Hauses eng befreundet. In dem 1900 errichteten Schutzhaus unterhalb des Zugspitzgipfels traf Horváth neben anderen Bergsteigern auch Bergbahnarbeiter, die den gefährlichen Weg von der Baustelle zum Münchner Haus riskierten, um sich bei einer Maß Bier von den Strapazen der Arbeit zu erholen. Der angehende Dramatiker hörte ihnen genau zu und ließ sich zu Textpassagen inspirieren, wie: »Da liest überall vom Fortschritt der Menschheit und die Leut bekränzn an Ingineur, wie an Preisstier, die Direktor sperrn die Geldsäck in d' Kass und dem Bauer blüht der Fremdenverkehr. A jede Schraubn wird zum ›Wunder der Technik‹, a jede Odlgrubn zur ›Heilquelle‹. Aber daß aner sei Leben hergebn hat, des Blut wird ausradiert.«

Die Uraufführung war am 4. November 1927 in Hamburg. Erst die überarbeitete Fassung mit dem Titel *Die Bergbahn*, die zwei Jahre später in der Berliner Volksbühne auf die Bühne kam, wurde ein Erfolg.

Kurt Tucholsky war einer der ersten Passagiere, die sich des »Wunderwerkes der Technik« bedienten. Er nutzte seinen Arbeitsaufenthalt bei den Pallenbergs im Juli 1926, um gemeinsam mit Fritzi Massary mit der gerade einmal zehn Tage alten Bahn auf Deutschlands höchsten Berg hinaufzugelangen. Die Umstände, unter denen die Bergbahn entstanden war, konnte der kritische Zeitgeist freilich nicht ahnen. Am 14. Juli 1926, kurz nach der Rückkehr in sein Hotel, schrieb er an Mary Gerold:

»Heute morgen waren wir also auf der Zugspitze. Es war der einzige schöne Vormittag, was das Wetter anbetrifft.

Fahrt im Auto, der M. – ein himmlischer Wagen – dann rauf. Sie kennt den Geheimrat, der das gemacht hat, sonst wären wir gar nicht mehr rangekommen, so voll. (Er hat uns fotografiert, als wir heruntergeschwebt kamen.) Der Anblick ist grandios. Stell Dir den Pic de Midi dreimal vor – und dann riesige Seile, die nach oben führen. Es wird einem etwas blümerant. Ganz kleine Kabine, in der man hängt – sie schaukelt beim Einsteigen sanft, man kann nur stehen. Dann 18 Minuten rauf. Wenn man runter guckt – hm.«
Die Seilbahn ist 1991 komplett erneuert worden. Statt der engen Kabinen transportieren seither zwei Großkabinen für je 100 Personen durchschnittlich 730 Fahrgäste pro Stunde auf den Gipfel. Die Stützen wurden von ursprünglich sechs auf drei Hauptpfeiler reduziert. In der Talstation der Tiroler Zugspitzbahn brach Anfang Februar 2003 ein Feuer aus und vernichtete das Gebäude bis auf die Grundmauern. Der Seilbahnbetrieb läuft aber inzwischen wieder normal.
Über die Zugspitzstraße und die Bahnhofstraße, in die wir links einbiegen, kommen wir zur Hauptstraße und stellen das Auto am Kirchplatz zwischen Kirche und Gemeindeamt ab. Auf der gegenüberliegenden Seite steht ein stattliches Bürgerhaus, in dem heute im Parterre der Tiroler Bergsport untergebracht ist.

❷ **Wohnung von Ludwig Ganghofer Kirchplatz 12**
Hier wohnte von 1906 bis 1918 der Volksdichter Ludwig Ganghofer (1855– 1920) und schrieb einige seiner bekann-

Bürgerhaus am Kirchplatz, in dem Ludwig Ganghofer von 1906 bis 1918 wohnte.

ten Werke. Als begeisterter Jäger hatte er seit 1894 im Gaistal ein Jagdhaus inmitten eines großen Jagdgebiets gepachtet, in dem sich nun vor allem in den Sommermonaten viele prominente Besucher aus der Stadt aufhielten. Offensichtlich wurde ihm dieser eigentlich sehr stille Ort bisweilen zu laut, und es überkam ihn das Verlangen, sich in die Dorfeinsamkeit zurückzuziehen. 1906 mietete er sich am anderen Ende des Gaistales hier in Ehrwald im Hause eines Kaufmanns eine kleine Wohnung und arbeitete wochenlang ungestört. Das Gaistal konnte er von hier aus zu Fuß oder mit der Kutsche gut erreichen.
Mit Kriegsbeginn 1914 verwaiste die Jagd im Gaistal, da man für einen Grenzübertritt ins Ausland ein Visum benötigte. Als glühender Verehrer Kaiser Wilhelms meldete sich Ludwig Ganghofer freiwillig als Kriegsberichterstatter. Am 27. Januar 1917 schrieb er, desillusioniert und enttäuscht, eineinhalb Jahre vor Kriegsende aus Ehrwald an seinen Oberst: »... mit meiner Gesundheit geht

**Ludwig Ganghofer im Gaistal.
Nach einem Aquarell von Hugo Engl.**

gen rechts in den Martinsplatz ein. Etwa 50 m weiter, etwas nach hinten versetzt, steht der Wöberlerhof.

❸ Wöberlerhof
Wohnung von Magnus Henning und Nina Engelhardt
Martinsplatz 30

Der Komponist und Pianist Magnus Henning (1904–1991) kam 1927 zum erstenmal nach Ehrwald. Es gefiel ihm dort so gut, daß er zusammen mit seiner damaligen Frau, der Tänzerin Nina Engelhardt, den ersten Stock im Hinterhaus des stattlichen Wöberlerhofes mietete, der seit Jahrhunderten im Besitz der Familie Spielmann ist. Auf dem großen Gang wurde der Flügel von Magnus Henning plaziert, auf dem er für die Hausbewohner und Besucher nun regelmäßig konzertierte. Bis Mitte der 1950er Jahre blieb er hier wohnen. Nina Engelhardt hielt sich mit ihren Kindern seither vor allem in Ehrwald auf. Häufig bekam sie Besuch von ihren Eltern und ihrer besten Freundin, der Schriftstellerin Paula Ludwig, die bei ihr übernachteten. Zum Freundeskreis gehörten des weiteren die Dichterin Ina Seidel und der Verleger Ernst Rowohlt, der mit Ninas Schwester Elli verheiratet war. Schon bald mieteten auch die Rowohlts hier das ganze Jahr über ein komplettes Stockwerk. Aus München kamen die Schauspielerin Therese Giehse mit ihrer Freundin Erika Mann, der ältesten Tochter von Thomas Mann, um gemeinsam mit Magnus Henning die Gründung des politischen Kabaretts »Pfeffermühle« vorzubereiten, des weiteren Klaus Mann, an den Henning sich später besonders gut erinnern konnte. In einem Brief schreibt

es leider gar nicht gut.« Als die Ehrwalder Wohnung in seiner Abwesenheit niederzubrennen drohte, seilten die Ehrwalder den zentnerschweren Schrank mit seinen Manuskripten kurz entschlossen durch das Fenster ab. Unter dem Titel *Tiroler Treue* war darüber in der Lokalzeitung zu lesen. Nach Kriegsende verließ Ludwig Ganghofer endgültig Ehrwald und kaufte sich am Tegernsee ein Haus.
Das Geschäftshaus ist mehrmals umgebaut worden. Doch eine Gedenktafel erinnert heute noch an den einst so prominenten Vielschreiber.
Wir gehen auf derselben Straßenseite die Ganghoferstraße bergaufwärts und biegen

er: »Ich hatte ihn sehr gern und habe ihn sehr geschätzt, er war von den Mannkindern meiner bescheidenen Meinung nach ›der beste Mensch‹. Wir waren viel zusammen in München, Sanary, Paris und New York, er hat mich auch oft in Ehrwald besucht.« Auch die Komikerin Liesl Karlstadt, eine gemeinsame Freundin von Erika Mann und Therese Giehse, besuchte damals schon Ehrwald. Seither wehte über dem kleinen Dorf ein Hauch von »Künstlerkolonie«. Dichter und Schauspieler, Verleger und Musiker bezogen in Ehrwald Quartier, erklommen im Sommer so manchen Gipfel und lernten im Winter bei einheimischen Skilehrern das Skifahren.

Im Sommer 1928 kam die Schriftstellerin Paula Ludwig (1900–1974) zum erstenmal in die Wohnung von Nina Engelhardt. Vom Wöberlerhof aus unternahm sie mehrtägige Ausflüge, beispielsweise nach Ambach an den Starnberger See, wo Waldemar Bonsels sich 1918 das Haus des ungarischen Malers Gyula von Benczur gekauft und dort sein Domizil aufgeschlagen hatte. Er war damals schon ein international renommierter Schriftsteller und hatte es mit seinen Welterfolgen *Die Biene Maja und ihre Abenteuer* (1912) und *Indienfahrt* (1916) zu großem Wohlstand gebracht. Anfang der 1920er Jahre entdeckte er das lyrische Talent von Paula Ludwig. Wann und wo sich die beiden kennengelernt haben, weiß man nicht. Zwischen der blutjungen Autodidaktin und dem um 20 Jahre älteren Schriftsteller entwickelte sich eine heftige Liebesaffäre. Das Verhältnis blieb ambivalent. Er fühlte sich zwar angezogen von dem natürlichen Charme und der lyrischen Begabung der jungen Paula Ludwig, doch ihre Einstellungen in grundlegenden Dingen waren doch zu verschieden. Als sie 1924 nach Berlin zog, war das der Liebe zu Waldemar Bonsels nur förderlich. Paula Ludwig fand es schön, aus der Ferne zu lieben. Am 25. Juli 1928 schrieb sie ihm aus Ehrwald: »So sind wir schon lange hier in den Bergen, bei Nina, die eine ständige Wohnung in Ehrwald genommen hat. Es ist so schön, daß ich in einer einzigen Betäubung von Luft und Sonne, Baden im Bergbach und Steigen auf die Berge, lebe. Es fällt mir schwer, mich über ein Schreibpapier zu beugen, besonders wo ich das Gefühl habe, Dich so zum Sprechen nahe zu wissen, nach Ambach im Notfall hinübereilen zu können.«

Im Herbst 1929 arbeitete sie mehrere Monate in Ehrwald. Der Schnee begeisterte sie und stillte ihre große Sehnsucht: »Vorläufig schneie ich ein. Ich sitze hier wie eine Schneekönigin in großer Distanz zu allen Begierden warmblütiger Geschöpfe. Nur das Fensterbrett voll dunkler roter Nelken erinnert mich noch an rote Münder. Dahinter aber fällt dieser weiße ununterbrochene Vorhang von Schnee, der diese große Stille erzeugt, als schliefe auch das Blut der Menschen ein. Endlich bin ich nicht mehr nur Beschauerin, die aus der Stadt vorübergehend die Natur aufsucht – nein, jetzt gehöre ich schon dazu, ich schneie mit ein.« (Brief an Waldemar Bonsels vom 1. November 1929) Noch heute ist der Wöberlerhof eine Frühstückspension mit einem großen Garten, von wo aus man einen wunderbaren Blick auf das Gebirge hat.

Wir gehen zurück zur Ganghoferstraße, die in den Kirchplatz übergeht, und biegen links in den Florentin-Wehner-Weg ein. Nach wenigen Metern stehen wir vor einem kleinen Wohnhaus, in dem sich heute Sport Kerber befindet.

❹ Wohnung von Paula Ludwig Florentin-Wehner-Weg 1

Hier im zweiten Stock wohnte die Lyrikerin und Malerin Paula Ludwig von 1930 bis 1934 mehrmals im Jahr und von 1934 bis 1938 dauerhaft, nachdem sie ihre Wohnung in Berlin aufgegeben hatte. Sie war damals schon so bekannt, daß der Lokalreporter Alfred Längle im Dezember 1936 im *Vorarlberger Feierabend* eine Reportage über sie veröffentlichte: »Paula Ludwig hat ihren Dichtersitz in der Nähe der Kirche aufgeschlagen. Es braucht etliche Zeit, ehe ich das Haus ausfindig mache. Denn es liegt ungeachtet seiner Nähe zum Dorfplatz doch wieder abseitig, wie es sich wohl auch für das Heim einer Dichterin ziemt, die das Laute des Lebens in Einsamkeit und Stille in Verse, Strophen und Bücher umgestalten und verklären soll. Das Haus ist neueren Ursprungs, eigentlich ein Doppelhaus mit zwei Haustüren. Durch die eine von ihnen trete ich ein und steige zum zweiten Stock hinauf.«

Geboren wurde Paula Ludwig am 5. Januar 1900 als Tochter eines schlesischen Tischlers in Altenstadt in Vorarlberg. Nach der Scheidung der Eltern 1907 lebte die Mutter mit ihren Kindern von Näharbeiten. Es war ein Leben in Armut und ständigen Alltagssorgen. 1909 zogen sie zur Großmutter nach Linz. 1914 starb die Mutter. Paula Ludwig verdiente sich bei künstlerisch begabten Menschen als Dienstmädchen ihren Lebensunterhalt. 1917 brachte sie ihren Sohn Friedl zur Welt, den sie allein auf-

Paula Ludwig mit Sohn Friedl auf dem Weg zum Seebensee bei Ehrwald, 1931.

zog. Im selben Jahr ging sie nach München, stand dort u. a. Franz von Stuck Modell und arbeitete in den Münchner Kammerspielen als Kleindarstellerin, Souffleuse und Statistin. 1924 zog sie nach Berlin in ein Atelier am Kurfürstendamm. Das Bunte der Metropole Berlin reizte sie, die Kontraste zu ihrer ländlichen Herkunft zogen sie magisch an. Doch als die politischen Verhältnisse in Deutschland immer schwieriger wurden, kehrte sie 1934 ganz zurück ins Dorf. Das Leben in Ehrwald, das Einssein mit der Natur, das Farbenspiel und der Stimmungsreichtum der Landschaft begeisterten sie.

Mit dem jüdischen Dichter Iwan Goll

(1891–1950) verband sie seit 1931 eine leidenschaftliche Liebe. Häufig besuchte er Paula Ludwig in Ehrwald und wohnte monatelang bei ihr. Am 2. November 1931 beteuerte er: »Du, du bist im Acker fest verwurzelt, in dem du geboren. Und deine Gedichte und deine Gesten haben jetzt die große Sicherheit, die ich bewundere. Nein, glaube ja nicht, daß ich je gering von dir denke.« Als der Nationalsozialismus immer mehr das Leben in Deutschland bestimmte, drängte Goll seine Geliebte immer heftiger, fort aus Berlin ganz nach Ehrwald zu ziehen. Am 17. März 1933 schrieb er: »Soweit ich die Lage übersehen kann, würde ich raten, namentlich im Hinblick auf deine Hymnen-Arbeit, noch lange in Ehrwald zu bleiben. Berlin muss trostlos sein.«

In Ehrwald genoß der Großstadtdichter das tiefe Verwurzeltsein der Landbevölkerung in Traditionen und Bräuche. Die spielerische Ausgelassenheit dieser bäuerlichen Menschen steckte ihn an. Zusammen mit Paula Ludwig ließ er sich durch die Faschingsnächte im Februar 1936 treiben und schwärmte davon in einem Brief an seine Frau Claire, die einstweilen in Paris auf ihn wartete: »Es gab fast alle zwei Tage einen Maschgera-Ball, einmal im Gasthaus zum ›Stern‹, dann im ›Grünen Baum‹. Du weißt, daß ich über die so dramatischen Tiroler Masken geschrieben habe. Meine Freundinnen haben die Sitte, sich zu maskieren und abendelang einander zu verstecken und zu suchen. Ich machte mit. Einen Abend war ich als altes Weib vermummt, mit allen Schikanen: Unterröcke, Rock, Schal, Spitzenjabot, Hut, Handtasche, Schirm, Strümpfe, Handschuhe: alles paßte und war urecht. Die Leute aus dem Dorf leihen einander ihre ganze Garde-

Iwan Goll auf dem Weg zur Ehrwalder Alm, 1934.

robe. Niemand erkannte mich. Es war entzückend. Aber von Aschermittwoch ab wird Ehrwald wieder ein ganz stilles und verträumtes Nest werden.«

Ab 1933 beschäftigten sich Iwan Goll und Paula Ludwig immer intensiver mit der Frage »Exil oder innere Emigration«. Am 30. Januar 1934 schrieb Iwan Goll: »Du kannst überall leben. Aber deine Dichtung nicht. Die braucht deutschen Atem. Und sieh um dich: die Emigrantenliteratur kommt nicht weit. Sie wird bald Asthma haben. Infolge Ruhm- und Käufermangels.« Das waren bittere Worte aus dem Munde eines Schriftstellers, der selber ein Grenzgänger zwischen verschiedenen Ländern und Sprachen war. Die Beziehung zwischen Paula Ludwig und Iwan Goll, die gekennzeichnet war von Krieg, Flucht, Armut, Einsamkeit, ging durch viele Höhen und Tiefen, bevor sie 1941 endete.

In den Ehrwalder Jahren näherte sich Paula Ludwig wieder ihrer Vorarlberger Heimat an. Hier schrieb sie den Prosaband *Traumlandschaften*, der 1935 erschien. Lektor war Alexander Mitscherlich (1908–1982), der mit dem Motorrad zu Paula Ludwig nach Ehrwald kam, um gemeinsam an dem Buch zu arbeiten. In Ehrwald entstand die Autobiographie *Das Buch des Lebens* – Erinnerungen an ihre bäuerlich geprägte Arme-Leute-Kindheit in Vorarlberg: an die grünen Wiesen, die weißen Schneehäupter, die Bäche, die totale Stille und den Turm mit seinem bröckelnden Gemäuer, in dem sie 1900 zur Welt kam. Kapitel um Kapitel schickte sie zum Probelesen an Iwan Goll nach Paris. Dieser ergänzte Anregungen und formulierte Einwände, dann konnte die Autobiographie 1936 bei L. Staackmann in Leipzig erscheinen. Bei einer Hausdurchsuchung fiel sie der Ehrwalder Polizei in die Hände, die recht suspekte Botschaften darin entdeckte und das Werk sicherheitshalber beschlagnahmte. Als die Nationalsozialisten in Österreich einmarschierten, floh Paula Ludwig am 13. März 1938 über die Schweiz zunächst nach Frankreich, 1940 nach Spanien, dann nach Brasilien. 1953 kehrte sie aus der Emigration zurück, schwer gezeichnet vom Elend der Fremde. Sie starb 1974 in Darmstadt.

Wir gehen zurück zum Kirchplatz, nehmen das Auto und fahren die Ganghoferstraße bergaufwärts in Richtung der Talstation Ehrwalder Alm.

Die alte »Pfeffermühle«, Ende der 1950er Jahre.

❺ Erika Manns »Pfeffermühle« Ganghoferstraße 38

Mitte der 1950er Jahre entdeckte Erika Mann in Ehrwald ein kleines Haus und nannte es »Pfeffermühle«, in Erinnerung an die großen Erfolge, die sie zusammen mit Magnus Henning mit dem politischen Kabarett »Pfeffermühle« erlebt hatte. Hier sollte Magnus Henning einen Alterswohnsitz und sie ein Feriendomizil haben. Nie blieb sie länger als drei Wochen. Des öfteren besuchten sie ihre Eltern Thomas und Katia Mann, meist chauffiert vom Bruder Golo Mann. Doch auch Gottfried Reinhardt, der Sohn von Max Reinhardt, kam nach Ehrwald, um Erika Mann wiederzusehen.

Magnus Henning hatte mit seiner Familie die Jahre des Krieges – außer der

Zeit als Soldat – in Ehrwald verbracht und arbeitete nach Kriegsende als Barpianist in Luzern. Mitte der 1950er Jahre kehrte er nach Ehrwald zurück, kaufte mit Erika Mann dieses Haus und eröffnete hier ein Restaurant. Doch die »Pfeffermühle« wurde rasch zu klein, und ein neues Objekt mußte gesucht werden. Deshalb sammelte Erika Mann Ende der 1950er Jahre Geld für den Ankauf eines Grundstücks, auf dem sie eine Hotelpension mit etwa 30 Betten für gut zahlende Touristen aus dem Wirtschaftswunderdeutschland errichten wollte. Am 11. Januar 1960 schrieb sie an Adrienne Thomas-Deutsch: »Magnus Henning ist nicht nur ungewöhnlich erfahren im Hotelwesen, sondern außerdem der geborene Bautenlenker und Ausdenker von tausend hübschen Annehmlichkeiten, die wenig kosten und umso mehr ›hermachen‹, – dies hat sich schon beim Bau unserer ›Pfeffermühle‹ erwiesen, – eines Häuschens, welches wir heute bereits über das Doppelte der Herstellungskosten im Handumdrehen verkaufen könnten. Zudem ist der Bube, wenngleich von Geburt ein Balte, ein uralter Ehrwalder, kennt dort sämtliche Tricks und ›ropes‹ und hat bereits die bindende Zusicherung des dortigen Reisebureau's, dergemäß sämtliche Betten (etwa 30) unseres Gasthofs während der Winter- und Sommer-Saisons vermietet seien, sobald sie bezogen sind (mit Wäsche). Eile, freilich, ist leider angezeigt. Denn natürlich sind wir nicht die einzigen, die so intelligente Pläne hegen.« (Monacensia. Literaturarchiv) Aus diesem Hotelprojekt wurde jedoch nichts.

Ende Juli 1960 besuchte die Schauspielerin Liesl Karlstadt die »Pfeffermühle« und kündigte auf einer Ansichtskarte viele weitere Besuche an. »Liebe Frau Erika! Nun habe ich endlich ihr Häuschen von innen gesehen u. bin mehr als begeistert! Ich gratuliere. Den oberen Platz kann ich mir auch schon gut vorstellen u. ich bin überzeugt, daß Magnus auch das richtig hinkriegen wird u. wir alle uns öfters zwecks Gaudi mit Ihnen treffen. Zu schade, daß ich Sie jetzt nicht hier angetroffen, ich hoffe, aber auf bald und bleibe mit herzlichen Grüßen Ihre Liesl Karlstadt.« (Monacensia. Literaturarchiv) Einen Tag später starb sie in Partenkirchen.

Die alte »Pfeffermühle« blieb noch bis 1961 im Besitz von Erika Mann und Magnus Henning. Dann wurde das Haus mit der gesamten Inneneinrichtung verkauft.

Das vorletzte Haus in der Ganghoferstraße gegenüber der Hofkapelle nennt sich noch heute »Pfeffermühle«.

Die alte »Pfeffermühle« von innen, Ende der 1950er Jahre.

**❻ Haus Pfeffermühle
Ganghoferstraße 65**

Erika Mann und Magnus Henning gaben ihre Hoffnungen auf ein größeres Objekt nicht auf und fanden hier am Ortsrand von Ehrwald gegenüber einer Kapelle, etwa 150 m von der alten »Pfeffermühle« entfernt, ein geeignetes Grundstück. Um alles zu organisieren, hielt sich Erika Mann Anfang Januar 1960 wieder in Ehrwald auf. Bei Freunden warb sie für die finanzielle Unterstützung dieses Projektes: »Ehrwald, Tirol, ist, seit einigem schon, ein in Geschwindschritt ›kommender‹ Platz ... Magnus (Ihr erinnert Euch seiner?) und ich, nicht faul, haben nun auch schon sämtliche Pläne geschmiedet und mit der Finanzierung begonnen. Ein Grundstück, knappe zehn Minuten vom Dorf und auf dem Wege um und vom ›Sessellift‹ ward erworben: sowohl der Lange, wie ich verfüge über ein bißchen Kleingeld, und meine Mutter hat sich beteiligt. Das große Geld, aber, fehlt noch, ...« (Monacensia. Literaturarchiv) Magnus Henning führte das Restaurant, bevor er es 1965 verkaufte und Ehrwald endgültig verließ.

Die Ganghoferstraße führt direkt zur Talstation der Ehrwalder Alm (1460 m).

**❼ Ehrwalder Alm
Aufenthaltsort von
Liesl Karlstadt**

Die Schauspielerin Liesl Karlstadt erholte sich von 1941 bis 1943 auf der Ehrwalder Alm von einer großen Lebenskrise. In der Abgeschiedenheit der Natur fand sie die Kraft zur Eigenständigkeit und zum künstlerischen Neuanfang als Volksschauspielerin.

Liesl Karlstadt mit einem Muli, um 1942.

Liesl Karlstadt war als Elisabeth Wellano am 12. Dezember 1892 in München auf die Welt gekommen und wurde in den 1920er Jahren bekannt als Bühnenpartnerin des genialen Karl Valentin. Mit ihm verband sie eine jahrzehntelange, äußerst komplizierte Liebschaft. Nach vielen gescheiterten Versuchen, sich aus der emotionalen Abhängigkeit vom verheirateten Karl Valentin zu befreien, hatte sie sich im Herbst 1940 endgültig von ihm getrennt. Anfang 1941 nahm sie die Einladung gemeinsamer Wiener Freunde an, die in Ehrwald eine Wohnung gemietet hatten. Begleitet wurde sie von Dr. Rolf Badenhausen, Chefdramaturg bei Gustaf Gründgens, mit dem sie schon viele Berg- und Skiausflüge unternommen hatte. Für die leidenschaftliche Bergwanderin und Skiläuferin Liesl Karlstadt war Ehrwald, wie schon so oft, das ideale Reiseziel. Noch immer war sie gezeichnet von der schweren psychischen Krise, die 1937 einen längeren Aufenthalt in der Psychiatrischen Klinik in der Nußbaumstraße in München bedingt hatte. Sie litt unter schweren Magenschmerzen, und ein weiterer Zusammenbruch drohte. Da entschloß sie sich, zu pausieren und sich in der Höhe der Berge zu erholen. Von der Ehrwalder Alm aus machte Badenhausen Skitouren, während Liesl Karlstadt im Tal wanderte. Als es ihr besser ging, begleitete sie ihn auf die Ehrwalder Alm. Liesl Karlstadt war von der imposanten Hochebene, die einen herrlichen Ausblick auf ein beeindruckendes Gebirgspanorama bietet, begeistert. Gemeinsam kehrten sie in die Gastwirtschaft Zum Alpenglühn ein, die damals schon für Sommergäste und Skifahrer Gästezimmer bereithielt. Auf ihren Bergwanderungen sah sie Gebirgsjäger mit ihren Mulis vorbeiziehen, die etwa 50 m oberhalb des Gasthofs in einer Militärdiensthütte stationiert waren. Zunächst mietete sie sich im Gasthof Zum Alpenglühn ein. Später lebte sie, wie die Soldaten auch, in der Diensthütte, die etwa 100 Mann beherbergen konnte. Tagsüber half sie, die Tiere zu versorgen. Am Abend saß sie mit den Soldaten am Stammtisch, verbrachte zünftige Hüttenabende und erholte sich von der harten körperlichen Arbeit. Da es nur einen gemeinsamen Waschraum gab, mußte sie sehr früh aufstehen, um sich ungestört waschen und herrichten zu können. Als Anerkennung bekam sie am 27. Februar 1941 den »Mulitreiber-Führerschein«, der mit einem echten Dienstsiegel versehen war. Die Gebirgsjäger gaben Liesl Karlstadt den Namen »Gustav« und ernannten sie zum »Hilfstragetierführer«, dann auf Veranlassung des Kompaniechefs ganz offiziell zum Obergefreiten. Liesl Karlstadt spielte ihre Männerrolle perfekt und schlüpfte mit Eifer in eine Art Uniform. Später legte sie großen Wert darauf, daß weder eine Vorliebe für Uniformen noch für militärisches Leben entscheidend dafür war, daß sie sich bei den »Mulitreibern« so wohl fühlte, sondern einzig das Leben mit den Tieren in der Natur fernab der Zivilisation und des Zweiten Weltkrieges. Ihre Sicherheit gegenüber den Soldaten bezog die einzige weibliche Person, die dort oben ihren Dienst tat, allerdings aus ihrer Verkleidung als Mann: »Wenn

**Liesl Karlstadt als
»Obergefreiter Gustav«, um 1942.**

ich einen Frauenrock angehabt hab, hab ich mich nix sagen traun. Aber in der Hosn hab ich immer a freche Goschn ghabt, weil ich gwußt hab, daß mich meine Kameraden nicht im Stich lassen.« (Theo Riegler, *Das Liesl Karlstadt Buch*) Mittlerweile vermißte man die Schauspielerin in München und forderte sie für Bühnen- oder Filmrollen an. Zwischendurch nahm sie mehrere Engagements an und beantragte beim Hüttenwart in aller Form Urlaub. Nie blieb sie länger als ein paar Monate in der Stadt und kehrte immer wieder auf die Ehrwalder Alm zurück. Im Frühjahr 1943 zog sie wieder endgültig nach München.

Von Ehrwald fahren wir über Garmisch-Partenkirchen auf der Autobahn zurück Richtung München. Bei der Ausfahrt Schäftlarn, gut 30 km vor München, kann, wer möchte, die Autobahn verlassen und über Hohenschäftlarn nach Baierbrunn fahren, dem Ausgangspunkt unseres nächsten Spaziergangs.

Franz Hessel und Helen Hessel vor der Villa Heimat, um 1920, fotografiert von Henri-Pierre Roché.

V.
Spaziergänge
im Isartal

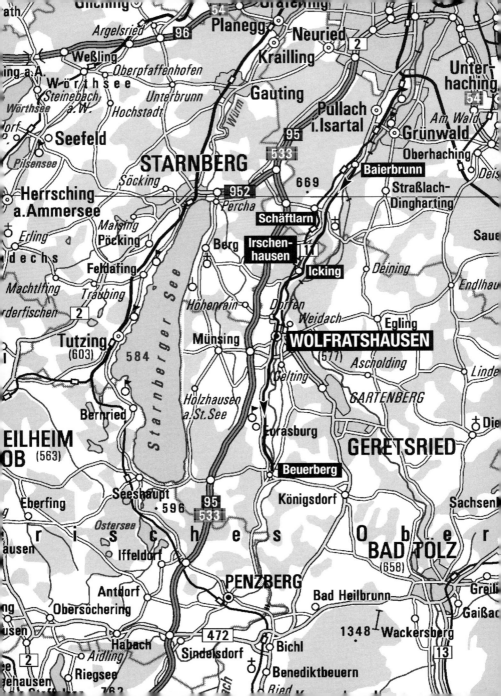

Im Isartal haben mehrere Lebensgeschichten in der einen oder anderen Form ihren Anfang genommen. Dabei wirkte stets die große Freude an der prallen Schönheit der Natur anregend. Die einen zogen sich aus dem Großstadtleben zurück, um unbeobachtet zu sein, die anderen konnten ihre innere Freiheit besser in der freien Natur bei hüllenlosen Sonnenbädern oder in der Isar fühlen.

Von München aus fährt man entweder mit dem Auto oder der S-Bahn ins 21 km entfernt gelegene Baierbrunn im Isartal.

Baierbrunn

Lily und Paul Klee, 1906.

Baierbrunn, im Einzugsbereich von München gelegen, hat inzwischen viel von seinem früheren Charme verloren. Doch vor allem die Gastwirtschaften Hotel zur Post und Hotel Strobl in der Ortsdurchfahrt und einige alte Villen erinnern noch an früher, als um die Wende vom 19. zum 20. Jahrhundert Maler, Philosophen und Schriftsteller der Münchner Boheme die Sommermonate gern im Isartal verbrachten. Auch den Maler Paul Klee (1879–1940), der zwischen 1898 und 1921 meist in München wohnte, zog es immer wieder hinaus ins Isartal. In sein Tagebuch notierte er: »Auf einem Spaziergang mit Kollegen im Isarthal gelobte ich mir, eine solche Landschaft nicht wieder an Idioten zu verschwenden.« Von Oktober 1901 bis Mai 1902 war er für einen längeren Studienaufenthalt in Italien. Dann hielt er sich mehrere Jahre im Berner Elternhaus auf. Seine Verlobte Lily Stumpf konnte er in dieser Zeit nur heimlich im Isartal wiedersehen. Zurück in Bern, notierte er 1902 in sein Tagebuch: »Die zehn Tage von 20. bis zum 30. September verbrachte ich in München. Am 20. reiste ich (mit Bloesch). Sah Lily wieder, aß mit ihr zu Abend. Am 21. waren wir im Isarthal (Bayerbrunn und Konradshöhe), dann im Rosengarten zuletzt in *Figaros Hochzeit*.«

Auf der Münchner Straße Richtung Schäftlarn biegen wir beim Verlagsgebäude Wort & Bild links zur Konradshöhe ein.

Haus von Gertrud von le Fort Konradshöhe

Baierbrunn war 1918 bis 1939 Wohnsitz der Dichterin Gertrud von le Fort (1876–1971). Ab 1922 lebte sie im Haus Konradshöhe, das auf der Konradshöhe weit über dem Isartal stand und inzwischen durch einen Neubau ersetzt wurde. In dem stattlichen Fachwerkbau, »dessen rotes Ziegeldach seitlich der

Gertrud von le Fort.

freundlichen Bauernhöfe des Dorfes zwischen den Baumwipfeln des Waldes hervorschimmert«, blieb sie fast 17 Jahre wohnen. Das Haus erhebt sich an der Stelle jener im Mittelalter heftig umkämpften Ritterburg, in der einer der ältesten, vielleicht sogar der älteste in deutscher Sprache geschriebene Privatbrief entstanden ist: der kurze Brief der Elisabeth von Baierbrunn an die kokette Dietmut. Heute verbirgt sich das Haus hinter den hohen Backsteinmauern des Verlags Wort & Bild und ist nicht zugänglich.

Geboren wurde Gertrud von le Fort am 11. Oktober 1876 in Minden als Tochter eines preußischen Majors. Sie wuchs auf Gut Boeck am Müritzsee auf. Bis zu ihrem 15. Lebensjahr wurde sie von Privatlehrern unterrichtet, dann besuchte sie zwei Jahre lang eine Schule in Hildesheim. Längere Aufenthalte in Wien, Venedig und Florenz folgten. Die ersten Gedichte und Erzählungen entstanden bereits um 1895. Später ließ sie allerdings das vor 1920 entstandene Werk nicht mehr gelten. Von 1910 bis 1916 studierte sie an den Universitäten Heidelberg, Marburg und Berlin. 1926 trat sie in Rom, schon fast 50jährig, in die katholische Kirche ein. Da wohnte sie bereits seit acht Jahren in Baierbrunn. Das 1924 entstandene lyrische Tagebuch *Hymnen an die Kirche* machte sie über Nacht bekannt. Religion und Geschichte waren in der Folgezeit die beiden großen Themen, die Gertrud von le Fort vor allem beschäftigten. In Baierbrunn entstanden die Romane *Das Schweißtuch der Veronika* (1928) und *Der Papst aus dem Ghetto* (1930), die Novelle *Die Letzte am Schafott* (1931), die Legende *Das Reich des Kindes* (1933), der Essayband *Die ewige Frau* (1934), die Legende *Die Vöglein von Theres* (1937) und die Erzählungen *Die Opferflamme* (1938), *Die Magdeburgische Hochzeit* (1938) und *Die Abberufung der Jungfrau von Barby* (1940). Während der NS-Zeit galten ihre Werke als unerwünscht. Von 1938 bis Kriegsende fehlte ihr Name in den gängigen Literaturgeschichten. Mit Ausbruch des Zweiten Weltkrieges zog Gertrud von le Fort nach Oberstdorf in eine möblierte Wohnung, hielt sich aber zunächst die Option offen, nach Baierbrunn zurückzukehren. Nach dem Krieg blieb sie, von wenigen mehrmonatigen Kuraufenthalten in der Schweiz abgesehen, in Oberstdorf. Dort starb sie am 1. November 1971 mit 95 Jahren.

Die frühen Nachkriegsjahre bescherten ihr zahlreiche Auszeichnungen, darunter den Münchener Literaturpreis (1947), den Badischen Staatspreis (1948) und den Schweizer Gottfried-Keller-Preis

(1953). Heute ist die dem christlichen Weltbild tief verbundene Schriftstellerin nahezu vergessen.
Von Baierbrunn aus setzen wir unsere Fahrt mit der S-Bahn, dem Auto oder mit dem Fahrrad in das 4 km entfernt gelegene Hohenschäftlarn fort und steigen am Isartalbahnhof aus.

Schäftlarn

Isartalbahnhof
Bahnhofstraße 5
Hohenschäftlarn

Das alte Bahngebäude steht noch, doch der Bahnbetrieb hat sich grundlegend verändert. Er mußte sich Anfang der 1970er Jahre ganz den Bedürfnissen der modernen Vorstadtbahnen anpassen. Mit der früheren Isartalbahn, die von München hinaus nach Wolfratshausen fuhr, hat der jetzige S-Bahnbetrieb kaum noch etwas gemeinsam.
1890 wurde mit den Bauarbeiten begonnen. Jeden Tag verkehrten zehn bis zwölf Züge, die bis Wolfratshausen eine Stunde brauchten und all die schönen Dörfer in Isarnähe miteinander verbanden: Pullach, Höllriegelskreuth, Baierbrunn, Hohenschäftlarn, Ebenhausen, Icking. »Wo die Isartalbahn die Isar verläßt, um nun eigentlich eine Loisachtalbahn zu werden, hört für den Münchner das Isartal auf«, schrieb der Feuilletonist Hans Brandenburg in seinem Buch *Festliches Land*.
Am Isartalbahnhof kamen die Sommerfrischler aus dem nahe gelegenen München an: Franziska Gräfin zu Reventlow mit ihrem Sohn Rolf, Ludwig Klages, Franz Hessel, Henri-Pierre Roché und viele andere.
Wir gehen die Bahnhofstraße entlang, die kleine Anhöhe hinauf. Nur wenige Minuten sind es bis zur Villa Heimat, von wo aus man die ankommenden und abreisenden Gäste gut im Blick hatte.

Villa Heimat
Motivvorlage zu *Jules und Jim*
An der Leiten 27
Hohenschäftlarn

Der Berliner Schriftsteller Franz Hessel (1880–1941), der seit kurzem wieder in Deutschland lebte, mietete im August 1920 für sich, seine Frau Helen, geb. Grund (1886–1982), und die beiden Söhne Uli und Kadi den Sommer über ein Haus »An der Leiten«. Helen schwärmte: »Es giebt in Hohenschäftlarn ... ein Häuschen ganz für sich ... alles umgeben von Gemüse- und Obstgarten und großen Lawn ein wenig welliges Gelände und das alles ... für 150 M. im Monat.« Um die Ehe stand es zu dieser Zeit nicht gut. Am 20. August bekamen die Hessels Besuch aus Paris. Henri-Pierre Roché (1879–1959), Kunstmakler, Übersetzer und Schriftsteller und seit langem mit dem Paar gut befreundet, hatte sich auf ein paar erholsame Wochen in Hohenschäftlarn angesagt. Zwischen den dreien entspann sich eine komplizierte Liebesbeziehung, die in die Filmgeschichte einging. Henri-Pierre Roché schrieb im hohen Alter einen Roman über diese Liebesaffäre zu dritt. Er bildete die Vorlage für François Truffauts weltberühmten Film *Jules und Jim* mit Oskar Werner als Jules und Jeanne Moreau als Cathérine. Jim hat viele Ähnlichkeiten mit Henri-Pierre Roché, Kathe

Jeanne Moreau und Henri Serre in *Jules und Jim* (Regie: François Truffaut, 1961).

verkörpert Hessels Frau Helen, und viele Details des Romans sind authentisch. Im Roman heißt es: »Eines Abends, spät schon, bat Kathe Jim, ihr aus dem Gasthof ein Buch zu holen. Als er wiederkam, schlief bereits das ganze Haus. Kathe erwartete ihn in dem großen bäuerlichen Eßzimmer, das immer so gut nach Harz und Holz roch. Sie trug einen weißen Pyjama und hatte sich aufgeputzt. Jim hatte sich schon den ganzen Tag nach ihr gesehnt. Sie glitt in seine Arme, auf seine Knie: ihre Stimme klang tief. Es war ihr erster Kuß, er dauerte die ganze Nacht.« Im Roman lenkt Cathérine den Wagen samt Beifahrer Jim in die Seine. Im richtigen Leben reiste Henri-Pierre Roché nach etwa zwei Monaten wieder ab. Aus den Tagebüchern Helen Hessels, die inzwischen auf französisch vorliegen, wissen wir, wie es zu dieser folgenschweren Dreiecksbeziehung kam:
»Sonntag 22. August 1920 Strahlender Sonnenschein. Ich gehe in meinem weißen Pyjama nach unten. Pierre und Franz im Eßzimmer. Ich drehe mich auf den Zehenspitzen, um mich zu zeigen. Die Seide ist weich, ganz leicht. Hessel bittet mich, ihm beim Manuskript zu helfen. Das tue ich gern. Rolf Reventlow ist gekommen. Garten. Matratze. Pierre leiht mir seinen Federhalter. Ich mag seine Sachen gern. Ernsthafte Arbeit. Das Wort Schwangerschaft ekelt mich. Diskussion. Freud. Pierre macht Fotos von ganz nah. Ich bin weder verwirrt noch verliebt. Als das Manuskript fertig ist, große Spiele auf dem Rasen. Tennisschläger. Der Bogen. Ich bin ungeschickt. Pierre macht Tanzschritte. Mir ist zu heiß. Heimlich übe ich Bogenschießen. Pierre ist ehrgeizig. Ich auch... Pierres Faust auf dem Tisch. Ich lege meine Hand darauf. Stille. Helen: Ihre Faust ist wie ein Krummstab, auf den man sich stützen kann. Pierre und Helen auf der Matratze. In den Ar-

Henri-Pierre Roché.

men von Pierre. Wie Blut, das fließt. Erleichterung. Heiterkeit. Keine Sentimentalität. Das höchste Spiel. Ich helfe ihm schlecht. Ich frage mich, ob er ein Programm hat. Von dem Moment an, wo der Gott mich verläßt, habe ich das Gefühl, daß wir zu dritt sind. Daß Pierre durch sein Geschlecht ersetzt wird, – er geht weg und läßt mich allein mit diesem Monster.«

Die ungewöhnlichen Gäste in der Villa Heimat erregten im Dorf Hohenschäftlarn Aufsehen. Während ihres Aufenthalts kam ein Gendarm mit einer Anzeige gegen Helen: sie sei im Dorf in Männerkleidern gesehen worden. 20 Mark Strafe. Und auch Roché wurde angezeigt: ein junges Hausmädchen hätte ihn nackt im Garten bei den Hühnern gesehen. Er fürchtete, als Ausländer wegen unzüchtiger Handlungen ausgewiesen zu werden, was abgewendet werden konnte. Mitte Oktober mußte Roché zurück nach Paris. Die Hessels zogen im Frühjahr 1921 endgültig nach Berlin und trennten sich kurz darauf.

Wenige Monate vor seinem Tod, 1941 in der Emigration, erinnerte sich Franz Hessel in seinem Romanfragment *Alter Mann* noch einmal an den heißen Sommer im Isartal. Noch heute steht an der Vorderfront des Privathauses, das nicht zugänglich ist, in großen Lettern »Heimat« geschrieben.

Wir gehen die Bahnhofstraße zurück bis zur Straßenkreuzung.

Bahnhofrestauration
Ehemaliges Hotel Schlee
Bahnhofstraße 5

Dem Isartalbahnhof schräg gegenüber stand früher das Hotel Schlee. Heute ist aus der Bahnhofrestauration die Villa Verde, ein italienisches Restaurant, mit einem kleinen Garten geworden. Die Schriftstellerin Franziska zu Reventlow (1871–1918) nahm auf ihren Reisen ins Isartal immer wieder in Hohenschäftlarn Quartier. Die Bahnhofrestauration behielt sie dabei in ganz schlechter Erinnerung:

»10. Juli (1901) Mittags nach Hohenschäftlarn. In der Bahnhofsrestauration abgestiegen. Man braucht nicht nach Griechenland zu fahren, um schmierige Hotels, zudringliche Leute, atmende Sofas und unheimliche Betten zu finden – Ich war ganz deprimiert von Degout. Diese letzten drei Stationen, dies einbegriffen, überhaupt in einer ganz andern Welt, die ich bis jetzt eigentlich noch nie kennen gelernt habe. Es scheinen die typischen Sommerfrischen des schiefgetretenen, lahmen, buckligen, verkümmerten Kleinbürgertums zu sein, lauter

Bahnhofrestauration, um 1910.

mißratene Gestalten, die man einstampfen sollte, statt sie wieder aufzufrischen. Pfui Teufel ... Nachmittags ins Dorf hinauf Zimmer suchen, aber nichts zu haben. Wahre Idyllen von Häusern, mitten in Wiesen und Bäumen. Ein kleiner, grünbewachsener Teich, aus dem die Unken ›mit süßem Tiefsinn sangen‹. Auch einige Interieurs zum Malen. Abend, als die Maus im Bett war, noch ins Kloster hinunter. Durch den Wald hin und zurück. Etwas gegruselt und rasch gegangen... Jetzt auf dem Balkon, am Himmel der Abendstern. Unten der Bahnhof mit seinem Gerassel.« (Franziska zu Reventlow, *Tagebücher 1895–1910*)

Eine kurvenreiche Straße führt quer durch den Wald bergab zum Kloster, das ganz in der Nähe der Isar etwa 3 km von Hohenschäftlarn entfernt liegt.

Kloster Schäftlarn
Logis von Anita Augspurg

Die Benediktinerabtei Schäftlarn kannte Franziska Gräfin zu Reventlow gut. Dort hielt sie sich vor allem 1901 und 1902 immer wieder auf. Tagsüber erholte sie sich:

»23. September (1901) Im Klostergarten auf der Bank gesonnt, die Padres und Brüder gehen lächelnd vorbei und sagen mir guten Morgen. Rolf spielt zwischen den Hühnern im leuchtenden Gras, über der Laube hängt roter Wein, es glüht noch einmal alles im Sommerreichtum.«

Mit der Frauenrechtlerin, Juristin und Fotografin Anita Augspurg (1856–1943) unternahm sie »herrliche Abendbäder in der Isar bei Sonnenuntergang«. Anita Augspurg hatte eine kleine Wohnung in der Klosteranlage. Im Sommer ließ sie das politische Leben und ihr Studium an der Landwirtschaftlichen Hochschule in Berlin weit hinter sich und zog ins ländliche Refugium im Isartal. Immer häufiger verbrachte auch ihre Lebensgefährtin Lida Gustava Heymann (1868–1943) den Sommer dort. In ihrer 1943 entstandenen Autobiografie erinnert sie sich:

»Im Kloster Schäftlarn hatte sie (Anita Augspurg) neben ihrem Schlafzimmer einen köstlichen Wohnraum, ein großes gewölbtes Gemach mit dicken Mauern, Holztäfelung, tiefen Fensternischen, zu denen Stufen hinaufführten. Der Stall der großen Klosterökonomie beherbergte ihr Reitpferd. Dort verbrachte ich mit ihr und meinem Dackel ›Tullimann‹ manches Jahr meine Sommerferien. Gute Freunde kamen und gingen. Man lebte in schöner Einsamkeit und hatte doch Kontakt mit der Außenwelt. Wer diese Einsamkeit einmal im großen Klosterhof, umstanden von mächtigen Fichten und Buchen auf weiten Rasenflächen, erlebte, jene köstlichen, ganz stillen Mondscheinabende und -nächte, nur belebt durch das leise eintönige Plätschern eines Springbrunnens, der wird sie als ein un-

Gaststätte Klosterbräustüberl (li.) mit Klosteranlage, um 1910.

endlich schönes Erlebnis im Gedächtnis bewahren ... Das Isartal war herrlich! Tal und Wälder luden zu weiten Ritten, Radeltouren und Wanderungen ein. In der rauschenden grünen Isar kannte man manches versteckte Wasserbecken, welches sich zum Baden und Schwimmen eignete.«
Ziemlich genau gegenüber der Klosterkirche befindet sich auf der anderen Straßenseite das Klosterbräustüberl.

Klosterbräustüberl
Logis von Franziska zu Reventlow

Franziska zu Reventlow nahm in der Klosterwirtschaft gegenüber der Klosteranlage Quartier, um fern vom Schwabinger Betrieb an ihrem autobiographischen Roman *Ellen Olestjerne* (1903) zu arbeiten. Schäftlarn wurde für sie zum Fluchtpunkt aus dem grauen Alltagseinerlei der Stadt und zum Inspirationsort für ihre Literatur. In der freien Natur gab sie sich ganz dem Augenblick hin:
»9. August 1901 Freitag noch einmal nach Schäftlarn. Mit Anita Augspurg abends im Dunkeln gebadet und vormittags in heißer Sonne. Und dann zurück nach München. Vom Sommer Abschied, aus all der glühenden sonnigen Welt zurücksinken. Mir ist innerlich so grau und steinern zumut zwischen all den Häusern, ich habe so brennendes Heimweh nach draußen. Wenn das Geld da wäre, bliebe ich keinen Tag hier, aber so ist's ›vernünftiger‹, es muß sein.«
Damals war sie gerade mit dem Philosophen und Graphologen Ludwig Klages (1872–1956) liiert, der zum Kreis der Kosmiker in München gehörte. 1899 hatte er Franziska zu Reventlow auf einem seiner samstäglichen Spaziergänge durch das Isartal kennengelernt und sie

Franziska Gräfin zu Reventlow mit ihrem Sohn Rolf, 1905.

bald darauf vergöttert. Sie war für ihn die Verkörperung der »Mutter und Hetäre« zugleich. Der Kreis der Kosmiker um Ludwig Klages, Karl Wolfskehl, Alfred Schuler und zeitweilig Stefan George nahm die Reventlow auf. Mit wenig Geld in der Tasche schlug sie sich durchs Leben.

»12. Juli 1901 Noch 2 Mark in meinem andern Portemonnaie gefunden. Morgens mit Maus nach Icking gefahren, in all den kleinen Bauernhäuschen nach Wohnung gefragt und wieder schon alles vergeben. Ein Häusl, das nur aus einem Zimmer bestand, wie in Schwabing, war aber nichts zu machen. Später nach Ebenhausen, wieder ideale Winkel, sympathisches Gasthaus... aber alles voll. Zu Fuß nach Hohenschäftlarn zurück. Durch den dunklen Wald und über heiße Felder, wo wir im Heu ausruhten. Abends trotz unserer beider Müdigkeit ins Kloster hinunter. In der Brauerei glücklich noch einen Unterschlupf gefunden. Bin ich froh! Auf 80 Pf. Für uns beide heruntergehandelt.«

1897 hatte die Gräfin ihren Sohn Rolf bekommen, der zum Fixpunkt ihres Lebens wurde. Als Bubi, die Maus oder das Göttertier ist er im Tagebuch wie im Leben der Gräfin Reventlow immer dabei, so auch, als sie im Sommer 1901 ins Isartal fuhr, um in Ruhe ihren ersten Roman schreiben zu können. Häufig bekam sie Besuch aus Schwabing: Bubi spielte mit Omar al Raschid, dem kleinen Sohn der Schriftstellerin Helene Böhlau, und mit Ricarda Huchs Neffen Roderich, für die Kosmiker »der Sonnenknabe«. Reventlows treuer Schriftstellerfreund Oskar Panizza schickte Geld für Gaumenfreuden: »Auch in Schäftlarn wird es Rahmtörtchen für Ihren Gaumen zu kaufen geben (hierfür bestimme ich die M. 20, die ich per Postanweisung schicke).« (Brief aus Paris vom 4. September 1901)

Wir fahren die steile, kurvige Straße wieder hinauf und über Ebenhausen ins wenige Kilometer entfernte Irschenhausen, das auf einem Höhenzug über der Isar liegt.

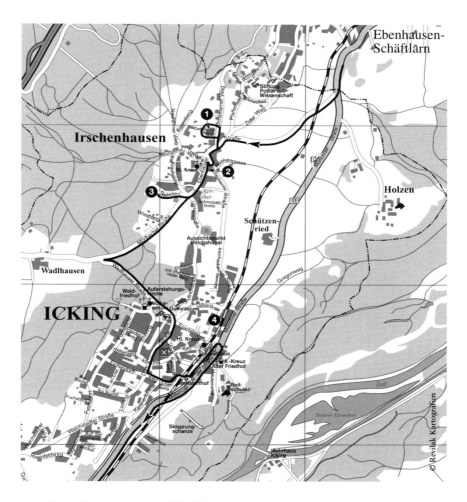

Irschenhausen und Icking

In Irschenhausen wohnten seit Anfang des 20. Jahrhunderts die Künstler und Intellektuellen. »Die begehrtesten Bauplätze waren natürlich die Moränenhänge mit dem Blick auf das Gebirge und ... so kauften Prof. Jaffé und Dr. von Seidlitz die weit und breit schönsten Grundstücke auf der Höhe der Seeleite, jeder etwa 10 000 qm«, steht in der Chronik von Irschenhausen.

Von der Ebenhauser Straße biegen wir gleich rechts in den Schäftlarner Weg ein und umrunden das Grundstück Nr. 9 über den Geheimrat-Heindl-Weg.

❶ **Im Wiesel**
Haus von Anita Augspurg
Schäftlarner Weg 9
Die Frauenrechtlerin Anita Augspurg hatte sich bereits während ihrer Klosteraufenthalte im nahe gelegenen Irschenhausen einen Baugrund gesichert und baute um die Wende vom 19. zum 20. Jahrhundert dort zusammen mit ihrer Lebensgefährtin Lida Gustava Heymann ein mehrstöckiges, stattliches Landhaus: »Anita Augspurg besaß im Isartal bei Irschenhausen einen schmalen Wiesengrund; hochgelegen, mit herrlicher Aussicht auf die Bayerischen Alpen: das schroffe, steil abfallende Profil der Zugspitze – Deutschlands höchster Berg – zeichnete sich am Himmel ab, die lange Kette der anderen Spitzen der Tiroler und Allgäuer Alpen erhöhten die Majestät. Tief unten im Tal schlängelte sich die Isar. Und als die Zeit kam, da bei Anita die Baulust wieder einmal überwog, da errichtete sie auf der Höhe des Wiesengrundes ein Häuschen mit schönem Giebel, welches auf den Namen ›Wiesel‹ getauft war... Vom Giebelhaus führte die lange, schmale, steile Wiese hinab an die Dorfstraße, wo ein Stall für Anitas Pferd den Abschluß bildete.« (Lida Gustava Heymann, *Erlebtes – Erschautes*)
Lida Gustava Heymann entstammte einer wohlhabenden Hamburger Kauf-

Haus Im Wiesel, 1905.

mannsfamilie. 1896 hatte sie das Höhere-Töchter-Dasein aufgegeben und in Hamburg einen Mittagstisch für arbeitende Frauen und einen Kinderhort aufgebaut. Im selben Jahr lernte sie auf dem Berliner Internationalen Frauenkongreß Anita Augspurg kennen. Auch sie entstammte einer großbürgerlichen, vermögenden Familie in Verden an der Aller. Auch ihr war das »Höhere-Tochter-Spielen« verhaßt. Um diesem »unerträglichen Drohnen-Dasein« zu entfliehen, schloß Anita Augspurg die Ausbildung als Lehrerin ab, nahm Schauspielunterricht und ging auf Gastspielreise. Bei ihrer Schwester, einer Malerin in Dresden, lernte sie deren Schülerin Sophie Goudstikker kennen. Die beiden beschlossen, ein fotografisches Atelier in München zu eröffnen. Schon bald überließ Anita Augspurg das Atelier Elvira ihrer ehemaligen Lebensgefährtin. 1897 promovierte sie als 40jährige an der Zürcher Universität zum Dr. jur., weil in Deutschland zur damaligen Zeit Frauen zum Universitätsstudium noch nicht zugelassen waren. Mit Lida Gustava Heymann lebte sie zunächst in München bzw. im Isartal, dann im Zürcher Exil bis an ihr Lebensende zusammen.

Die beiden Frauen trugen kurzgeschnittene Titusfrisuren, ritten ohne männliche Begleitung aus und genossen es, ein selbstbestimmtes Leben zu führen: »Anita und ich empfanden es als etwas unglaublich Beglückendes, auf eignem Besitz Neues zu gestalten: Boden urbar zu machen, ihm Gutes abzugewinnen, Gärten, große Parks anzulegen. Wir wechselten in wenigen Jahren dreimal unsern Wohnsitz auf dem Lande. Von dem Klosteridyll in der Tiefe im Isartal lockte uns die herrliche Alpenfernsicht

Anita Augspurg und
Lida Gustava Heymann, um 1920.

auf der Höhe. Wie die Nomaden, wenn der Boden erschöpft ist, ziehen, wanderten auch wir weiter, wenn Häuser erbaut, Neuanlagen gestaltet waren, um wieder mit neuer Lust und Energie von vorn zu beginnen.« Mit dem Siglhof im nahe gelegenen Peißenberg realisierten sich die beiden einen langgehegten Traum. Sie bewirtschafteten auf 1000 Tagwerk einen eigenen Bauernhof mit 43 Kühen. Das Haus Im Wiesel wurde einstweilen vermietet. Da Anita Augspurg im Winter 1913 schwer erkrankte und sich nur mühsam erholte, verkaufte sie den Siglhof, und die beiden zogen wieder zurück nach Irschenhausen: »Schöne Sommer verlebten wir im ›Wiesel‹ mit Pferd und Hunden, als wir nach Jahren zum zweiten Mal dort einzogen mit unsern Eseln Tristan und Isolde. Die Vorübergehenden hielten den Schritt an, um die Blumenpracht zu bewundern. Bäume und Sträucher gediehen prächtig und noch prächtiger das Gemüse auf dem frisch umgebrochenen Boden. Bald war aus dem Grundstück herausgeholt, was es hergab. Gartenkultur hat viel Reiz, aber Anita lockte es schon lange, ihren landwirtschaftlichen Kenntnissen ein größeres Betätigungsfeld zu schaffen. So ging es auf Güterschau.«

Wir kehren zurück zur Ebenhauser Straße und biegen nach etwa 100 m links in die Irschenhauser Straße ein.

❷ Pension Landhaus Schönblick
Logis von Rainer Maria Rilke und Lou Albert-Lazard
Irschenhauser Straße 87

Den Dichter Rainer Maria Rilke (1875– 1926) zog es immer wieder hinaus ins Isartal. Dort hatte er im nahe gelegenen Wolfratshausen 1897 seine große Liebe

Lou Albert-Lazard.

zu Lou Andreas-Salomé (1861–1937), Verfasserin von autobiographischen Romanen und angeblich eine der faszinierendsten Gestalten ihrer Zeit, entdeckt. Ende August 1914 fuhr er auf Anraten seines Arztes wieder ins Isartal. Er zog einen Kuraufenthalt in der eleganten Pension Schönblick in Irschenhausen einer Psychoanalyse vor, aus Angst, nach einer solchen Behandlung nicht mehr schreiben zu können. Inzwischen war aus ihm ein berühmter Dichter geworden. Das *Stundenbuch* (1905) und sein einziger Roman *Die Aufzeichnungen des Malte Laurids Brigge* (1910) waren bereits erschienen. Auf Schloß Duino hatte er die ersten *Duineser Elegien* und *Das Marien-Leben* geschrieben. Gerade hatte er sich von der acht Jahre jüngeren österreichischen Pianistin Magda von Hattingberg getrennt. An Lou Andreas-Salomé schrieb er am 9. September 1914: »Wie oft, liebe Lou, in diesem ungeheuerlichen August, wußte ich, daß es eine einzige Stelle gäbe, wo er wirklich zu überstehen wäre: bei Dir, in Deinem Garten; denn wenn zwei Menschen denkbar sind, denen diese unvermutete Zeit genau das gleiche Leid bereitet, das gleiche tägliche Entsetzen, so sind wirs, – wie sollten wir nicht?«

Etwa zu dieser Zeit begegnete er in der Pension Schönblick der 23jährigen Malerin Lou Albert-Lazard (1885–1969), die er in Paris zwar gesehen, aber nicht kontaktiert hatte. Bereits 1913 hatte sie Irschenhausen kennengelernt. Jetzt veranlaßte der Ausbruch des Ersten Weltkrieges die Ehefrau des berühmten Chemikers Eugen Albert zu einer überstürzten Abreise aus Paris. Die Studien beim Maler Fernand Léger, ihre Ehe und ihr kleines Kind ließ sie dort zurück. Sie war verzweifelt. In ihrer Autobiographie *Wege mit Rilke* erinnert sie sich später, daß gleich bei ihrer Ankunft in Irschenhausen die Besitzerin der Pension Schönblick sie festhielt und in ihre Pension zog. Widerwillig folgte Lou Albert-Lazard ihr: »Zerstreut streift mein Blick die Versammlung, hält an. Was tut der Russe hier, denk ich, es ist doch Krieg!... Ich hebe die Hand nach einer Wasserkaraffe; er ergreift sie und, das Wasser neben das Glas gießend: ›Gnädiges Fräulein, ich habe Sie doch in Paris gesehen.‹ – Zögernd antworte ich: ›Das kann sein – dann sind Sie – Rilke?‹ – ›Woher wissen Sie das?‹ – ›Ich weiß es nicht, sind Sie's.‹ – ›Ach, wie konnten Sie es wissen?‹ ... Alle erheben sich, um von Rilke Abschied zu nehmen, aber er sagt: ›Nein, ich reise nicht. Man soll mein Gepäck wieder heraufbringen.‹«

Lou Albert-Lazard, *Rilke*.
Gemälde, 1916.

Rilke blieb und begann ein Liebesverhältnis mit Lou Albert-Lazard. Bei seiner Rückkehr nach München zog er kurzentschlossen in die Pension Pfanner in der Finkenstraße, wo Lou Albert-Lazard ihr Atelier hatte. Dort lebten die beiden zusammen, bis Lous Ehemann gegen dieses Arrangement protestierte. Rilke zog vorübergehend nach Berlin, fuhr nach Berlin, kehrte aber schon bald nach München zurück. Intensiv nahm Rilke Anteil an Lous Malerei, während sie umgekehrt in die Entstehung seiner Gedichte einbezogen wurde. Er machte sie mit seinen Freunden in München, Berlin und Paris bekannt und verschaffte ihr Aufträge. Sie war ihm dafür leidenschaftlich verbunden und porträtierte den Großmeister der Lyrik. Doch lange hielt Rilke die Nähe nicht aus. Im Juni 1915 verließ er die gemeinsame Wohnung und zog wenige Tage später in die Wohnung der Lyrikerin Hertha Koenig in die Widenmayerstraße 32/III. Die Liebesbeziehung zu Lou Albert-Lazard ging im Sommer 1916 zu Ende. Diese war verletzt und enttäuscht. Sie verließ München für immer und ging zunächst nach Berlin, dann nach Paris. Irschenhausen aber blieb für sie der Wendepunkt ihres Lebens.

Seit langem ist das vom Hofkavalier Ludwig Ritter von Pflaum erbaute Landhaus keine Pension mehr, sondern ein Mehrfamilienhaus. Doch eine Gedenktafel erinnert noch heute an Rilkes Aufenthalt im Sommer 1914.

Wir gehen zurück zur Ebenhauser Straße und folgen ihr bis zur Abzweigung in die Seeleiten. Wo heute eine moderne Villa in Holzbauweise steht, befand sich früher die Villa Jaffé.

❸ Ehemalige Villa Jaffé
Ludwigshöhe
Seeleiten 18

Am höchsten Punkt hatte sich der Ökonom und Professor der Wirtschaftswissenschaft Edgar Jaffé (1866–1921), seit 1902 mit Else von Richthofen (1874–1973) verheiratet, von einem Bauern 1913 ein Schweizerhäuschen gekauft mit einem herrlichen Ausblick auf die lange Kette der Alpen am Horizont. Im hinteren Teil des Gartens befindet sich noch immer ein kleiner Teich, in dem Jaffé und seine Gäste, weit abgeschieden von den Blicken der Dorfbewohner, badeten. Nach der Trennung von Else von Richthofen blieb Edgar Jaffé mit ihr freundschaftlich verbunden und stellte sein »funkelnagelneues Schweizerhäuschen« mit »ungewohntem Luxus, in Zimmern mit schönen Perserteppichen und Dürer-Stichen an den holzgetäfelten Wänden« seiner Schwägerin Frieda von Richthofen (1879–1956) und ihrem Geliebten, dem englischen Schriftsteller D. H. Lawrence (1885–1930), zur Verfügung.

D. H. Lawrence war damals als Lehrer stellungslos, als Schriftsteller war er noch völlig unbekannt. Seine Gedichte verkauften sich schlecht, wie ein Brief vom 17. April 1913 aus der »Villa Jaffé, Irschenhausen, Post Ebenhausen« an seinen damaligen Verleger beweist: »Lieber Garnett, tut mir leid, daß von den Gedichten nur 100 verkauft wurden. – Frieda ist ganz empört ... Bayern ist zu feucht, zu grün und zu saftig, und die Berge bewegen sich nie von der Stelle –

Else von Richthofen.

Edgar Jaffé.

Das Schweizerhäuschen von Edgar Jaffé, um 1930.

von Richthofen) D. H. Lawrence war inzwischen zwar ein berühmter Schriftsteller, doch litt er an einer schweren Lungentuberkulose. In Irschenhausen fühlte er sich etwas besser. Die Mentalität der sinnenfreudigen, bodenständigen katholischen Bevölkerung gefiel dem Schöpfer der weltberühmten Liebesgeschichte *Lady Chatterley's Lover*: »Wer das bay-

Frieda von Richthofen und D. H. Lawrence, 1914.

sie sind immer da. Sie nehmen alle möglichen Schattierungen und Farben an – aber trotzdem sind sie immer da.« Seine Geliebte Frieda von Richthofen, sechs Jahre älter als er, war ihrem Ehemann, dem Universitätsprofessor Ernest Weekley in Nottingham, regelrecht durchgebrannt und hatte ihre drei Kinder bei ihm zurückgelassen. In Irschenhausen schrieb Lawrence zwei Erzählungen, die das psychologische Klima des wilhelminischen Deutschland spiegeln: *The Thorn in the Flesh (Der Dorn im Fleisch)* und *Der preußische Offizier*, die im Isartal spielen.

Das »Schweizerhäuschen« in Irschenhausen bezog Else von Richthofen erst wieder nach Edgar Jaffés Tod. 1927 bekam sie dort erneut Besuch von D. H. Lawrence und Frieda von Richthofen. D. H. Lawrence schrieb über das Treffen: »Du kannst Dir die drei Schwestern hier zusammen vorstellen, wie sie reden! Sie sitzen in der Sonne oder im Schatten und schwätzen und schwätzen den lieben langen Tag. Unmöglich, daß drei Menschen sich so viel mitzuteilen haben.« (Brenda Maddox, *Ein verheirateter Mann. D. H. Lawrence und Frieda*

Hans Carossa, 1927.

rische Hochland und die Vorgebirge durchwandert, spürt bald, hier ist die andere Welt einer fremdartigen Religion. Es ist eine fremdartige Landschaft, entlegen, für sich.« (D. H. Lawrence, *Söhne und Liebhaber*)
Lawrence besorgte sich Wasserfarben, übersetzte *Cavalleria Rusticana*, legte Patiencen, sammelte Pilze und traf sich mit Münchens Intellektuellen, die nach Irschenhausen hinausfuhren, um diesen berühmten Schriftsteller zu bestaunen. Überrascht stellte Lawrence fest, wie bekannt er in Deutschland bereits war. Dort wurde er mit Wildbret, Rebhuhn und Forelle aufgepäppelt. Als behandelnder Arzt konnte über die Vermittlung von Freunden der Münchner Arzt Hans Carossa (1878–1956) gewonnen werden. Sein Fachgebiet war die Tuberkulose, auch wenn er eigentlich Dichter war. Doch seine Diagnose war bitter: »Ein durchschnittlicher Mensch mit einer solchen Lunge wäre schon längst gestorben.« Ein Künstler hingegen sei von inneren Kräften getrieben und deshalb unberechenbar. Er gab Lawrence zwei bis höchstens drei Jahre. D. H. Lawrence-Biographin Brenda Maddox resümiert: »Obwohl das Wetter regnerisch war und sich Frieda nach der Miranda zurücksehnte, war Lawrence in Irschenhausen zufrieden; er schlief und trank Bier. Dort feierte er seinen 42. Geburtstag überhäuft mit Geschenken von seiner deutschen Familie – Socken, Krawatten, Taschentücher, ein Barometer und (von seinem Schwager) dreißig Flaschen Malzbier. Aus England schickte ihm Ada das bestellte Hemd (Baumwolle, Halsumfang 15 1/2, kurzärmelig).« Das frühere Haus wurde in den 1950er Jahren abgerissen und durch einen Neubau ersetzt.
Über die Mörlbacher Straße und die Wadlhauser Straße gelangen wir in den Ortsteil Icking. Das ehemalige Haus von Anita Augspurg ist schwer erreichbar und für die Öffentlichkeit nicht zugänglich.

Burg Sonnensturm
Haus von Anita Augspurg
Icking-Grainwinkel
Nach dem Zweiten Weltkrieg bis zu seinem Tod lebte hier der international renommierte Schauspieler Gert Fröbe (1913–1988), der in über 125 Filmen mitspielte. Erbauen lassen hatte das Haus nach ihren eigenen Vorstellungen Anita Augspurg.
Das Haus Wiesel in Irschenhausen, das sie zusammen mit Lida Gustava Heymann bewohnt hatte, erschien den bei-

den bald zu klein, und so kaufte sie in Icking drei Jahre später eine 13 Tagwerk große Wiese, an die sich ein Stück Wald anschloß. Die Burg Sonnensturm, wie sie das neue Domizil nannten, sollte ihr Altersruhesitz werden. Im Frühjahr 1916 bezogen sie das Haus mit Tieren, Hauswirtschafterin, Kutscherin und Gärtnerin. Sie stellten bevorzugt weibliches Personal ein, weil sie mit Männern am Siglhof bei Peißenberg schlechte Erfahrungen gemacht hatten. Anita Augspurgs Grundüberzeugung war, daß nur durch die schöpferische und lebenserhaltende Kraft der Frauen das formale, zerstörerische System des Männerstaates gebrochen werden und eine menschenwürdige und friedliche Gesellschaft entstehen könne. Die politische Gleichberechtigung der Frau war für sie die unentbehrliche Voraussetzung, nicht das Ziel. Eine Etappe auf diesem Weg war die Frauenstimmrechtsbewegung.

Bei Ausbruch des Ersten Weltkrieges setzte Anita Augspurg auf die internationale Solidarität der Frauen. Im Februar 1915 trafen sie, Lida Heymann und zwei weitere Deutsche mit belgischen, englischen und niederländischen Frauen zusammen, um einen internationalen Frauenkongreß gegen den Krieg vorzubereiten. Trotz öffentlicher Anfeindungen, behördlicher Schikanen und Boykottmaßnahmen vieler Regierungen fand der Kongreß vom 28. Februar bis 1. Mai 1915 in Den Haag statt. 1500 Frauen aus zwölf Ländern nahmen daran teil. Das bayerische Kriegsministerium verbot Druck, Vervielfältigung sowie jede öffentliche Diskussion der Beschlüsse. Lida Gustava Heymann wurde aus Bayern ausgewiesen. Die Überwachung war aber so lasch, daß die laut Gesetz Ausgewiesene hier im Isartal untertauchen und das Kriegsende abwarten konnte. Es brachte mit der Novemberrevolution auch die Erfüllung einer hartnäckig gestellten Forderung: das Wahlrecht für Frauen. In Bayern wählte der »revolutionäre Zentralarbeiterrat« nach dem 8. November das provisorische Parlament, dem Anita Augspurg als Vertreterin der Frauenbewegung angehörte. Für den bayerischen Landtag kandidierte sie als Parteilose. Bei Schneetreiben und Kälte zog sie, mit einem Rucksack bepackt, von Dorf zu Dorf, von Kneipe zu Kneipe und machte im »schwärzesten Oberbayern« Wahlkampf. 1919 gaben Anita Augspurg und Lida Gustava Heymann die neue Monatszeitschrift *Die Frau im Staat* heraus, die sie durch alle Wirren der Weimarer Zeit bis 1933 halten konnten. Die Burg Sonnensturm allerdings mußten sie aus finanziellen Gründen 1925 aufgeben.

Über die Ludwig-Dürr-Straße, den Eichendorffweg und den Schleichersteig kommen wir auf die Mittenwalder Straße, die ortseinwärts in die Münch-

Burg Sonnensturm, um 1920.

ner Straße übergeht. Am Ortsende von Icking auf der linken Seite steht das Haus der Familie Leitner.

❹ Sommerwohnung von Alfred Weber
Feriendomizil von D. H. Lawrence
Münchner Straße 3

In der ehemaligen Gemischtwarenhandlung Leitner hatte der Kultursoziologe und Volkswirtschaftler Alfred Weber (1868–1958), der stets im Schatten des berühmten Bruders und Soziologen Max Weber (1864–1920) stand, im ersten Stock eine Sommerwohnung. »Es ist eine ganz einfache Vier-Zimmer-Wohnung über einem typischen Dorfladen, mit einem herrlichen Balkon.« Seit etwa 1910 hatte er mit Else Jaffé-Richthofen ein Verhältnis. Er folgte ihr ins Isartal. Wie mehrere Frauen ihres Standes zelebrierte Else die Mysterien des befreienden Eros.
Ihre Schwester Frieda und deren Geliebter D. H. Lawrence verbrachten im 2. Stock dieses Hauses – genau über Alfred Webers Ferienwohnung – vom 2. Juni bis 4. August 1912 den Urlaub. Sie frühstückten auf dem Balkon hoch über der Dorfstraße und genossen den großartigen Blick auf die grüne Isar und die blauen Berge in der Ferne. Frieda versuchte sich in der Küche, aber sie war so unerfahren und ungeschickt, daß Lawrence ihr vorwarf: »Du kannst nicht einmal eine anständige Tasse Kaffee bereiten! Jede gewöhnliche Frau versteht hundert Dinge, von denen du keine Ahnung hast!« Ungeduldig bereitete er selbst die Mahlzeiten zu. Da die beiden praktisch kein Geld hatten, lebten sie

Ferienwohnung von Alfred Weber, um 1915.

von frischen Eiern, Beeren und dunklem Bauernbrot, das D. H. Lawrence liebte. Von ihm wissen wir, wo sich die beiden vorher aufgehalten hatten. Aus Icking schrieb er: »2. Juni 1912 bei Prof. Alfred Weber, Icking bei München. Liebe Mrs. Hopkin ... Dort in München habe ich mich mit Frieda getroffen. Sie hatte mit ihrer Schwester im Isartal gewohnt, dem Nachbardorf von diesem. Wir blieben eine Nacht in München und gingen dann für acht Tage nach Beuerberg.«
In D. H. Lawrence' Roman *Mr. Noon* (1921) ist dieser Aufenthalt in Icking alias Ommenhausen und Irschenhausen alias Genbach literarisch verewigt.
Wir fahren die Münchner Straße in Richtung Wolfratshausen zurück, das etwa 5 km entfernt liegt.

Wolfratshausen

Die Münchner Straße geht direkt in den Untermarkt über, wo in der Nähe der St. Andreas Kirche der Haderbräu liegt.

❶ Haderbräu
Logis von
Johann Wolfgang von Goethe
Untermarkt 17

Der Haderbräu. Zeichnung, um 1800.

Der Geheimrat Johann Wolfgang von Goethe (1749–1832) übernachtete auf seiner *Italienischen Reise* 1786 in Wolfratshausen im Haderbräu, als er von München die Isar entlang nach Mittenwald unterwegs war. »Als ich um fünf Uhr von München wegfuhr, hatte sich der Himmel aufgeklärt ... Der Weg geht auf den Höhen, wo man unten die Isar fließen sieht, über zusammengeschwemmte Kieshügel hin. Hier wird uns die Arbeit der Strömungen des uralten Meeres faßlich«, notiert Johann Wolfgang von Goethe in sein Reisetagebuch. 1553 hatte der Propst von Beuerberg dort eine Brauerei für den Eigenbedarf des Klosters errichten lassen. Nach jahrzehntelangem Streit, »Hader« eben, erhielt das Kloster 1678 das allgemeine Braurecht. Ab 1698 bewirtschaftete die Familie Graf über mehrere Generationen hinweg diese Brauerei, die nach der Säkularisation 1803 »freies Eigentum« der Familie wurde. Anschließend wechselte das Anwesen mehrfach die Besitzer. 1989 kaufte die Messerschmitt Stiftung den vom Verfall bedrohten Haderbräu und restaurierte ihn nach den geltenden Vorschriften des Denkmalschutzes. Noch heute kann man dort im Patrizierhof vorzüglich speisen.

Wir gehen vom Untermarkt bis zum Marienbrunnen, biegen rechts ein, an der Kirche vorbei, und gehen einige Stufen hoch einen schmalen Fußweg entlang. Auf der rechten Seite sieht man etwas zurückversetzt das ehemalige Lutz-Häuschen.

❷ Lutz-Häuschen
Logis von Lou Andreas-Salomé
und Frieda von Bülow
Eichheimweg 2

Die Schriftstellerin Lou Andreas-Salomé mietete am 20. Juni 1897 zusammen mit ihrer Freundin, der Reiseschriftstellerin Frieda von Bülow (1857–1909), für vier Wochen das Lutz-Häuschen gleich neben der Stadtpfarrkirche. Sie bekamen häufig Besuch von Lous Ehemann F. C. Andreas, dem Jugendstil-Architekten August Endell, dem Schriftsteller Jakob Wassermann und dem russischen Schriftsteller Akim Wolinskij. Rilke selbst mietete einen Tag früher für vier Wochen ein Quartier bei Andre Reisler, das sogenannte Fahnensattlerhaus. Zwischen Lou Andreas-Salomé und Rainer Maria Rilke entwickelte sich eine heftige Liebesaffäre. Wolfratshausen war damals ein populärer Ort für Sommergäste oder Tagesaus-

**Laube im Garten des Lutz-Häuschens, 1897, fotografiert von Christoph Baumgartner.
Von li. nach re.: Frieda von Bülow, Rainer Maria Rilke, August Endell, Lou Andreas-Salomé
und Akim Wolinskij.**

flügler, die mit der Isartalbahn kamen. Auch der Freundeskreis um Rilke hatte davon gehört. Rainer Maria Rilke war 22 Jahre alt, als er Lou Andreas-Salomé in München bei Jakob Wassermann kennenlernte. Seit September 1896 wohnte er in München in der Blütenstraße, war ein häufiger Gast des Café Luitpold, veröffentlichte in den Zeitschriften *Simplicissimus* und *Jugend*, bemühte sich mit Gedichten um Gräfin zu Reventlow und legte großen Wert darauf, gesellschaftlichen und literarischen Umgang zu pflegen, der auch seinen Eltern gefiel. Für ihn war klar, daß er Dichter werden würde. Lou Andreas-Salomé war 14 Jahre älter als Rilke. Sie war in St. Petersburg aufgewachsen und entstammte einer wohlhabenden deutsch-dänischen Familie. Als Rilke sie kennenlernte, war Lou als Verfasserin autobiographischer Romane, einer Nietzsche-Biographie, eines Buches über Henrik Ibsens Frauengestalten, zahlreicher Aufsätze und Rezensionen weithin bekannt und galt als eine der faszinierendsten Gestalten ihrer Zeit, wegen ihrer Intellektualität, aber vor allem wegen ihrer vielen Liebesaffären. Ihrer legendären Ausstrahlung erlagen nur wenige Männer nicht. Verheiratet war sie mit dem Orientalisten Friedrich Carl Andreas, verweigerte sich ihrem Mann jedoch beharrlich. Rilke vergötterte Lou Andreas-Salomé von Anfang an. Im Isartal erwiderte sie schließlich seine große Liebe und akzeptierte ihn als Mensch, als Dichter und als Liebhaber. Für die nächsten knapp vier Jahre wurde Lou Andreas-Salomé der wichtigste Mensch in Rilkes Leben.

Das Lutz-Häuschen wurde um 1900 völlig umgebaut. Doch gibt es im Eichheimweg Nr. 10, wenn man zwischen Stadtpfarrkirche und Schererbräu die Treppen hinaufsteigt, ein Häuschen, das dem Lutz-Häuschen ähnelt. Die Tafel, die an der Hauswand angebracht ist, führt in die Irre. Und doch gibt uns das Haus eine Vorstellung davon, daß so oder so ähnlich das Logis von Rilke und seiner Gefährtin ausgesehen haben könnte. Wenn man den Holzanbau neben der Terrasse und die Gartenlaube mit historischen Fotos vergleicht, die Rilke und seine Freunde in Wolfratshausen zeigen, wünscht man es sich einfach, daß dieses Haus das »Sternenhäuschen« ist, wie Rilke es in einem Brief nennt. *Wir gehen den Eichheimweg hinauf und biegen nach rechts in den Neuhaussteig. Nach etwa 200 m stand dort früher das Haus Loufried.*

❸ **Ehemaliges Haus Loufried**
Fahnensattlerhaus
Logis von Rainer Maria Rilke
Neuhaussteig 3
Am 20. Juli 1897 übersiedelte Lou in das sehr einsam gelegene Fahnensattlerhaus, das Rainer Maria Rilke bereits seit dem 19. Juni gemietet hatte. So hatten es die beiden offensichtlich vorher besprochen: »Er (Rilke) und ich begaben uns auf die Suche nach etwas Gebirgsnahem draußen; wechselten, hinausziehend, in Wolfratshausen auch noch mal unser Häuschen.« (Lou Andreas-Salomé, *Rainer Maria Rilke*)
Das »Haus Loufried«, wie sie es selber nannten, befand sich früher an der höchsten Stelle des Neuhaussteigs, etwa 10 Minuten Gehzeit vom Lutz-Häuschen entfernt, und wurde in den 1970er Jahren abgerissen. Nur noch Mauerreste des Kellers und zwei Eingangssäulen do-

Fahnensattlerhaus, 1897, fotografiert von Christoph Baumgartner. Von li. nach re.: Friedrich Carl Andreas, August Endell, Rainer Maria Rilke und Lou Andreas-Salomé.

kumentieren den früheren Standort des Bauernhauses. Noch heute erinnert eine Gedenktafel an das Fahnensattlerhaus, in dem von 1916 bis zu seinem Tod 1941 der Kunstmaler Hermann Neuhaus lebte und wirkte. Vergebens sucht man allerdings nach einem Hinweis auf den weitaus berühmteren Bewohner des Bauernhauses, Rainer Maria Rilke. Der angehende Dichter und seine Geliebte Lou Andreas-Salomé erlebten dort bis Oktober die ersten intensiven Wochen ihrer Liebe. Später erinnert sich Lou Andreas-Salomé: »... ins erste Häuslein zog noch Frieda mit hinaus; beim zweiten, einem in den Berg gebauten Bauernheim, überließ man uns die Stätte überm Kuhstall ... darüber wehte in grobem Leinen, handgroß mit ›Loufried‹ schwarzgemalt, unsere Flagge, von August Endell verfertigt, der sich mit Rainer bald freundschaftlich verband; er half uns auch, die drei ineinandergehenden Kammern durch schöne Decken, Kissen und Geräte anheimelnd zu machen.« Ab und zu fuhren die Sommergäste nach München, um Freunde zu treffen. Ab und zu bekamen sie Besuch. So weilte Lous Mann Friedrich Carl Andreas zwischen dem 23. Juli und dem 19. August dort. Von dem Liebesverhältnis soll er angeblich nichts geahnt haben.

Wolfratshausen war für Rilke der Ursprung vieler wunderschöner Liebesgedichte, Novellen, Erkenntnisse, aber vor allem Briefe. Als Lou Andreas-Salomé im September 1897 für einige Wochen allein nach Hallein verreiste, schrieb ihr Rilke aus Wolfratshausen sehnsüchtige Briefe, die verraten, wie er dort den Tag verbrachte. Wolfratshausen, das war für ihn vor allem Lou Andreas-Salomé. Wenn sie als adäquate Gesprächspartnerin fehlte, ging dem feinsinnigen Großstädter das Landleben schnell auf die Nerven.

»Wolfratshausen bei München
Am Sonntag, den 5. September 1897
... nach Tisch schlief ich mich immer tiefer in meine Ermüdung, las Rembrandt und Velasquez theilweise durch und ging gegen 6 Uhr, trotzdem es unaufhörlich regnete, den Ort entlang an der Kastenmühle vorbei, die Straße gegen Dorfen. In Gedanken ging ich weiter an der kleinen Kirche und ihrem traurigen Friedhofe hin, zum Atelier der Wald- und Rythmenmenschen, welches einsam und verödet ist und befand mich unversehens auf jenem Wiesenpfad, den wir am ersten Abend gegangen sind in das goldene Dorfen hinein. Er war heute herbstlich und uferlos und auch über ihm lag dicht der perlgraue Regen... Das ist mir alles lieb geworden wie eine Heimat... und bis ich von alledem Abschied genommen habe, und das wird in 3 oder 4 Tagen sein, kehre ich nach München zurück. Was soll ich hier?«
Nur einige wenige Einheimische schätzte und suchte er auf: »Ich spreche viel zu Dir und vor allem von Dir. Lebe leider mitten unter Menschen, die mit ihrem Lautsein meine Träume stören, natürlich kenne ich keinen. Es sind Menschen, die von Ausflügen, Regentagen und Kindererziehung sprechen, sich tiefe Verbeugungen machen, wobei sie grinsen und sich die Hände reiben, und sich täglich zehnmal übermäßig laut ›Guten Morgen‹ sagen. So verkehre ich einzig mit Stauffer-Bernd, der, wenngleich in manchem unsympathisch, ein interessanter und bedeutender Mensch scheint.«
In Wolfratshausen wurde unter Lous Einfluß aus dem Großstadtliteraten ein

Dichter, dem das bewußte Erleben der Natur, gesunde Ernährung, viel Bewegung und eine einfache Lebensführung alles war. Dort formte Rilke seine Handschrift zu einer gepflegten gleichmäßigen Kunstschrift um. Außerdem legte er sich dort einen neuen Vornamen zu. Aus René wurde Rainer. Doch es wurde auch gearbeitet. In Wolfratshausen entstanden im Juni und Juli 1897 die Erzählungen *Das Familienfest, Das Geheimnis, Greise, Kismet, Alle in Einem Einig.* Am 1. Oktober 1897 reisten die beiden nach Berlin. Rainer Maria Rilke ließ sich in der Nähe von Lou Andreas-Salomés Wohnung nieder. 1901 beendete Lou Andreas-Salomé das Liebesverhältnis. Aus der Liebesaffäre entwickelte sich im Laufe der Zeit eine Brieffreundschaft, die bis zu Rilkes Tod 1926 hielt.

Wir gehen zurück zum Eichheimweg, der in den Josef-Schnellrieder-Weg übergeht.

Die Villa Vogelnest, um 1930.

❹ **Villa Vogelnest**
Früher Villa von
Else Jaffé-Richthofen
Josef-Schnellrieder-Weg 8
Früher Haus Nr. 133

Die Villa Vogelnest wurde 1910 neu erbaut. Else Jaffé-Richthofen, die sich in freundschaftlicher Weise von ihrem Ehemann Edgar Jaffé, Nationalökonom und später bayerischer Finanzminister, getrennt hatte, kaufte 1913 die Villa für 18 000 Mark und bewohnte sie mit ihren vier Kindern bis 1916. Das Haus war umgeben von einem Gärtchen, das sich in die bewaldete Anhöhe schmiegt. Seit etwa 1910 war Else Jaffé-Richthofen mit dem Soziologen und Philosophieprofessor Max Weber liiert. Um ganz in ihrer Nähe zu sein, nahm Max Weber 1919 in München eine Professur an und zog zusammen mit seiner Ehefrau Marianne in die Münchner Konradstraße.

Häufig bekam Else Jaffé Besuch von ihrer Schwester Frieda von Richthofen, die seit 1912 eng mit dem damals noch sehr unbekannten Schriftsteller D. H. Lawrence liiert war, den sie 1914 heiratete. Die Jaffés gewährten Lawrence und Frieda in den Anfangsjahren Rat, kostenlose Unterkunft und finanzielle Unterstützung. Im Roman *Mr. Noon* von D. H. Lawrence aus dem Jahr 1921 heißen die Verliebten Gilbert und Johanna, und aus Wolfratshausen wird »Schloß Wolfratsberg«. Die beiden besuchen Louise alias Else dort. »Am nächsten Vormittag arbeitete Gilbert an seiner Musik... Eine gewisse recht mühelose Inspiriertheit, ein kleines Arbeitsfieber hatte ihn überkommen, er kam ganz gut voran und vergaß die verschiedenen anderen Probleme.« (D. H. Lawrence, *Mr. Noon*) Dann fahren sie mit der Isartalbahn weiter nach Beuerberg, im Roman »Kloster Schaeftlarn«, wo Lawrence und Frieda auch in Wirklichkeit im Sommer 1912 die ersten Monate ihres Verliebtseins – Edgar Jaffé bestand auf dem Begriff »Flitterwochen« – lebten.

Bei den Aufenthalten im Isartal gab D. H. Lawrence öfter das Haus Vogelnest, Haus Nr. 133 als Postadresse an. Von dort aus schrieb er zahlreiche Briefe. Wolfratshausen blieb ihm als »weißes Städtchen« in Erinnerung, dessen »zwei schlankhalsige Kirchen ihre wetterhahngekrönten Kuppeln reckten«. Das ursprüngliche Haus wurde zum Teil abgerissen und durch einen Neubau ersetzt.

Wir folgen der Beuerberger Straße und biegen in den Kathi-Kobus-Steig ein.

❺ Villa Kathi's Ruh
Haus von Kathi Kobus
Kathi-Kobus-Steig 1

1908 kaufte das Schwabinger Original Kathi Kobus (1854–1929) für den Kaufpreis von 25 000 Mark die Villa Panorama, die sie in »Villa Kathi's Ruh« umtaufte. Am Ostersonntag im April 1909 eröffnete sie auf der Anhöhe die Pension mit Café. Viele Berühmtheiten wie die Schriftsteller Thomas Mann, Oskar Maria Graf und Frank Wedekind gingen vor dem Ersten Weltkrieg in »Kathi's Ruh« ein und aus. Seit 1903 war die ehemalige Wirtin der »Dichtelei« Simpl-Wirtin gewesen und hatte das Künstlerlokal mitten in München in der Türkenstraße 57 wie ein bayerisches Wirtshaus geführt. Dort hatte sie in Bauerntracht serviert und alle mit »du« angeredet. Jetzt ging die Wirtschaft in andere Hände über.

Mit ihrer Pension erlitt sie allerdings während der Kriegsjahre Schiffbruch.

Kathi's Ruh, um 1920.

Kathi Kobus in Traunsteiner Tracht.

Die Sommergäste blieben aus, und sie hatte sich in Geldgeschäften ziemlich verspekuliert. Sie gab die Pension nach dem Ersten Weltkrieg auf und verkaufte das mehrstöckige Haus 1921 an eine Privatperson. Als sie anschließend als Geschäftsführerin in den Simpl zurückkehrte, erlebte die alte Künstlerkneipe eine Renaissance, und ein unvergeßlicher Abend reihte sich an den anderen. 1929 starb Kathi Kobus im 73. Lebensjahr. Ihr Todestag war der Geburtstag ihres Stammgastes und Hausdichters Joachim Ringelnatz.

Zu Fuß gelangen wir über den Kathi-Kobus-Steig direkt zum Ernst-Wiechert-Weg. Mit dem Auto fährt man über die Beuerberger Straße, die Münsinger Straße und den Ernst-Wiechert-Weg zum Hof Gagert.

❻ Hof Gagert
Refugium von Ernst Wiechert
Ernst-Wiechert-Weg 3

Der Erzähler und Dramatiker Ernst Wiechert (1887–1950) zog sich 1936 hierher zurück, um in aller Ruhe schreiben zu können. Seit 1933 hatte er mit seiner zweiten Ehefrau Johanna Sophie Margarete Paula, mit der er seit 1932 verheiratet war, im nahe gelegenen Ambach gelebt und dort mit Blick auf den Starnberger See seine Jugenderinnerungen an die *Wälder und Menschen* seiner masurischen Heimat verfaßt. Von dort aus kaufte er den Hof Gagert bei Wolfratshausen und ließ ihn nach seinen Vorstellungen neu errichten. Zum Jahresende 1936 zog er mit seiner Frau ein. Hier baute er sich eine umfangreiche Bibliothek mit nahezu 13000 Bänden auf. Bis 1948 blieb der Autor von Märchen und der *Jeromin-Kinder* hier wohnen.

Geboren wurde Ernst Wiechert am 18. Mai 1887 im Forsthaus Kleinort, Kreis Sensburg in Ostpreußen. Seine Kindheit verbrachte der Sohn eines Försters in der Waldeinsamkeit Masurens. Erzogen wurde er von Hauslehrern. Dann besuchte er die Oberrealschule in Königsberg und machte 1905 sein Abitur. Er studierte Englisch, Deutsch, Erdkunde und Philosophie und wurde Gymnasiallehrer, zunächst zwischen 1919 und 1929 in Königsberg, dann bis 1933 in Berlin. Bis 1916 reichen seine ersten Arbeiten als Schriftsteller zurück.

Schon im Sommer 1933 zeigte sich Ernst Wiecherts bewußt gelebte Protesthaltung gegen das Hitlerregime. Das belegen seine beiden Reden *Der Dichter und die Jugend* (Juli 1933) und *Der Dichter und die Zeit* (April 1935), die er an der Universität München hielt.

Ernst Wiechert.

Ernst Wiecherts Eintreten für den inhaftierten Pfarrer Martin Niemöller führte am 6. Mai 1938 zu seiner Verhaftung. Bis 27. Juni 1938 saß er im Polizeigefängnis München, Briennerstraße 59, dann wurde er ins Konzentrationslager Buchenwald deportiert, wo er bis zum 21. August 1938 blieb. Die 28 Briefe aus der Haft sind erhalten geblieben. Ebenso *Der Totenwald*, sein Bericht über den Lageraufenthalt in Buchenwald bei Weimar, der unmittelbar nach seiner Freilassung entstand. Das Manuskript vergrub er bis zum Kriegsende in seinem Garten. Nach der Entlassung am 30. August 1938 blieb er bis 1945 unter Gestapo-Aufsicht. In dieser Zeit entstanden seine bekanntesten Romane *Das einfache Leben* (1939), *Die Jeromin-Kinder* (1945), *Rede an die Jugend* (1945) und nach dem Krieg die Erinnerungen *Jahre und Zeiten* (1949). Ein Brief an seinen Freund Walter Bauer vom 13. Juni 1941 dokumentiert, wie er den Alltag verbrachte:
»Der 18. Mai war ein schöner, ganz stiller Sommertag, zu dem ich mir alle Besuche verboten hatte. Alle Bäume haben herrlich geblüht, und es wächst alles so, als sollte uns für lange Jahre Vorrat wachsen. Vom Morgen bis zum Abend knien, kriechen oder schreiten wir durch den Garten, und wir sind beide sehr glücklich, daß es soviel Arbeit gibt. Am Abend sinken wir dann in die Sessel und lesen noch vier Stunden, und dann ist das Tagewerk beendet.« (Ernst Wiechert, *Das einfache Leben*)
In den Jahren vor dem Zweiten Weltkrieg und nach dem Zusammenbruch des Dritten Reiches gehörte Ernst Wiechert zu den erfolgreichsten deutschen Schriftstellern im In- und Ausland. Seine

Wiecherts Bibliothek, um 1940.

Vortragsreisen und Reden, Buchbesprechungen und Zeitungsartikel, besonders aber seine Opposition gegen das Nazi-Regime und seine Verfolgung machten ihn international bekannt. Seine Bücher wurden in viele Sprachen übersetzt. Von Mitte der 1950er Jahre an verlor Ernst Wiecherts Werk an Einfluß und Bedeutung. Teile der Literaturkritik verschmähten sein Werk als »bürgerlich-konservativ«, seine Sprache galt als veraltet. 1948 zog er in die Schweiz auf den Rütihof in Uerikon am Zürichsee. Am 24. August 1950 ist er dort gestorben. Seine zweite Ehefrau blieb in Wolfratshausen und starb dort am 12. August 1972.

Mit einem Gedenkstein, der die Büste des Dichters und eine Bronzetafel trägt, erinnert die Stadt Wolfratshausen seit 1983 an der Loisachhalle an den aufrechten Christen, Antifaschisten und Schriftsteller Ernst Wiechert.

Nähere Informationen zu literarischen Spaziergängen durch Wolfratshausen gibt es beim Literaturbüro Edgar Frank (Tel./Fax: 08171/20 430).
Bis Beuerberg sind es nur 11 km.

Gasthof zur Post, um 1920.

Beuerberg

Gegenüber der Klosteranlage steht heute noch nahezu unverändert ein stattliches Haus, in dem sich früher der Gasthof zur Post mit der Metzgerei befand.

Gasthof zur Post
Logis von D. H. Lawrence
und Frieda von Richthofen
Klosterstraße 8

D. H. Lawrence und Frieda von Richthofen feierten 1912 hier ihre hart erkämpften »Flitterwochen«. 1906 hatte D. H. Lawrence die verheiratete Frieda Weekley lieben gelernt und sie im Laufe der Jahre ihrem Ehemann förmlich entrungen. »Die Frieda und ich haben unser Zusammenleben in Beuerberg im Isartal angefangen – im Mai 1912 – und wie schön es war!« schrieb Lawrence später in deutscher Sprache an einen Freund. Ein Brief vom 2. Juni 1912 gibt darüber Aufschluß, wie D. H. Lawrence und seine Geliebte Frieda die acht Tage in Beuerberg verbrachten:

»Beuerberg ist etwa 40 km von München entfernt, das Isartal aufwärts, am Fuß der Alpen. Es ist das Bayerische Tirol. Wir wohnten im Gasthaus zur Post. Morgens frühstückten wir immer unter den alten Kastanien, und die roten und weißen Blüten fielen auf uns nieder. Der Garten lag auf einem Steilhang hoch über dem Fluß und über dem Wehr, wo das Bauholz hinuntergeflößt wird. Die Loisach – so heißt der Fluß – ist hell nephritgrün, weil das Wasser von den Gletschern kommt. Es ist furchtbar kalt und reißend. Die Leute waren alle so wundersame Bayern... Es gibt so viel Blumen, daß man vor Freude jauchzen kann – Alpenblumen... Und merkwürdige Sumpfveilchen und Orchideen und eine Unmenge Glockenblumen, wie große dunkelblaue Waldhyazinthen – ach und in den Wäldern Maiglöckchen – und Blumen in herrlich wilder, verrückter Fülle, überall... Einmal gingen wir in die Berge und saßen da, steckten uns Friedas Ringe an die Zehen und hielten unsre Füße ins blaßgrüne Wasser des Sees, um zu sehen, wie sie da ausschauten. Dann gingen wir nach Wolfratshausen, wo Friedas Schwester ein Haus hat – wie ein Chalet – auf dem Hügel über dem weißen Dorf.« (Ulrike Voswinckel, *Es geschah im Isartal*)

Den Beginn seiner großen Liebe im Isartal schrieb D. H. Lawrence weitgehend autobiographisch in dem Roman *Mr. Noon* (1921) nieder. Der Gasthof zur Post spielt darin eine große Rolle: »Sie fanden sich in einem großen Raum, wo Bauern mit riesigen Bierkrügen an den Tischen saßen... Die Wirtin war eine harte, füllige, derbe Frau. Ja, sie könnten ein Schlafzimmer mit zwei Betten haben, ja, für zwei Shilling die Nacht. Das sei der Pfingstpreis. Und so folgten Gilbert und Johanna ihr die breite Treppe hinauf. Ein großes, kahles Bauernschlafzimmer... Dunkelheit und Regen draußen. Und tief drunten dröhnende Stimmen der Hochland-Bauern... Johanna war glücklich – sie wollte ja Abenteuer –, und nun hatte sie es bekommen.« Sein späterer Welterfolg *Lady Chatterley's Lover* (1928) ist ohne diesen Vorläufer nicht denkbar.

Schon zu Zeiten des Augustiner Chorherrnstifts wurde der Gasthof zur Post erbaut und nahm damals die Gäste des Klosters auf. Nach der Säkularisation wechselte das Wirtshaus mehrmals den Besitzer. 1967 wurde es verkauft und wird seither privat genutzt.

Wer möchte, kann seine Fahrt in das nur 10 km entfernte Königsdorf fortsetzen, Ausgangspunkt unseres nächsten Spaziergangs.

Ludwig Thoma mit dem Rad unterwegs von Tegernsee über Vorderriß ins Gaistal, um 1908.

VI.
Spaziergänge entlang der Isar

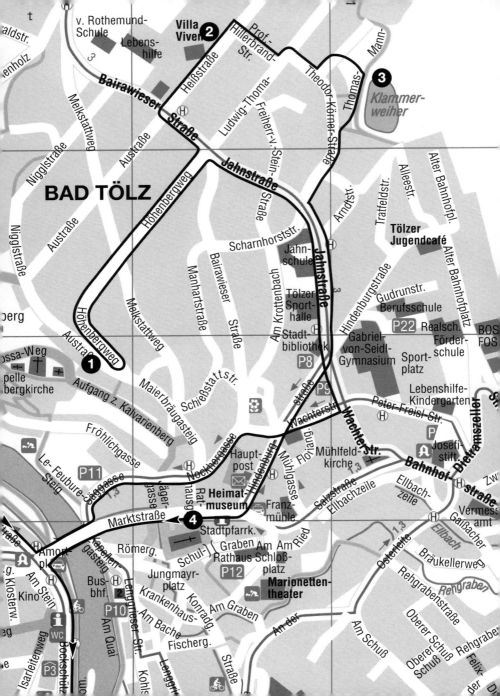

Die Spazierfahrt die Isar aufwärts in das Gebiet, wo Münchens Fluß entspringt, führt durch eine Waldregion, die den Wittelsbacher Herrschern Bayerns seit Jahrhunderten als Jagdgebiet diente. Die Menschen dort lebten entweder vom Holzhandel oder von der Jagd. Aus den schmalen Gebirgstälern wurde seit Generationen über Bäche und Flüsse das geschlagene Holz aus den wild zerklüfteten Bergen gedriftet, zu Flößen zusammengebunden und flußabwärts über die Isar bis München transportiert. Der Schnee liegt lang in den schattigen, hochgelegenen Gebirgstälern. An den langen und einsamen Herbst- und Winterabenden erzählte man sich Legenden vom ehemals wilden Leben der Flößer, von kernigen Holzknechten und abtrünnigen Wilderern, aber auch vom Prinzregenten Luitpold als leidenschaftlichem Jäger. Diese Geschichten, die den Mythos vom urwüchsigen Bayerntum förderten, zogen Schriftsteller wie Ludwig Ganghofer magisch an. In seinen Romanen schuf er ein Bild des Alpenvorlandes als heile Welt, in der es nur »echte« Traditionen gibt. Alle modernen Elemente wurden gezielt ausgeblendet und verdrängt, ebenso die Zerstörung der Natur und der Verlust von Traditionen in einem sich stetig wandelnden Arbeitsalltag. Dieses Bild widersprach schon um 1900 der wirtschaftlichen und gesellschaftlichen Realität dieser Region. In neuester Zeit werden auf der Isar ausschließlich Vergnügungsfahrten unternommen, und das Gebirgstal lebt vom Fremdenverkehr.

Unsere Spazierfahrt entlang der Isar beginnt in Königsdorf, nur wenige Kilometer von Beuerberg entfernt. Vgl. Übersichtskarte (vorn im Buch).

Königsdorf

»Königsdorf, ein armseliges Dörfchen in besagtem Herzogtum... Hier bekamen wir in Deutschland zum ersten mal an Fastentagen, wenn nicht überhaupt, ganze Eier vorgesetzt – bisher nur geviertelt zum Salat. Ferner gehörten neben vielen Bechern aus Silber auch hölzerne zum Gedeck: wie kleine Fässer, mit Dauben und Reifen«, schreibt Michel de Montaigne (1533–1592) in seinem Tagebuch der Reise nach Italien über die Schweiz und Deutschland von 1580 bis 1581.

Wir fahren die Dorfstraße hinauf und stellen das Auto in der Ortsmitte ab. Dann gehen wir zur Kirche, die von einem Friedhof umgeben wird. Das »Haus Hans Carossa«, wie es auf der Vorderfront des Bauernhofes steht, befindet sich gleich hinter der Kirche unterhalb des Friedhofes.

Hof der Carossas
Carossa-Ring 1

Der Schriftsteller Hans Carossa (1878–1956) verbrachte hier von 1883 bis 1886 seine Kindheit. Er zählt, neben Rainer Maria Rilke, Hugo von Hofmannsthal, Stefan Zweig und Hermann Hesse, zu den Klassikern der Literatur des 20. Jahrhunderts. Mit ihnen wechselte er zahlreiche Briefe und verkehrte mit den Geistesgrößen seiner Zeit. Seine Werke fanden nach dem Zweiten Weltkrieg national und international breite Anerkennung.

Carossas Vater Karl (1854–1906) hatte sich mit seiner Frau, der Lehrerin Maria Voggenreiter (1849–1910), und dem

Hans Carossa vor seinem Elternhaus, um 1938.

kleinen Hans wenige Jahre nach dessen Geburt in Königsdorf niedergelassen. Karl Carossa mußte erst das ärztliche Abschlußexamen ablegen, bevor er Carossas Mutter heiraten durfte. So mußte Hans Carossa in seinen ersten Lebensjahren zeitweise bei Pflegeeltern am Chiemsee untergebracht werden. Schon bald nach der Eheschließung im Juni 1883 erhielt Karl Carossa den Doktortitel und eröffnete in Königsdorf eine Arztpraxis. Auf die Kindheit in Königsdorf bezieht sich vor allem der autobiographische Text *Eine Kindheit* von 1922: »Wir bewohnten hier sieben Jahre lang ein kleines einstöckiges Haus, in dessen unteren Räumen die Kranken behandelt wurden; oben lagen die Familienzimmer. Wie es in diesen aussah, wüßte ich nicht mehr zu sagen; dagegen lebt mir das Draußen vor dem Fenster noch klar im Gedächtnis, auch mancher wertlose Gegenstand, dem ich erste Freuden verdankte... Das Schönste aber war eine große durchsichtig blaue Glasperle, die jemand oben am Fenster aufgehängt hatte, so daß ich sie nach Belieben hin und her pendeln lassen konnte, schnell und kurz, langsam und weit, und immer schien ihre Bewegung mit allem, was ich sonst wünschen und beginnen mochte, geheimnisvoll ineinander zu gehen... Das Fenster mit der blauen Perle war über die Straße hin einem Hügel zugekehrt, auf dem sich Kirche und Friedhof erhoben. Der hohe graue Turm hatte eine braunrote gelblich bemooste Zwiebelkuppel, um welche meistens mit lautem Gekrächze schwarze Vögel flogen. Eine Stiege mit Geländern führte von der Straße zum Kirchhof hinauf, und auf diesen breiten Stufen ging das ganze Jahr ein wunderbarer menschlicher Wandel auf und nieder.«

1886 zog die Familie nach Pilsting in Niederbayern um. Die Mutter erbte 1890 ein altes Bauernhaus in Seestetten an der Donau, das für die Familie Carossa in den weiteren Jahren das eigentliche Zuhause wurde.

Von Königsdorf aus fahren wir über Leiting und Oberfischbach nach Bad Tölz. Wir folgen der Königsdorfer Straße bis zum Amortplatz, wo wir die Isar überqueren und links in die Säggasse einbiegen. Sie geht in die Nockhergasse und die Wachterstraße über und mündet in die Jahnstraße.

Bad Tölz

An der Jahnstraße biegen wir links ab und gelangen nach etwa 300 m ortauswärts zum Höhenbergweg, in den wir links einbiegen. Er liegt unterhalb des Kalvarienberges und macht einen Knick nach links.

❶ Geburtshaus von Hans Carossa
Höhenbergweg 8

Hier kam der Schriftsteller Hans Carossa am 15. Dezember 1878 zur Welt. »An einem Wintersonntag des Jahres 1878 wurde ich zu Tölz in Oberbayern geboren. An diesen schönen vielbesuchten Badeort, bei dem die grüne Isar aus den Alpen hervorschäumt, sind mir leider nicht viele Erinnerungen geblieben;

Hans Carossa im ersten Lebensjahr, 1879.

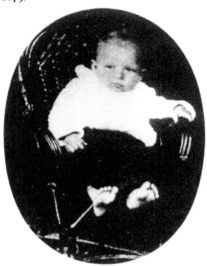

mein bewußtes Leben begann erst in dem nahen Königsdorf, wo sich mein Vater bald nach meiner Geburt als Arzt niederließ.«

Nach dem Umzug nach Pilsting besuchte Hans Carossa 1888 in Landshut das humanistische Gymnasium. Im Herbst 1897 begann er auf Wunsch der Eltern in München Medizin zu studieren, setzte das Studium jedoch 1900 in Leipzig und Würzburg fort und schloß es 1904 als »Spezialarzt für Herz- und Lungenkranke« ab. Neben seiner Tätigkeit als Arzt in Passau blieb ihm nur noch wenig Zeit für das Schreiben, was seine eigentliche Berufung war. In den folgenden Jahren mußte er seine Tätigkeit als Arzt immer wieder wegen einer schweren Lungenerkrankung unterbrechen. Es entstanden die ersten Gedichte und autobiographischen Texte. Während des Ersten Weltkrieges wurde er 1916 zunächst an der Ostfront, dann in Flandern und Nordfrankreich eingesetzt. Ab 15. August war er Lazarettarzt im nahe gelegenen Benediktbeuern. Am 30. November 1918 wurde er aus dem Militärdienst entlassen. Um seine Familie zu ernähren, war er zwischen 1920 und 1925 in München als Kassenarzt tätig. Dann wandte er sich ganz seiner Berufung zu und wurde Schriftsteller, was ihm ein Vertrag mit dem Insel Verlag ermöglichte. In dieser Zeit behandelte er den weltberühmten Schriftstellerkollegen D. H. Lawrence, der sich im nahe gelegenen Isartal zur Erholung aufhielt. Im Sommer 1929 siedelte Hans Carossa ganz nach Seestetten über und betrieb die Münchner Praxis nur noch sporadisch. Nach dem Tod seiner Frau Valerie 1941 zog er nach Rittsteig nahe Passau, wo er am 12. September 1956 starb.

Wir gehen den Höhenbergweg zurück auf die Bairawieser Straße und folgen ihr links stadtauswärts. Nach etwa 100 m biegen wir in die Heißstraße ein und gelangen nach weiteren 200 m zum ehemaligen Landhaus von Thomas Mann.

❷ Ehemaliges Landhaus von Thomas Mann
Heißstraße 31

»Immer, wenn ich ›Kindheit‹ denke, denke ich zuerst ›Tölz‹.« (Klaus Mann, *Kind dieser Zeit*)

1908 ließ Thomas Mann (1875–1955) sich und seiner Familie in Bad Tölz von dem Architekten Hugo Roeckl ein stattliches Landhaus bauen. Finanziert wurde es mit einem Vorschuß auf den Roman *Königliche Hoheit*, den Verleger Samuel Fischer großzügig gewährte. Beim Einzug waren Erika und Klaus Mann gerade einmal drei bzw. zwei Jahre alt. Zuvor hatten die Manns die Sommerfrische mehrmals in dem kleinen Dorf Gaisach verbracht, das etwa 2 km südlich von Tölz liegt. Im südlichen Bayern fand Thomas Mann so etwas wie die kernig-urwüchsige Alternative zu seinem der Kunst geweihten Leben.

Das Landhaus war von einem weit ausladenden Garten umgeben und stand damals ziemlich allein inmitten von Wiesen, Wäldern und Seen. Bis 1917 diente es neben den wechselnden Münchner Wohnungen und neben dem eigenen Haus in der Münchner Poschingerstraße 1, das 1914 bezugsfertig war, als Sommersitz. Der Garten wurde durch ein weiteres Grundstück später noch vergrößert, so daß sich die kleine Monika einmal auf dem eigenen Grundstück verlief. Die Manns verbrachten mit ihren Kin-

Katia und Thomas Mann mit Golo (auf dem Arm), Erika und Klaus vor dem Tölzer Landhaus, um 1909.

dern Erika (1905–1969), Klaus (1906–1949), Monika (1910–1992) und Golo (1909–1994) dort regelmäßig die Sommer und während des Ersten Weltkrieges auch noch die Winter. Kollidierte der Unterricht in München am privaten Ebenmayer'schen Lerninstitut – eine zwar »strenge und dabei etwas muffige«, aber eben doch »sehr feine«, das heißt exklusive Anstalt – mit dem Sommeraufenthalt in Tölz, wurde der Tölzer Dorflehrer Burkhardt dafür gewonnen, so lange einzuspringen, bis man in die Stadt zurückkehrte.

Für die Mann-Kinder war Tölz das

Kindheitsparadies, an das Klaus Mann auch auf Fahrten durch das Alpenvorland noch gerne zurückdachte: »Zu unserer Rechten liegt das Sommerstädtchen Tölz mit seinen bemalten Häusern, seinem holprigen Pflaster, seinen Biergärten und Madonnenbildern. Um uns breitet sich die Sommerwiese; vor uns ragt das Gebirge, gewaltig getürmt, dabei zart, verklärt im Dunst der sommerlichen Mittagsstunde.« (Klaus Mann, *Der Wendepunkt*) Die Spiele und kleinen Abenteuer der frühen Tölzer Jahre hat Klaus Mann später in seinem Buch *Kind dieser Zeit* ausführlich beschrieben:
»Das Städtchen Bad Tölz zerfällt in zwei Teile: in den alten Marktflecken mit der schönen, steilen Hauptstraße und in das Bad Krankenheil, jenseits der Isar, das Quellen und nicht sehr angenehme Hotels bietet. Unser Haus lag oberhalb des alten Ortes mit dem Blick aufs Gebirge. Es hatte ein rotes Dach, auf dem ein Gokkelhahn sich nach dem Winde drehte, eine Terrasse, auf der wir saßen, wenn es draußen nicht gar zu unwirtlich war, und einen sehr großen Garten. Gleich hinter dem Garten begann ein Wald von sehr hohen, schlanken und schönen Tannen, der in den ersten Jahren völlig unberührt und wie ein Privatbesitz zu unserer Verfügung stand ... In unserem Garten gab es den Platz mit der großen Kastanie, den Spielplatz mit Sandhaufen, die Asternbeete, den Tennisplatz, der verfiel, und die Apfelbäume. Eine Allee – die wir langweilig zu gehen fanden, so kurz sie war – führte vom Zaun zum Hause.«
Katia Mann (1883–1980) konnte mit ihren Kindern in dieser ländlichen Idylle viel unternehmen, ohne das Grundstück zu verlassen: Griechisch lernen, spazierengehen, wandern, lesen und Tennis spielen, während Thomas Mann am Schreibtisch seine tägliche Korrespondenz erledigte und an seinen Manuskripten arbeitete. In dieser Zeit entstanden u. a. der Roman *Königliche Hoheit* (1909), die Essays *Der alte Fontane* (1910), *Gedanken im Krieg* (1914), *Betrachtungen eines Unpolitischen* (1918) und die Erzählung *Der Tod in Venedig* (1912). Öfter kam sein Bruder Heinrich mit seiner damaligen Verlobten Inés Schmied hinaus nach Tölz, der das Landleben, vor allem im Winter, allerdings weniger entsprach. In einem Brief an Heinrich Mann schrieb sie am 6. Januar 1909, warum sie Tölz nicht mochte: »Ein Klex Berge, ein Klex Wiese, ein Klex Wald, von allem ein bißchen. Nichts Großes, nichts Schönes, mit einem Wort

Erika und Klaus Mann beim Tölzer Haus, um 1909.

nüchtern, bürgerlich kalt. Lieber möchte ich begraben sein, als dort leben.« Das ging den Mann-Kindern ganz anders. Sie genossen besonders im Sommer die Möglichkeiten, die das Landparadies bereithielt.

Im Haus und ums Haus herum, das seit 1926 zum Josefheim gehört, hat sich in den letzten Jahrzehnten nicht viel geändert. Noch immer grenzt ein Wald an den hinteren Teil des Grundstücks. Am Waldrand fällt ein steinernes Hügelgrab ins Auge, das die Familie Mann ihrem schottischen Schäferhund Moritz errichtet hat. Über der Eingangstür weist das elegante Jugendstilornament mit den Initialen des Hausherrn auf den einstigen Besitzer hin. Eine Lindenallee führt direkt zur Villa. Vor dem Gartenzaun erinnert eine Gedenktafel an seine ehemaligen prominenten Bewohner mit den Worten: »Der Mensch soll um der Güte und Liebe willen dem Tode keine Herrschaft einräumen über seine Gedanken.« (Thomas Mann, *Der Zauberberg*). Im letzten Kriegsjahr 1917 tauschte Thomas Mann den Landbesitz gegen eine Kriegsanleihe ein und beendete damit das Kinderparadies in Tölz.

Wenn wir von der Heißstraße in die Professor-Hillebrand-Straße einbiegen, kommen wir über die Ludwig-Thoma-Straße nach links zum Thomas-Mann-Weg. Dieser schmale Fußweg, der parallel zur Theodor-Körner-Straße verläuft, führt direkt am Klammerweiher vorbei.

❸ **Klammerweiher**
Sommeridyll der Mann-Kinder
Thomas-Mann-Weg

Der Klammerweiher wurde künstlich angelegt und hatte früher eine Badeanstalt. Seinen Namen verdankt er der Brauerei Klammer, die früher dort im Winter das Eis für die Kühlung der Bierkeller holte. Im Klammerweiher lernte Klaus Mann das Schwimmen: »Über den Wiesenweg ging man zum Klammerweiher, in dessen moorigem Wasser ich so mühsam schwimmen lernte. Auf dem Arm meiner Mutter – auf Mieleins Arm mußte ich mich ›auslegen‹; was für gräßliche Angst ich immer hatte, sie könnte loslassen! Der Geruch dieses Moorwassers – unvergeßlich. Ich spüre die glitschige Berührung der Holzstange, die das Nichtschwimmerbecken vom gefürchteten Tiefen trennte. – Das Sprungbrett, von dem wir nicht sprangen, aber auf dem wir uns zu sonnen liebten, und wo die Damen aus Krankenheil ihre matten Scherze mit uns machten ... Mielein konnte bis zu den Seerosen schwimmen; weiter ging es überhaupt gar nicht.« (Klaus Mann, *Kind dieser Zeit*) Golo Mann ließ dort 1989 eine inzwischen stattliche »Friedenseiche« pflanzen. Auch zu einheimischen Kindern hatten die Mann-Kinder Kontakt. »Außer den Zwicker-Kindern sahen wir in Tölz nur noch zuweilen die kleinen Öttels (Sprößlinge unseres Winterhausmeisters), die aber ziemlich schüchtern-störrisch waren, und die Söhne des Postexpeditors Möslang, Hugo, Hans und Angelus.« Die Nachfahren dieser Familien leben noch heute in Tölz.

Wir gehen auf die Theodor-Körner-Straße zurück und biegen in die Jahnstraße ortseinwärts ein, die in die Hin-

denburgstraße übergeht, und kommen zur Marktstraße, die heute das Kernstück von Bad Tölz und Fußgängerzone ist.

❹ Tölzer Marktstraße

Die Mann-Kinder machten sich allein auf den Weg hinunter zur Tölzer Marktstraße. Mit dem Leiterwagen ließen sie sich die Landstraße »mit prachtvollster Geschwindigkeit fast bis zur Bahnhofstraße« hinunterrollen, um dort die Geschäftsleute um Süßigkeiten anzubetteln:
»Im Ort gab es verschiedene Geschäfte, wo wir immer etwas geschenkt bekamen. Frau Holzmayer spendete Cremehütchen; Frau Pöckel, deren weißes, aufgeschwemmtes müdes Antlitz mit einem angewiderten Zug um den Mund (so, als wenn sie Erbrochenes schmeckte) ich merkwürdig stark in Erinnerung habe, rote Zuckerbonbons, die sie auf eine maulfaule und vom Überdruß gedehnte Manier, welche wir zu parodieren liebten, eine ›Himbäre‹ nannte; der Apotheker mit weißem gütigem Spitzbart eine Stange zähen Eibischzuckers.« (Klaus Mann, *Kind dieser Zeit*) Fast alle diese Geschäfte sind inzwischen verschwunden.
Näheres zu Landschafts- und Kulturführungen im Isarwinkel weiß Frau Barbara Schwarz (Tel.: 08041/47 82).
Etwa 11 km von Bad Tölz entfernt liegt Lenggries. Wir fahren mit dem Fahrrad die Isar entlang oder erreichen den Ort mit dem Auto oder der Bayerischen Oberlandbahn, die auch heute noch dort endet. Seit 1924 brachte sie Sommer wie Winter viele Erholungsuchende aus München in das entlegene Gebirgstal.

Lenggries

»Eine stille, kalte Dezembernacht lag über dem Bergdorfe Lenggries. Die beschneiten Berge schnitten scharf in das tiefe Nachtblau des Himmels, aus dem die Sterne mit ruhigem Glanz herunterblickten in das lange, schmale Tal. Dick lag der Schnee auf Flur und Weg, auf den starrenden Ästen der Bäume und auf den breiten Dächern der Häuser, hinter deren kleinen Fenstern das letzte Licht schon vor Stunden erloschen war. Nur die Wellen der Isar, deren raschen Lauf auch die eisige Winternacht nicht zum Stocken brachte, sprachen mit ihrem eintönigen Rauschen ein Wort in die alles umfangende Stille . . .«
Es fällt einem schwer, sich diese winterliche Abgeschiedenheit des Dorfes vorzustellen, die Ludwig Ganghofer 1883 in seinem Roman *Der Jäger von Fall* beschreibt, wenn man heute in den quirligen Wintersportort Lenggries kommt.
An der Isarbrücke biegen wir links in den alten Ortskern von Lenggries ein und stellen das Auto an der Pfarrkirche ab. Wir gehen auf der Kirchstraße an der Friedhofsmauer entlang und biegen in die Gebhartgasse ein. Ganz am Ende steht nahezu unverändert das Haus Bacher.

❶ Haus Bacher
Logis von Franz Marc
Gebhartgasse 2

1908 verbrachten Maria Franck (1876–1955) und Franz Marc (1880–1916) einen ersten sehr intensiven und produktiven Malsommer in Lenggries, der bis Anfang November dauerte. Maria Marc erzählte später, warum die Wahl auf

Lenggries fiel: »Frühjahr 1908 ging (Franz Marc) nach Lenggries zu seinem alten Freund – noch aus der Knabenzeit – dem Senner Hans von der Staffelalm – oberhalb Kochel, der sich nach Lenggries verheiratet hatte. Auf der Staffelalm hatte er die Kühe gemolken, gebuttert, Käse hergestellt, Zäune geflickt und verletzte Tiere gepflegt. Jetzt betreibt er im Tal im Haus Pacher eine kleine Pension.«

Ende Mai 1908 fuhr Maria Franck zunächst allein nach Lenggries und wohnte auf Vermittlung von Franz Marc bei Hans Müller im Haus Bacher in einem Zimmer für Sommergäste. An Franz Marc schrieb sie begeisterte Briefe: »Das Gelände oben hinter unserem Hause ist einfach zauberhaft, die Wege sind zum Teil ein wenig tiefer, als die Wiesen, so

Haus Bacher mit der Wohnung von Franz Marc im ersten Stock, 1908.

daß man wirklich mitten zwischen Blüten geht und steht ... Ich freue mich unendlich, mein Franzl, auf unsere Arbeit hier, vor allen Dingen auf das, was Du malen wirst. Es muß etwas herauskommen in diesem Jahr – und wird auch.« Ihr Brief vom 26. Mai 1908 klang so verlockend, daß nun auch Franz Marc die Sommermonate in Lenggries verbrachte. Am 12. Juni 1908 feierte das junge Künstlerpaar dort den 32. Geburtstag von Maria Franck. Ein Foto zeigt die beiden auf dem Westbalkon des Hauses. Sie lebten und arbeiteten eng zusammen, wie Maria Marc am 25. Februar 1942 rückblickend schrieb: »Wir zogen dazumal immer morgens zusammen zu dem ganz stillen, einsamen Studienplatz, fern vom Dorf, – der in der prallen heißen Sonne lag. Für meinen Mann konnten die ›Motive‹ nicht hell und sonnig genug sein, er wollte überhaupt nur die Sonne malen, – und ich war so begeistert durch ihn, daß ich es mit größtem Eifer mittat. So standen wir wochenlang dort und malten am selben Fleck, – jeder suchte sich solch ein Bäumchen aus.« (Annegret Hoberg, *Maria Marc*)

Maria Franck und Franz Marc, Lenggries, 1908.

Der Lenggrieser Chronik ist zu entnehmen, daß damit die beiden Roßweiden des Eham- und Weißenbauern am Ortsrand zwischen dem Maxlrainer Weg und dem Reiterbach gemeint sind, an denen Franz Marc täglich die Pferde auf der Weide beobachten konnte. Maria Franck malte dort ihre hellgrünen, pastosen Baumstudien, während für Franz Marc ein zentrales Gemälde dieses Sommers ein Bild mit vier Pferden im Freien war, das er später zerstörte.
Wir biegen rechts in die Bahnhofstraße ein und gelangen zur Marktstraße.

❷ Hotel Gasthof zur Post
Marktstraße 3

Das gemeinsame Essen organisierte Maria Franck: »... Mittags ging ich zu ihm mit dem Mittagessen, das ich meist im Wirtshaus holte, nebst Kaffee und Kuchen. Wir setzten uns dann in die Nähe seiner Staffelei unter den Bäumen und verzehrten glücklich unser Mittagessen ... Es war eine wunderbare Zeit ...« (Annegret Hoberg, *Maria Marc*) Mit dem »Wirtshaus« ist entweder das Hotel Gasthof zur Post in der Marktstraße 3 gemeint oder das Hotel zum Alten Wirt in der Marktstraße 13, das 1469 erstmals erwähnt wird.
Von der Marktstraße gelangen wir über die Tölzer Straße in den Lindenweg.

❸ Wohnung von Günter Eich
und Ilse Aichinger
Lindenweg 12

Hier lebten von 1956 bis 1963 der Schriftsteller und Lyriker Günter Eich (1907–1971) und seine Frau, die Schriftstellerin Ilse Aichinger (geb. 1921), mit

Günter Eich und Ilse Aichinger (Mitte), um 1970.

der er seit 1953 verheiratet war. Ihre Bleibe in Lenggries war zugleich der Ausgangspunkt für viele, dem Lesen gewidmete Reisen. In Lenggries wurden die beiden Kinder Clemens (1954–1998) und Mirjam (geb. 1957) geboren. Günter Eich ist einer der bedeutendsten deutschen Hörspielautoren und ein vielbeachteter Lyriker. Er zählte zu den ersten Mitgliedern der Gruppe 47, deren Preis er 1950 erhielt. Seine Hörspiele *Die Mädchen aus Viterbo*, *Allah hat hundert Namen* und *Träume* machten ihn international bekannt. In Lenggries erfuhr Günter Eich 1959, daß ihm der Georg-Büchner-Preis zuerkannt wurde. Dort verfaßte er seine aufsehenerregende Büchner-Preis-Rede, in der er sich zu Georg Büchner und zu einer Dichtung bekannte, »die Gegnerschaft ist«: »Wenn unsere Arbeit nicht als Kritik verstanden werden kann, als Gegnerschaft und Widerstand, als unbequeme Frage und als Herausforderung der Macht, dann schreiben wir umsonst, dann sind wir positiv und schmücken das Schlachthaus mit Geranien.« Mit seiner Frau Ilse Aichinger verband ihn die rücksichtslose Poetologie der Verweigerung. Nur Genauigkeit zählte, wozu wäre Sprechen sonst gut? Öffentliche Auftritte der beiden gab es nicht und kaum gemeinsame Projekte.

Ilse Aichinger kam mit ihrer Zwillingsschwester Helga am 1. November 1921 in Wien zur Welt. Nach der Scheidung der Eltern lebte sie bei der Mutter, einer jüdischen Ärztin. Seit 1938 wurde die Familie von den Nationalsozialisten verfolgt: Die Großmutter und die jüngeren Geschwister der Mutter wurden deportiert und ermordet. Als Halbjüdin bekam Ilse Aichinger keinen Studienplatz und wurde im Zweiten Weltkrieg dienstverpflichtet. Nach dem Ende des Krieges fand Ilse Aichinger mit ihrem Roman *Die größere Hoffnung* große Beachtung. Sie schloß sich Anfang der 1950er Jahre der Gruppe 47 an, wo sie ihren Ehemann Günter Eich kennenlernte. 1952 erhielt sie den Preis der Gruppe 47 bei der Jahrestagung in Niendorf für die *Spiegelgeschichte*. Im selben Jahr erschien der Erzählband *Rede unter dem Galgen*. Grenzen und Begriffe wie In- und Ausland waren ihr zeit ihres Lebens wichtig.

Die Grenznähe von Lenggries zu ihrem Heimatland Österreich wählte die Autorin bewußt. Mit Carl Amery, Ingeborg Bachmann, Günter Eich, Gertrud von le Fort, Erich Kästner und Wolfgang Koeppen nahm sie im April 1958 an der Gründung des Komitees gegen Atomrüstung teil. Im Sommer 1963 zog die Familie ins eigene Haus in Groß-Gmain bei Salzburg.

Wir fahren zurück zur Bundesstraße und setzen unseren Weg dem breiten sandigen Bett der Isar entlang in Richtung Wallgau/Mittenwald fort. Nach etwa 11 km kommen wir zum neuen Dorf Fall, denn das alte Fall gibt es nicht mehr.

Fall

Das alte Dorf Fall
Motiv von Ludwig Ganghofer

Beim Riesch-Bauern von Fall sind König Max II. (1811–1864) und der Historienmaler Karl Theodor von Piloty (1826–1886) gern eingekehrt. Vom Riesch Franz soll der Schriftsteller Ludwig Ganghofer (1855–1920) die berühmte Wilderer-Geschichte zum erstenmal gehört haben, die ihn zu seinem Roman *Der Jäger von Fall* (1883) inspirierte.

Doch den Riesch-Bauern von Fall gibt es nicht mehr, wie es überhaupt das alte Fall nicht mehr gibt. Das 600 Jahre alte Dorf ist Ende der 1950er Jahre in den Fluten des Sylvenstein-Speichers untergegangen. Wenn der Wasserspiegel sinkt, kann man auch heute noch die Kirchturmspitze von Fall im Wasser erkennen. 20 Familien haben ihre alte Heimat aufgeben müssen und im neuerbauten Fall

Das Dorf Fall, um 1910.

am Rande des riesigen Wasserspeichers ein neues Zuhause gefunden, damit viele Menschen entlang der Isar von der Angst vor Hochwasser befreit wurden. Auch die frühere Renommierjagd des bayerischen Herrscherhauses auf Steinböcke, Luchse, Gemsen und Hirsche versank im Sylvenstein-Speicher.

In Fall ging der frischgebackene Doktor Ganghofer erstmals zur Gemsjagd. Sein Vater hatte ihm die Jagderlaubnis im Hochgebirge zur Belohnung für die bestandene Promotion 1880 geschenkt. In seinem *Jagdbuch* erzählt Ludwig Ganghofer, daß ihm die Hochgebirgsjagd »das Blut viel heißer machte als der ganze Theaterkram«.

»Der Forstmeister von Tölz nahm mich zur Gemsbrunft mit nach Fall ... Die Bergfreude rumorte in mir. Und natürlich war ich auch ›echt‹ kostümiert: Hemd mit offner Brust und kurze Hose mit nackten Knien bei Schnee und fünf Grad Kälte. An den Füßen schwergenagelte Flöße, die mich drückten, und auf dem Buckel eine geliehene Büchse. Am zweiten Tage sahen meine beiden Knie wie geschälte Blutorangen aus, von denen es immer rot heruntertröpfelte. Aber fein war's! Die Schönheit der Berge wurde für mich zu einem gesteigerten Wunder des Lebens, die Jagd zu einem fröhlichen Dolmetsch der Natur. Ich begann der Natur gegenüber anders zu sehen, anders zu hören, anders zu fühlen als früher.« (Ludwig Ganghofer, *Jagdbuch*) Den Gemsbock wollte Ganghofer in München verkaufen und nahm ihn deshalb mit in die Großstadt. »Und nun denke man sich das Aufsehen, das ich verursachte, als ich an einem der ersten Dezembertage mit offener Brust und mit nackten Knien stolz meinen Gemsbock im Rucksack vom Bahnhof durch die

Kaufingerstraße und über den Residenzplatz zur Schönfeldstraße trug!«
Viele Details auf dieser Jagd finden sich in dem kurz darauf entstandenen Wilderer-Roman *Der Jäger von Fall* (1883) wieder. Ludwig Ganghofer gibt uns mit dieser Jagd-Geschichte einen detaillierten Eindruck davon, wie es in Fall einmal aussah, wovon die Leute lebten und wie es dort zuging:
»Wer von Lenggries an der Isar aufwärts wandert..., der hat voraus zwei gute Stunden zu marschieren, um die erste Haltstation, den Weiler Fall, zu erreichen. Eng eingezwängt zwischen ragende Berge und bespült von den kalten Wassern der Isar und Dürrach, die hier zusammenfließen, liegt dieser schöne Fleck Erde in stillem Frieden. Hier ist nur wenig Platz für Sommergäste; ein kleines Bauernhaus zuvorderst an der Straße, dann das Wirtshaus, das den Köhlern und Flößern zur Herberge dient, dahinter das langgestreckte Forsthaus mit den grünen Fensterläden und dem braungemalten Altan, das neue weiß getünchte Stationshaus der Grenzwache, eine kleine rußige Schmiede und einige Köhlerhütten, das war um 1880 der ganze Häuserbestand von Fall.«
Touristen kamen damals nur wenige in das enge Tal. Dorfbewohner und Flößer blieben unter sich: »Am lautesten war es, wenn des Abends die Schatten niederstiegen über die Berge; dann füllte sich die geräumige Gaststube des Wirtshauses mit Köhlern und Flößern, die Jagdgehilfen kamen hinzu, ebenso die Holzknechte, die in den benachbarten Bergen arbeiteten. Durch die offenen Fenster schollen dann vergnügte Lieder hinaus in die Abendluft, die Zither klang, verstärkt durch die schnarrenden Töne einer Gitarre oder einer Mundharmonika und der Fußboden dröhnte unter dem Stampftakt des Schuhplattltanzes.«
Der Roman und vor allem seine Verfilmung in den 1950er Jahren am Originalschauplatz hält die Erinnerung an das Gebirgsdorf wach, dessen Leben von der nahe gelegenen Isar bestimmt wurde und das einst für seine unvergleichlichen Wasserfälle berühmt war, als die Isar noch nicht begradigt und gezähmt war:
»Früher, vor Jahren, suchte (die Isar) nicht so gemütlich ihren Weg. Da grollte, brauste und toste sie in ihrem steinernen Bett..., mit wilder Gewalt zwängte sie ihre Wassermassen durch die einengenden Steinklötze der beiden Ufer und stürzte sie dann hinab, schäumend und wirbelnd über drei aufeinanderfolgende Fälle.« (Ludwig Ganghofer, *Der Jäger von Fall*)

Von Fall nach Vorderriß (809 m) sind es nur 8 km. Die Straße führt direkt zum Gasthof zur Post. Für Durchreisende in die Jachenau oder über Wallgau nach Mittenwald bietet der Landgasthof eine gute Möglichkeit für eine kurze Rast. Für Wochenendausflügler und Urlauber ist er der ideale Ort, um in der rauhen Gebirgslandschaft auszuspannen.

Vorderriß

»... mein Heimatdorf liegt auf einem langgestreckten Hügel, der auf waldige Vorberge stößt. Dahinter bauen sich die Felsenwände des Karwendels eine hinter der andern auf. Der erste Kamm bildet die Landesgrenze, darüber hinaus ist es Tirol, von dem man herüben allerlei Nachteiliges erzählte. Daß sie drüben langsam denken und reden, selten die Wahrheit sagen und es faustdick hinter den Ohren haben, obwohl sie viel frömmer tun wie die Herüberen. Trotz der üblen Nachrede kamen die Leute gut miteinander aus, trieben Handel und versuchten einander zu überlisten, auch schmuggelten sie fleißig heraus und hinein, aber ein wenig Gegnerschaft blieb erhalten.« (Ludwig Thoma, *Kaspar Lorinser*. Fragment)

Der Weiler Vorderriß zählte um 1870, als Ludwig Thoma dort aufwuchs, gerade eine Handvoll Häuser: »In der Vorder-Riß gab es damals vier Hauptgebäudlichkeiten. Drei auf der Anhöhe über der Isar: das von Max II. erbaute ›Königshaus‹, das Forsthaus und neben diesem eine Kapelle. Dazu kamen Nebengebäude für Jagdgehilfen und Stallungen. Im Tale, neben dem Einflusse des Rißbaches in die Isar, lag eine Schneidsäge. Das dazugehörende uralte, mit Freskomalereien gezierte Bauernhaus fehlt in keiner Sammlung von Abbildungen altbayrischer Häuser.« (Ludwig Thoma, *Erinnerungen*)

Gasthof zur Post

1870 kam der Gasthof zur Post dazu, den Ludwig Thomas Vater Max (1822–1874) und seine Frau Katharina Thoma, geb. Pfeiffer (1833–1894), bis 1873 gemeinsam führten. Zu Hause in Oberammergau hatte die Tochter des »Schwabenwirts« das Wirtsgewerbe von Kind

Gasthof zur Post in Vorderriß, um 1880.

auf gelernt. Auch als die Gastwirtschaft bereits weiterverpachtet wurde, half Katharina Thoma gerne beim Kochen und Servieren aus.

Mit einem eigens eingerichteten Ludwig-Thoma-Stüberl möchte der Wirt von Vorderriß an die Kindheit von Ludwig Thoma (1867–1921) erinnern und auch daran, daß König Ludwig II. des öfteren im Gasthof zur Post Station machte, um im königlichen Revier zu jagen. Gewohnt hat er allerdings im »königlichen Jagdhaus« der Wittelsbacher, wo er gleich daneben 1866 eine kreuzförmige, neugotische Kapelle errichten ließ. »Das königliche Jagdhaus liegt hart an der Stelle, wo das im tiefen, steinigen Rinnsal wirklich reißend einherströmende Wasser der wilden Riß in die Isar stürzt«, schrieb der Historiker Friedrich von Bodenstedt, der König Max II. 1858 auf seinem Weg durch die bayerischen Alpen begleitete.

Ein Fußpfad führt vom Gasthof zur Post zum Forsthaus hinauf.

Luise und Ludwig Thoma, um 1874.

Forsthaus
Kindheit von Ludwig Thoma

Der bayerische Schriftsteller Ludwig Thoma verbrachte hier im Forsthaus seine ersten Lebensjahre. Sein Vater Max war neben seiner Tätigkeit als Parkmeister in Forstenried bei München von 1865 bis zu seinem Tod 1874 königlich-bayerischer Oberförster in Vorderriß.

»Meine ersten Erinnerungen knüpfen sich an das einsame Forsthaus, an den geheimnisreichen Wald, der dicht daneben lag, an die kleine Kapelle, deren Decke ein blauer, mit vergoldeten Sternen übersäter Himmel war. Wenn man an heißen Tagen dort eintrat, umfing einen erfrischende Kühle und eine Stille, die noch stärker wirkte, weil das gleichmäßige Rauschen der Isar deutlich herauftönte. Hinterm Hause war unter einem schattigen Ahorn der lustig plätschernde Brunnen ganz besonders merkwürdig und anziehend für uns, weil in seinem Granter gefangene Äschen und Forellen herumschwammen, die sich nie erwischen ließen, so oft man auch nach ihnen haschte. Drunten am Flusse kreischte eine Holzsäge, biß sich gellend in dicke Stämme ein und fraß sich durch, oder ging im gleichen Takte auf und ab.« (Ludwig Thoma, *Erinnerungen*)

Die Holzverarbeitung war damals noch ein florierendes Gewerbe: »Noch etwas

Vorderriß mit Kapelle, königlichem Jagdhaus und Forsthaus, um 1900.

Merkwürdiges und die Phantasie Erregendes waren die rauchenden Kohlenmeiler, gerade unterm Hause, an denen rußige Männer auf und ab kletterten und mit langen Stangen herumhantierten. Hinter Rauch und Qualm leuchtete oft eine feurige Glut auf, aber trotz der Scheu, die uns der Anblick einflößte, trieben wir uns gerne bei den Kohlenbrennern herum, die in kleinen Blockhütten hausten, auf offenem Herde über prasselndem Feuer ihren Schmarren kochten und die Kleinen, die mit neugierigen Augen in den dunklen Raum starrten, davon versuchen ließen. Wieder andere gefährlich aussehende Riesen, die große Wasserstiefel an den Füßen trugen, fügten Baumstämme mit eisernen Klammern aneinander; wenn sie, ihre Äxte geschultert, dicke Seile darum geschlungen, in unser Haus kamen und sich im Hausflöz an die Tische setzten, hielt ich die bärtigen Flößer für wilde Männer und traute ihnen schreckliche Dinge zu. Sie waren aber recht zutunlich und boten uns Kindern Brotbrocken an, die sie zuerst in Bier eingetaucht hatten...« (Ludwig Thoma, *Erinnerungen*)

Die spätere Jagdleidenschaft geht auf Kindheitserfahrungen in Vorderriß zurück. Zusammen mit dem Vater durchstreifte der kleine Ludwig die Wälder. Neugierig hörte er zu, wenn sich die Jagdgehilfen des Vaters abenteuerliche Geschichten aus dem Revier erzählten. Nach dem Tode des Vaters, da war Ludwig Thoma gerade sieben Jahre alt, mußte seine Mutter für sieben unmündige Kinder sorgen. Bei einer Witwenpension von nicht ganz 100 Mark im

Monat war das in dem abgelegenen Vorderriß kaum zu bewerkstelligen. Deshalb verließ sie mit ihren Kindern den Weiler und pachtete 1875 in Prien am Chiemsee den Gasthof Zur Kampenwand und vermietete die Zimmer regelmäßig an Sommergäste. Erinnerungen an diese Zeit in Prien sind in Thomas berühmte *Lausbubengeschichten* eingegangen.

Bis zu seinem Tode 1921 in Rottach-Egern dachte Ludwig Thoma gern an seine Kindheit in Vorderriß zurück. Die Berge und Wälder prägten sein späteres Leben und Schaffen. »Aus dem Fenster meines Tegernseer Hauses sehe ich zu den Bergen hinüber, die das Lenggrieser Tal einschließen. Und sie tragen vertraute Namen. In den Wäldern, die sich an ihren Hängen hinaufziehen, lief ich neben meinem Vater her und das stille Forsthaus in der ›Vorder Riß‹, in dem ich die Kinderzeit verlebte, liegt nicht allzuweit von hier. Wo ich auch war und was mir das Leben auch gab, immer hatte ich Heimweh danach. Je enger sich der Kreis um Ausgang und Ende schließt, desto stärker empfinde ich es ›Um mich ist die Heimat‹.«

Vom Tegernseer Tal aus radelte Thoma des öfteren in das 31 km entfernt liegende Vorderriß, wie etwa am 6. Juli 1914 in Begleitung des Volksmusiksammlers Kiem Pauli. Sein Leben lang fühlte sich Ludwig Thoma als Jäger. Viele seiner Briefe an seine Geliebte Maidi von Liebermann unterschrieb er mit »Dein Jager-Lucke«.

Von Vorderriß gibt es einen direkten Weg ins Tegernseer Tal zum langjährigen Wohnsitz Ludwig Thomas auf der Tuften. Man fährt in Richtung Sylvenstein-Speicher zurück und biegt rechts in Richtung Rottach-Egern, Tegernsee ab. Vgl. Spaziergang VII.

Wer den Weg entlang der Isar nach Mittenwald fortsetzen will, muß die mautpflichtige (!) Straße nach Wallgau nehmen und folgt den Spuren des französischen Philosophen Michel de Montaigne auf seiner Reise nach Italien 1580/81. In Wallgau biegen wir auf die Bundesstraße in Richtung Krün und setzen unsere Fahrt nach Mittenwald fort. Wir fahren die Karwendel-Panoramastraße (B2) bis zur Ausfahrt Süd, biegen rechts in die Innsbrucker Straße ein, überqueren den Mühlenweg und kommen direkt zum Parkplatz (P4), der ganz in der Nähe des Obermarktes liegt.

Mittenwald

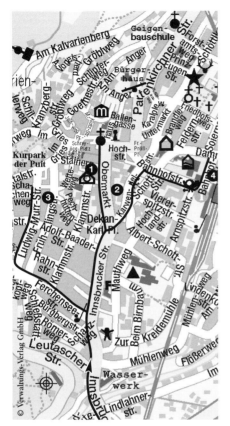

»Mittenwald: kleines, dem Herzog von Bayern gehörendes Dorf, recht hübsch längs der Isar gelegen. Zum ersten Mal in Deutschland reichte man uns hier Kastanien; sie waren völlig roh. Im Hotel befindet sich eine Badestube, in der die Gäste für anderthalb Batzen ein Schwitzbad zu nehmen pflegen. Ich tat das ebenfalls, während die Herren zu Abend speisten. Viele Deutsche ließen sich hier mittels Schröpfköpfen zur Ader.« (Michel de Montaigne, *Tagebuch der Reise nach Italien*)
Wir gehen den Obermarkt, den ältesten Teil von Mittenwald, entlang und kommen zur ehemaligen Posthalterei.

❶ Ehemalige Posthalterei
Logis von
Johann Wolfgang von Goethe
Obermarkt 2

Mit dem »Hotel« bei Michel de Montaigne kann nur das Hotel Post gemeint sein, die ehemalige Posthalterei von Mittenwald mit Übernachtungsmöglichkeiten, Stallungen zum Pferdewechsel und Lagerräumen. Sie befand sich früher im Anwesen Obermarkt 2. 1809 brannte das Haus komplett ab und wurde anschließend neu aufgebaut. Der bis heute berühmteste Gast der ehemaligen Posthalterei war Johann Wolfgang von Goethe (1749–1832). Er machte am 7. September 1786 auf seiner Italienreise, von Walchensee kommend, dort Station. Noch heute erinnert eine am Haus angebrachte Gedenktafel an seinen Aufenthalt.

Die ehemalige Posthalterei, um 1890.

Schräg gegenüber auf der anderen Straßenseite steht das Hotel Post.

❷ Hotel Post
Obermarkt 9

Als die Posthalterei zu klein wurde, erwarben die Besitzer ein weiteres Haus, in dem ebenfalls Besucher untergebracht werden konnten. Dort befindet sich bis heute das Hotel Post, das im Laufe der Jahre viele prominente Gäste aus dem Herrscherhause Wittelsbach beherbergte. Ihre Hotelaufenthalte sind im »Fremden-Buch der Post Mittenwald«, das ab 1881 geführt wurde, dokumentiert. Darüber hinaus schrieb ein Vorfahre der Familie detailliert Tagebuch. An bürgerlichen Gästen werden der Großindustrielle Ernst Bohlen-Halbach mit Ehefrau Bertha Krupp-Bohlen-Halbach (2. bis 6. Mai 1909) und der Schriftsteller Ludwig Ganghofer erwähnt. Dieser besuchte am 30. August 1916 Mittenwald auf dem Weg in sein geliebtes Jagdhaus im Gaistal. Da die Grenze nach Österreich wegen des Krieges unpassierbar war, mußte er in der »Post« übernachten und trug sich ins »Fremden-Buch« ein.

Dem Ort Mittenwald und dem Hotel Post setzte Ludwig Ganghofer mit dem Theaterstück *Der Geigenmacher von Mittenwald. Dorfkomödie in drei Aufzügen*, das er zusammen mit dem Volksschauspieler Hans Neuert schrieb, ein literarisches Denkmal. Später wurde der *Geigenmacher von Mittenwald* auf dem Marktplatz von Mittenwald am Originalschauplatz mit prominenten Schauspielern gedreht. Auch bei der Verfilmung des *Herrgottsschnitzers von*

Hotel Post, um 1900.

Ammergau war Mittenwald Filmkulisse. Ludwig Ganghofer wählte sich die Orte und Motive seiner Theaterstücke bzw. Romane ganz bewußt aus. Den *Herrgottsschnitzer* ließ er im berühmtesten Passionsspieldorf spielen, und der Geigenmacher mußte aus Mittenwald sein, das sich seit dem 18. Jahrhundert zu einem Zentrum des Geigenbaus entwickelt hatte. Die Instrumentenmacher in ihren Werkstätten wurden durch Ganghofer zu einem Sinnbild für die heile Welt einheimischer Handwerker, die, hineingeboren in die pittoreske Bergwelt des Landstrichs, den Einklang von Kunst und Handwerk in einer vergangenen Welt leben. Wer wissen will, wie es wirklich zuging bei den Mittenwalder Geigenbauern um 1900, der muß das Werdenfelser Museum in Garmisch-Partenkirchen besuchen. Dort gibt eine komplett erhaltene Geigenbauer-Werkstatt Einblick in die hohe Kunst des Geigenbaus.

Wir gehen den Obermarkt zurück in Richtung Innsbrucker Straße und dann rechts in die Ferchenseestraße. Die dritte Querstraße ist die Ludwig-Murr-Straße, in die wir einbiegen.

❸ **Haus An der Sonne**
Heute Haus »Zum lieben Augustin«
Logis von Oda Schaefer
Ludwig-Murr-Straße 15
Von Ostern 1945 bis 1949 lebte das Schriftstellerehepaar Oda Schaefer (1900–1988) und Horst Lange (1904–1971) in Mittenwald, zunächst in der kleinen Pension Erika, seit 1946 im Haus An der Sonne.
»Im Spätsommer waren wir ... umgezogen, in eine Straße am Burgberg, die nach Tirol geführt hatte und inzwischen gesperrt war. Ich wohnte im einzigen heizbaren Zimmer, denn ich war Hausfrau.« (Oda Schaefer, *Die leuchtende Feste über der Trauer*) Gemeinsam erlebten Horst Lange und Oda Schaefer die ersten Tage

Haus An der Sonne, um 1950.

nach Kriegsende: »Die Verdunklungen waren gefallen, wir saßen auf dem Salettl, dem Holzbalkon des kleinen Hauses, das uns aufgenommen hatte, und sahen, wie die Laternen auf den Straßen und die Lampen in den Häusern nach und nach hell wurden. Vor uns leuchtete das Karwendel-Gebirge im Alpenglühen. Doch wir durften die Straßen nicht betreten, es herrschte das strenge Gesetz des ›Curfew‹ – wörtlich übersetzt bedeutet es ›Abendglocke‹ – das eine Ausgangssperre von sieben Uhr abends bis sieben Uhr morgens verhängt hatte.« (Oda Schaefer, *Auch wenn Du träumst, gehen die Uhren*)

1930 hatte die Journalistin Oda Schaefer in Liegnitz Horst Lange kennengelernt, der sich gerade an seinem ersten Roman versuchte. Der Sohn eines Regimentschreibers und Vizefeldwebels war nach einem verkrachten Kunststudium in Berlin und Breslau vorerst in seiner Heimatstadt gestrandet. Die beiden heirateten am 12. Juli 1933 in Berlin/Zehlendorf. Trauzeuge war der Schriftstellerfreund Günter Eich. Im Juni 1940 wurde Horst Lange zur Wehrmacht eingezogen und schwer verwundet. Oda Schaefers Sohn Peter galt als vermißt. Ende März 1945 wurde Horst Lange zu den Gebirgspionieren nach Mittenwald versetzt. Obwohl zu diesem Zeitpunkt Zivilpersonen Berlin nicht mehr verlassen durften, setzte er durch, daß ihn Oda Schaefer als Sekretärin begleiten durfte. »Alles, was nun folgte, war wie ein abgekartetes Spiel zwischen Menschen, die uns retten wollten: der Befehl von Horst Langes Dienststelle, in Mittenwald einen Pionier-Film zu schreiben, was angesichts der Lage an den Fronten völlig sinnlos war, die Bestätigung dieses Auftrags durch die UFA, die den Film angeblich drehen wollte, dann der Vorschuß von fünftausend Mark, den Wolfgang Liebeneiner zahlte, damit wir überhaupt existieren konnten – alle guten Geister waren um uns bemüht.« Oda Schaefer und Horst Lange kamen mit einem Militärkonvoi über Oberammergau und Ettal nach Mittenwald in eine friedliche und heile Welt: »Uns begegneten gebräunte, gut genährte Gebirgstruppen, in den Zügen der Zivilpersonen war keine Todesangst zu lesen wie in Berlin, wo die Menschen übermüdet in der U-Bahn einschliefen, ausgemergelte Gestalten mit grün-grauen, übernächtigten Gesichtern. Keine Fensterscheibe fehlte, alles um uns herum war heil, der Krieg hatte nichts angetastet.«

Als sich wenige Wochen später die Amerikaner von Elmau her dem Grenzort näherten, ergaben sich die Mittenwalder widerstandslos. Das Kriegsende in Mittenwald hat Oda Schaefer so erlebt: »Die weiße Fahne, ein Bettlaken, hing rechtzeitig vom Kirchturm, es soll jemand von der nach Mittenwald versetzten Heeresfilmstelle gewesen sein, der sie hat wehen lassen. Kurz vorher waren bei Schneetreiben in den ersten Tagen des Mai Männer aus dem Konzentrationslager Dachau in ihren dünnen gestreiften Anzügen unter SS-Bewachung durch die Straßen getrieben worden. Sie sollten auf österreichischem Gebiet erschossen werden, doch war die Grenze bereits von Tiroler Standschützen besetzt. Horst Lange rief seinen Chef an, der umgehend Pioniere auf Rädern, zwei Feldwebel und acht Mann mit zwei Maschinengewehren dorthin schickte. Die SS flüchtete in die Berge, die KZ-Häftlinge wurden im Saal der Bozener Weinstube unterge-

Oda Schaefer, 1942.

Kunst die wiedergewonnene Freiheit des Geistes. »Wir bekamen Besuch in Mittenwald von Raimund Pretzel, einem guten Bekannten aus Berlin, der nach London emigriert war, sich dort Sebastian Haffner nannte und als politischer Redakteur beim ›Observer‹ tätig war. Sein Pseudonym hatte er der von ihm geliebten Haffner-Symphonie von Mozart entlehnt. Wir hatten ihn zuletzt 1938 gesehen, bei Peter Huchel.« (Oda Schaefer, *Die leuchtende Feste über der Trauer*)
Langsam entstand in München wieder ein geregelter Literaturbetrieb. Zeitungen und Verlage wurden gegründet, die dem Schriftstellerehepaar Verdienstmöglichkeiten boten. 1950 besorgte Hans Ludwig Held, Stadtbibliotheksdirektor und Religionsphilosoph, dem

Horst Lange, 1940.

bracht, die Pioniere lieferten Strohschütten und Decken, die NSV stärkte mit Malzkaffee und Suppen.«
Der Krieg war überstanden, doch jetzt begann der harte Überlebenskampf erst richtig. Flüchtlingsströme und Zwangseinquartierungen blieben auch den Mittenwaldern nicht erspart. Und die Winter waren hart. Das Holz zum Heizen sammelte Oda Schaefer wie die anderen Flüchtlinge in den nahe gelegenen Wäldern. Das Notwendigste zum Leben verdiente sie sich mit Reinschriften und Korrekturarbeiten.
Sofort nach Kriegsende regte sich kulturelles Leben in Mittenwald. Nach den schrecklichen Jahren der Hitler-Diktatur schlossen sich die dort gestrandeten Schriftsteller, Maler und Musiker zu Zirkeln zusammen und feierten mit ihrer

Ehepaar Schaefer-Lange eine Wohnung in München. Kurz darauf verließ es Mittenwald. Oda Schaefer arbeitete wieder als Journalistin und fand als Lyrikerin einen kleinen, treuen Leserkreis. Einem größeren Publikum wurde sie mit ihren Lesebüchern zum Mythos Schwabing, aber vor allem mit der von ihr zusammengestellten Anthologie *Unter dem sapphischen Mond* bekannt.
Wir gehen den Weg zurück und gelangen über die Karwendelstraße und die Bahnhofstraße zum Bahnhofsplatz.

❹ Bahnhof Mittenwald
Bahnhofsplatz

Normalerweise übernachteten Ludwig Ganghofer und seine Gäste im Jagdhaus Hubertus im etwa 10 km entfernten Gaistal. Die An- und Abreise der Münchner Besucher erfolgte seit 1912 über Mittenwald. Die Fahrzeit mit der Bahn aus München betrug etwa fünf bis sechs Stunden. Dann ging es mit der Kutsche über Leutasch weiter zur Tilfußalm. Manchmal machte Ludwig Ganghofer Station bei seinem besten Freund, dem Intendanten des Berliner Ensembles des Residenztheaters Richard Alexander (1852–1923), den Ganghofer bereits aus Wien kannte und der sich 1908 in Mittenwald niedergelassen hatte. In seinem Gästebuch, das bis 1918 geführt wurde, ist die geschichtsträchtige Abfahrt Ludwig Ganghofers mit allen seinen Angehörigen zu Kriegsbeginn am 6. August 1914 vom Mittenwalder Bahnhof dokumentiert. »Aufbruch unserer lieben Ganghofer zu den Waffen!!« kommentiert Richard Alexander die Abreise von Ganghofer, der dem deutschen Kaiser Wilhelm zu Beginn des Ersten Weltkrieges gelobte, »deutsch zu handeln, deutsch zu fühlen und deutsch zu bleiben«. Im Nachlaß Ludwig Ganghofers findet sich jenes denkwürdige Gesuch an das Kriegsministerium in München vom selben Tag, in dem er um Verwendung im Kriegsdienst ersuchte. Damals war der für »dauernd untauglich« Erklärte bereits 59 Jahre alt. Ein Jahr später ging er an die Front zu den Marinetruppen nach Brügge. Auch in Galizien wurde er Zeuge des Kriegselends. In sein geliebtes Gaistal kam er nicht mehr zurück. Vom Verlauf des Ersten Weltkrieges tief enttäuscht, starb er 1920 in Rottach-Egern.

Rast der Familie Ganghofer, Mittenwald, 1912.

Mittenwald hat seine Jugendherberge, die 1956/57 erbaut wurde, nach Ludwig Ganghofer benannt. Sie liegt 4 km nördlich von Mittenwald auf 1000 m Höhe und hat über 122 Betten. Sie ist ein idealer Ausgangspunkt für kleinere und größere Wanderungen und Bergtouren zu familienfreundlichen Preisen.
Wir gehen zur Ortsmitte zum Auto zurück, fahren die Innsbrucker Straße Richtung Leutasch und kommen kurz

vor dem Ortsausgang am Bergschlössl, Innsbrucker Straße 31, vorbei. Hier baute sich Richard Alexander 1907 sein »Steinernes Haus«, das er ab 1908 mit seiner Familie bewohnte. Das Gästebuch dokumentiert auch Besuche von Ludwig Thoma und Richard Strauss, der vermutlich am 18. August 1909 samt Familie von Garmisch kam.

Leutasch

Nach etwa 5 km kommt man ins Leutaschtal, das bereits in Österreich liegt. Von dort aus ist der Weg ins Gaistal gut beschildert. Es erstreckt sich ungefähr 16 km von Leutasch bis Ehrwald. In etwa acht Gehstunden kann man es durchqueren. Man muß allerdings schwindelfrei sein. Für den Autoverkehr ist die Strecke gesperrt. Das Auto muß man am Parkplatz Gaistalalmen abstellen, dann geht es zu Fuß oder mit dem Fahrrad 9 km weiter zur Tillfußalm. Sie ist im Sommer zwischen Mitte Mai und Ende September bewirtschaftet. In unmittelbarer Nähe zu dieser Jausenstation liegt das ehemalige Jagdhaus von Ludwig Ganghofer mit zwei Nebengebäuden. Heute ist es im Besitz des Landes Österreich und an Privat verpachtet. Für die Öffentlichkeit ist eine Besichtigung der Innenräume nicht möglich. An der Grundstücksgrenze steht eine Hinweistafel auf die Zeit Ludwig Ganghofers in diesem Jagdhaus.

Jagdhaus Hubertus von Ludwig Ganghofer
Tillfußalm im Gaistal

1894 ließ sich Ganghofer auf Dauer in München in der Steinsdorffstraße 10 nieder. Sein literarischer Ruf war durch Romane wie *Der Klosterjäger*, *Die Martinsklause* und *Schloß Hubertus* soweit gefestigt, daß ihn regelmäßige Honorare finanziell absicherten. 1896 erfüllte er sich mit der Pacht einer Hochwildjagd im Tiroler Gaistal den Wunsch nach einem eigenen Stück Natur. Auf neun Jahre schloß er mit Zustimmung der

Jagdhaus Hubertus, um 1900.

Innsbrucker Forstbehörde zunächst den Vertrag mit dem Herzog von Orléans, dem das Jagdgebiet damals gehörte. Später verlängerte er den Pachtvertrag bis 1918. Etwa 20 Jahre lang verbrachte Ganghofer vor allem die Sommermonate dort. Doch auch im Spätherbst kam er zur Hirsch- und Gemsbrunft ins Gaistal. Für den begeisterten Radfahrer und Skiläufer war das Gaistal mehr als ein Jagdrevier. Hubertus war gleichsam eine Gegenwelt zur gesellschaftlichen Realität, in der er in München lebte. Mit den dazugepachteten Gemeindejagden von Ehrwald, Bieberwier und Leutasch umfaßte das Revier eine Fläche von über 20 000 Hektar. Ganghofer nannte seine Bergresidenz Haus Hubertus im Gedenken an seinen Roman *Schloß Hubertus*, den er 1895 beendet hatte.

Die Anreise war damals noch nicht so einfach wie heute. Die Münchner Gäste kamen zumeist über Mittenwald und die Leutasch oder auch selten über Ehrwald. Die Wiener kamen über Innsbruck, Zirl, Seefeld nach Leutasch und von dort nach Hubertus. Mit Inbetriebnahme der Karwendelstrecke 1912 verkehrten von Seefeld nach Leutasch Postautobusse. Bis dahin und noch lange danach war das übliche Verkehrsmittel für die wohlhabenden Gäste die Pferdekutsche. Das Gepäck wurde von Leutasch aus mit Leiterwagen nachgeliefert. Am 20. November 1896 hielt sich Ludwig Ganghofer zum erstenmal zusammen mit seinem Dichterfreund Ernst von Wolzogen (1855–1934) im Jagdhaus auf der Tillfußalm auf.

Im Laufe der Zeit besuchten ihn Dichter, Maler, Geschäftsleute, Industrielle, meist mit ihren Familien, auf seinem

Landsitz mitten im Hochgebirge. Die Maler August von Kaulbach, Franz von Stuck und Arnold Böcklin waren ebenso zu Gast wie die Schauspieler Josef Kainz, Ernst von Possart und Alexander Moissi. Des weiteren die Musiker Bruno Walter und Richard Strauss und der Sänger Leo Slezak. Der Maler Franz Defregger verewigte Ludwig Ganghofer in Hubertus mit seinen Jägern auf einem Gemälde. Auch Georg Hirth, Gründer der Zeitschrift *Jugend*, und Albert Langen, Chefredakteur des *Simplicissimus*, beehrten Ludwig Ganghofer mit ihrem Besuch sowie die Schriftstellerkollegen Ricarda Huch, Rainer Maria Rilke, Gerhart Hauptmann, Max Halbe und Thomas Mann. Sie übernachteten in den zahlreichen Gästezimmern des dreigeschossigen Jagdhauses. In einem Brief vom 10. April 1899 bedankte sich Hugo von Hofmannsthal (1874–1929) für »das gemütliche Beisammensitzen abends und die vielen schönen, lebensvollen Geschichten, die Sie so lieb und gut waren, mir unermüdlich vorzulesen und zu erzählen. Sie werden nicht leicht in Ihrem reichen und freigebigen Leben jemandem eine so nachhaltige Freude gemacht haben, lieber Herr Doktor, als mir, und so lassen Sie mich endigen als Ihr aufrichtig dankbarer Hofmannsthal«. Wenige Wochen später kam Hofmannsthal schon wieder ins Gaistal, um den fachlichen Rat des Hausherrn einzuholen, auf dessen Urteil er größten Wert legte. Seinen Eltern schrieb er am 6. Mai 1899 gleich nach der Ankunft:
»Ich fühle mich sehr wohl und denke noch 2–4 Tage hier zu bleiben. Hier ist es natürlich verschneit. Ich bin das erstemal wirklich im Innern des Gebirges und finde es äußerst wohltuend. Heute hat mich Ganghofer um zwei Uhr geweckt, um einen Hahn balzen zu hören. Konnten ihm aber nicht nahe kommen, aber die Stimmung war wundervoll. Um sechs waren wir wieder zu Haus, Ganghofer ging noch Saiblinge fangen. Ich legte mich wieder ins Bett und schlief sehr gut bis elf in meinem Zimmer, das nach Zirbelholz riecht. Die Kost ist ausgezeichnet. Um halb drei früh haben wir Thee gehabt, um sechs Uhr früh Eierspeise und Marsala, um ein Uhr Saiblinge, garniert mit Lungenbraten, ein sehr gutes Citronen-soufflé und Münchner Bier.«
Ludwig Thoma war einer der häufigen Gäste in Hubertus. Er machte alljährlich eine Radtour in das Karwendel- und Wettersteingebirge und legte in Hubertus bei Ludwig Ganghofer meist eine längere Rast ein. Gemeinsam gingen die leidenschaftlichen Jäger dann auf die Pirsch.
Und wie verbrachten die verwöhnten Gäste aus der Stadt den Tag in der Bergeinsamkeit? Der Morgen gehörte der Jagd – zu Fuß oder zu Pferd, so der Ganghofer-Biograph Emil Karl Braito. Am Vormittag wurde geruht, dann gab es den ganzen Tag Unterhaltung. Bei besonders gutem Wetter wurde das Mittagessen gegen ein Uhr im Freien bei der Kegelbahn serviert. Anschließend konnte man kegeln, Boccia oder Tennis spielen, bei schlechtem Wetter vertrieb man sich die Zeit mit Skat oder anderen Kartenspielen, bis die Post kam. Es gab einen eigenen Postboten für das Jagdhaus, der mit dem Rad von Seefeld täglich vier Stunden bergauf Briefe, Karten und Telegramme brachte und holte. Abends wurde getanzt und musiziert, wobei Ganghofer selbst als glänzender »Alleinunterhalter« des öfteren in Erscheinung

Ludwig Ganghofer (re.) auf der Jagd.

trat und mit der Zither zum Tanz aufspielte. Es wurde auch viel gesungen, besonders G'stanzln. Mitunter verbrachte man den Abend auch mit philosophischen Gesprächen, je nachdem, wer gerade zu Gast war. Das Personal sorgte einstweilen für das Wohlergehen der Gäste. Abgesehen von Milch und Butter, die täglich Bauernmädchen aus Leutasch ins Gaistal brachten, wurden die Lebensmittel und Haushaltswaren aus dem nahen Zirl/Tirol angeliefert. Wildbret, Wildgeflügel und Forellen hatte man selber genügend im Eiskeller, der im Frühling mit Schnee gefüllt wurde.

Normalerweise begann Ganghofer erst zu schreiben, wenn seine Gäste zu Bett gegangen waren: »Hatte ich einen sonnenschönen Tag mit einer halben Nacht um die Ohren geschlagen und kam ich heim in meine Bude, so zündete ich stets die Lampe an, blieb noch ein paar Stunden am Schreibtisch sitzen, arbeitete oder las etwas Tüchtiges. Damals gewöhnte ich meinem Körper an, wenig Schlaf zu brauchen.« (Ludwig Ganghofer, *Jagdbuch*) Und wenn wegen der vielen Gäste die nötige Konzentration zum Schreiben fehlte, wich Ludwig Ganghofer kurzerhand in seine Wohnung im nahe gelegenen Ehrwald/Tirol aus.

Von seinem Jagdhaus aus hatte Ganghofer einen herrlichen Blick auf die Miminger Berge mit der Hohen Munde und der Hochwand auf der einen Seite und auf das Wettersteinmassiv auf der anderen Seite. In dieser unberührten Naturlandschaft ließ sich der Schriftsteller zu Jagdgeschichten und Romanen wie *Das Gotteslehen* (1899) und *Das Schweigen im Walde* (1899) inspirieren, die Ludwig Ganghofer in der Gebirgslandschaft des Gaistales spielen läßt. Wenig später wurde dort der *Dorfapostel* vollendet, die Geschichte des armen Holzknechtes, der im Kampf gegen die Roheit und den Aberglauben der Dorfbewohner untergeht. In seinem dreibändigen *Jagdbuch*, das so etwas wie die Chronik seiner ausgedehnten Hochwildjagd ist, wurde die Zeit im Gaistal bis 1914 detailliert dokumentiert.

Wer das Gaistal zu Fuß oder mit dem Mountainbike durchquert, kann in Ehrwald den literarischen Spaziergang durch Ehrwald fortsetzen. Vgl. Spaziergang III.

Gruppenbild anläßlich des Ganghofer-Schießens, Finsterwald, 1905: Ludwig Ganghofer (stehend hinten re.), Ludwig Thoma (sitzend, 2. von li.), Marietta di Rigardo, seine spätere Frau (daneben), Olaf Gulbransson (sitzend, Mitte).

VII.
Spaziergänge
rund um den Tegernsee

Das Tegernseer Tal ist seit vielen Jahrhunderten ein Mittelpunkt für Kunst und Literatur in Bayern. Seit die Wittelsbacher das säkularisierte Kloster Tegernsee als Sommerresidenz nutzten, kamen auch die Künstler und Schriftsteller an den Tegernsee. In ihren Arbeiten hielten sie die Schönheit der Landschaft fest und prägten das tausendfach kopierte Bild vom »Bilderbuch-Bayern«: ein See inmitten einer reizenden Gebirgslandschaft, gesäumt von blitzsauberen Dörfern.

Finsterwald

Wir beginnen unseren Spaziergang in Finsterwald, das etwa 4 km von Gmund am Tegernsee entfernt liegt.

❶ Sixbauer
Logis für den *Simplicissimus*
Tölzer Straße 145

Im Tegernseer Tal trafen international renommierte Künstler und Literaten mit den in der altbayerischen Kultur ruhenden Einheimischen zusammen. Kein Künstlerkreis wird um die Wende vom 19. zum 20. Jahrhundert enger mit der Region in Verbindung gebracht als die Mitarbeiter der Satirezeitschrift *Simplicissimus* mit den Exponenten Olaf Gulbransson (1873–1958) und Ludwig Thoma (1867–1921). Dieser entdeckte das Dörfchen Finsterwald, gleich oberhalb von Gmund gelegen, und verbrachte ab 1902 die Sommermonate mit seiner Schwester Bertha und dem Bruder Peter beim Sixbauern, wo er seine Komödie *Die Lokalbahn* zu Ende führte. Von hier aus organisierte er den Bau seines eigenen Hauses auf der Tuften bei Rottach, in das er 1908 einzog. Zu Ludwig Ganghofers (1855–1920) 50. Geburtstag 1905 arrangierte Ludwig Thoma beim Sixbauern das »Ganghofer-Schießen«, an dem neben den Künstlern des *Simplicissimus* auch Georg David Schulz und seine Frau Marietta di Rigardo (1880–1966), genannt Marion, die spätere Frau von Ludwig Thoma, teilnahmen. Überhaupt tauchten Rudolf Wilke, Bruno Paul, Ignatius Taschner und noch andere Mitarbeiter der Satirezeitschrift immer häufiger in dem stillen Dorf auf. Thoma, des Stadtlebens überdrüssig, setzte durch, daß im Sommer die wöchentliche Redaktionssitzung des *Sim-*

Franz Blei und Annette Kolb.

Die Künstler des *Simplicissimus* beim Ganghofer-Schießen in Finsterwald, 1905. Im Auto vorn re.: Olaf Gulbransson. Dahinter von li. nach re.: Ludwig Thoma, Marietta di Rigardo, Ludwig Ganghofer.

plicissimus in Finsterwald bei Gmund abgehalten wurde. Der Redakteur Korfiz Holm (1872–1942) erinnert sich: »So lernte dann auch ich den Ort bei einem Sonntagsausflug kennen, und weil es sich da fern vom Fremdenstrome nett und billig leben ließ, verbrachte ich mit Frau und Kindern meinen nächsten Sommerurlaub dort. Wir wurden richtig heimisch in dem bäuerlichen Austragshäusl, das wir uns gemietet hatten, und gingen deshalb über Weihnachten 1903 und Neujahr 1904 wieder zur Winterfrische hin.« Ihn besuchten die Schriftsteller Otto Julius Bierbaum (1865–1910) und Franz Blei (1871–1942), ganz dem bäuerlichen Leben entsprechend gewandet. Gemeinsam verbrachten sie die Weihnachtsfeiertage und ließen sich an Silvester tagsüber mit zweispännigen Schlitten »unter lustigem Schellenklingeln durch Tegernsee und Egern bis zum Glaslwirt« fahren. Den Abend verbrachte man gemeinsam beim Silvesterfest in der Wirtschaft von Finsterwald. In Frage kommen der jetzige Feichner Hof oder der Gasthof Weidenau. Der Karikaturist Olaf Gulbransson nutzte die Gelegenheit und trat zum erstenmal in bayerischer Tracht auf. Die »kurze Wichs« saß eng wie eine Wursthaut, und das grobleinene Hemd war hinten aufgeplatzt.

Otto Julius Bierbaum, 1892.

ein ›gestandener Sprung‹ ist ihm hier nicht ein einziges Mal geglückt, dafür war ja der Auslauf viel zu steil.« (Korfiz Holm, *Ludwig Thoma und Olaf Gulbransson*)

Über die Tölzer Straße fahren wir hinunter nach Gmund, biegen rechts in die Max-Obermayer-Straße ein und setzen nun unseren Weg auf der Seepromenade fort.

Gmund

»Tegernsee lebt noch in mir, mit dem erregenden Wasser, dem Boot, den Lido-Eindrücken am Badestrand, der Besteigung des Hirschbergs, der Nacht im Unterkunftshaus, dem südwindigen Morgen und dem Gipfel vor und bei Sonnenaufgang.« (Thomas Mann, *Tagebücher*)

Er weihte die anderen Mitarbeiter des *Simplicissimus* in die Geheimnisse des Skilaufens ein, das damals in Oberbayern noch etwas Neues und Besonderes war. Für Korfiz Holm suchte er sogar »selbst die Brettel vom besten Eschenholz mit schnurgerader Faserung aus und gab auch einem Sattler an, wie er die Bindung darauf anzubringen hätte, die höchst einfach war und nur aus einem Stückchen Treibriemen und etwas einem halben Meter kleineren Riemenzeugs bestand«. Olaf Gulbransson baute sich am Waldrand von Finsterwald eine kleine Sprungschanze, um wie in Norwegen Ski springen zu können: »Ich sah mit Staunen zu, wie er dann auf den Skiern aus dem Wald hervorgeschossen kam, sich plötzlich in die Luft vorschnellte und dann, alle Viere steif von sich gestreckt, am Hange förmlich Räder schlug. Denn

❷ **Mit Thomas Mann entlang der Seepromenade von Gmund nach Tegernsee**
An der Seepromenade steht seit 2002 zur Erinnerung an Thomas Manns (1875–1955) Aufenthalte am Tegernsee eine lebensgroße Bronzefigur von *Herr und Hund*, die der dort ansässige Bildhauer Quirin Roth nach einer Fotografie von 1918 entworfen hat. Erinnern soll die Bronzefigur »an die Gmunder Bauern, die im Hungerjahr 1918 der Familie Mann durch die größte Not geholfen haben«, wie auf einer Tafel am Sockel zu lesen ist. In jenem Jahr hatten die Manns den völlig abgemagerten Hund im Café Forsthaus bei Tölz bei dem »ansprechend gedrungenen, schwarzäugigen

Thomas Mann mit Hund Bauschan, 1918.

Fräulein«, das »von einer kräftig heranwachsenden und ebenfalls schwarzäugigen Tochter« unterstützt wurde, entdeckt. Der Hund Bauschan, den die Familie Mann nach einigem Zögern gegen »eine kleine Kaufsumme« von Mutter und Tochter Halder erwarb, nahm in seines Herrn Seele einen großen Raum ein. Bauschan wurde wieder aufgepäppelt und avancierte zum Liebling der Kinderschar. In seiner Novelle *Herr und Hund*, die 1919 erschien, hat Thomas Mann ihm ein ebenso amüsantes wie bewegendes literarisches Denkmal gesetzt. Auch die Tagebücher aus jener Zeit lassen erkennen, wie groß die Zuneigung Thomas Manns für dieses legendäre »Kummerbild« war.

Mit dem Fahrrad oder zu Fuß gelangen wir am Ufer entlang ins 5 km entfernte Tegernsee. Mit dem Auto fährt man die Tegernseer Straße am Ufer entlang und kommt über die Nördliche und Südliche Hauptstraße und über die Münchner Straße zur Ortsmitte.

Tegernsee

Das Auto kann man auf dem Parkplatz am Rathausplatz abstellen. Von dort aus biegen wir links zum Gulbransson Museum ab, das im Kurgarten liegt.

❸ Olaf Gulbransson Museum Im Kurgarten

In der Dauerausstellung des Olaf Gulbransson Museums, das sich seit 1966 um das künstlerische Lebenswerk und die Persönlichkeit Gulbranssons kümmert, erfährt man Näheres zu Leben und Werk des renommierten norwegischen Karikaturisten und Malers. Im Untergeschoß des Museums werden die satirischen und zeitbezogenen Zeichnungen Olaf Gulbranssons gezeigt. Darüber hinaus dokumentieren zahlreiche Fotografien vor allem seine Tegernseer Zeit und beleuchten den persönlichen Bereich des Künstlers inmitten seiner Familie und seiner Freunde. Die Größen seiner Zeit hielt er in scharfsichtigen Porträts fest, darunter *Leo Tolstoi* (1904), *Eleonore Duse* (1904), *Björnstjerne Björnson* (1904), *Knut Hamsun* (1898), *Selma Lagerlöf, Annette Kolb, Thomas Mann* (1932). Mit seinem Zeichenstift versuchte er stets, den Wesenskern in der äußeren Erscheinung eines Menschen sichtbar zu machen.

Geboren wurde Olaf Gulbransson am 26. Juni 1873 in Oslo. Mit 15 Jahren besuchte er die Kunst- und Handwerksschule in Christiania. Vom 16. Lebensjahr an war er als Zeichner für Tages- und Witzblätter tätig. 1902 holte ihn der Verleger Albert Langen als Zeichner für den *Simplicissimus* nach München. Albert Langen hatte 1896 Dagny Björnson geheiratet, die jüngste Tochter des norwegischen Nationaldichters und Nobelpreisträgers Björnstjerne Björnson, und im selben Jahr die Satirezeitschrift *Simplicissimus* gegründet. Im August 1906 feierte Gulbransson mit Grete Jehly (1882–1934) Hochzeit. Sie war die Tochter des Landschaftsmalers Jakob Jehly aus Bludenz/Vorarlberg. Mit der Vorarlberger Schriftstellerin kam der aus dem bäuerlichen Milieu stammende Gulbransson in ein völlig neues gesellschaftliches Umfeld. Durch sie hatte er in München, wo er bis zur Scheidung 1923 mit ihr im »Kefernest« wohnte, Kontakte zu zahlreichen Künstlern und Schriftstellern. Am 5. Juni 1923 heiratete er als 50jähriger in dritter Ehe die 22jährige Dagny Björnson, Enkelin von Björnstjerne Björnson. Das Paar trat die Hochzeitsreise nach Norwegen an, dort herzlich begrüßt von den alten Freunden wie Knut Hamsun, Edvard Munch und Fridtjof Nansen. Aus dieser Hochzeitsreise wurde ein längerer Aufenthalt. Aber München und die bayerischen Berge ließen die beiden nicht los. Im März 1927 kehrten sie zurück. 1929 trat Olaf Gulbransson eine Professur an der Akademie der Bildenden Künste in München an und kaufte den Schererhof in Tegernsee.

Wir gehen zur Seestraße zurück und überqueren sie. Die frühere Klosteranlage heißt heute Schloß Tegernsee und beherbergt das Gymnasium Tegernsee.

Olaf Gulbransson, 1922/23.

❹ **Ehemaliges Kloster Tegernsee
Heute Schloß Tegernsee**

Das Tegernseer Kloster, eines der ältesten in Bayern, ist ein literarhistorischer Ort oberster Güte. Die Dichtkunst erlebte hier schon im Mittelalter eine Blüte. Das erste in Deutschland bekannte Mysterienspiel, das Spiel vom *Tegernseer Antichrist*, wurde höchstwahrscheinlich von einem Benediktinermönch in Tegernsee verfaßt und im Kloster lange Zeit zur Aufführung gebracht. Es handelt vom Ende des römisch-deutschen Kaisertums und vom Sieg der Kirche über den Antichrist. Das Mysterienspiel, dessen Text gesungen wird, entstand vermutlich zu Ehren des Kaisers Friedrich I. Barbarossa, der um 1189 dem Kloster einen Besuch abstatten wollte.

Zwischen 1212 und 1217 kehrte der bedeutendste Sänger des Mittelalters, Walther von der Vogelweide (ca. 1170–1230), ins Kloster ein. Der Minnesänger behielt die dort erfahrene Gastfreundschaft jedoch in keiner guten Erinnerung, aber immerhin ging mit seinem Lied das Kloster Tegernsee erstmals in die Weltliteratur ein.

»Man erzählt mir immer von Tegernsee,
wie hoch das Haus im Ansehen steht:
dorthin wandte ich mich mehr als eine
Meile weit von der Straße weg.
Ich bin ein merkwürdiger Mensch,
daß ich mich nicht selbst zurecht-
zufinden weiß
und mich so sehr auf andere Leute
verlasse.
Ich tadele sie nicht, aber Gott möge uns
beiden gnädig sein:
Ich erhielt dort Wasser, und so naß
mußte ich den Tisch des Mönchs
verlassen.«
(Walther von der Vogelweide, *Sämtliche Lieder*)

Die Tegernseer Bibliothek sowie die dortige Schreibschule gewannen im Mittelalter immer mehr an Bedeutung. Um 1500 soll die Bibliothek mehr Bände besessen haben als die des Vatikans. Abgeschrieben wurden vor allem die Werke der Kirchenväter Augustinus, Hieronymus und Chrysostomus, die in der humanistischen Theologie eine zentrale Rolle spielten. In ihrer Glanzzeit gehörten ca. 11 860 Bauernhöfe zur Abtei Tegernsee. Graf Drechsel, der das aufgelassene Kloster nach der Säkularisation 1802/1803 kaufte, ließ den vorderen Teil abreißen. König Maximilian Joseph erwarb das Klostergebäude 1817 und nutzte es als Sommerresidenz. Die Wittelsbacher, die das Kloster mehrfach umbauten, waren von nun an verstärkt im Tegernseer Tal präsent, unterhielten Jagden, kümmerten sich um bäuerliche Traditionen und bereicherten durch ihre Anwesenheit das Ritual der Feste. Die Leute auf dem Land erwiesen ihrem jeweiligen Landesvater dafür bei jeder Gelegenheit die Ehre und gelobten immerwährende Treue. Als Zeichen dafür hing in jeder Wirtsstube das Porträt des Königs.

Im alten Ortskern von Tegernsee liegen die früheren Wohnungen des Malers August Macke, die nicht zugänglich sind. Auch der Schererhof und der Löblhof sind auf ausdrücklichen Wunsch nicht auf der Karte verzeichnet.

Villa Brand
Wohnung von August Macke

Im November 1909 kam der Maler August Macke (1887–1914) mit seiner Frau Elisabeth auf Einladung von Freunden für ein Jahr nach Tegernsee. Zusammen mit Max Ernst war er der wohl prominenteste Vertreter der »Rheinischen Expressionisten«. August Macke wurde 1887 in Meschede (Sauerland) geboren, verbrachte seine Kindheit in Köln,

Villa Brand, 1986.

August Macke, *Selbstporträt mit Hut*, 1909.

die Schulzeit in Bonn und studierte an der Kunstakademie und Kunstgewerbeschule in Düsseldorf. 1907/08 war er der Schüler von Lovis Corinth in Berlin. Auf seinen Reisen nach Paris lernte er die Werke der französischen Impressionisten kennen. 1909 heiratete er seine Jugendfreundin Elisabeth Gerhardt. Die beiden zogen nach Tegernsee in die Villa Brand, »ein städtisches, leicht gebautes Haus, in der Nähe des Bahnhofs gelegen, mit vielen Balkonen ringsum«, wo die Freunde bereits eine Etage gemietet hatten. Elisabeth Erdmann-Macke erinnert sich später daran, wie aus den Fremdenzimmern ein Maleratelier wurde: »Alle Kitschbilder und Etageren mit billigem Nippeskram wurden zum Entsetzen der Hausleute von der Wand genommen und erbarmungslos in einem der unbenutzten Zimmer untergebracht. Ein Zimmer wurde ganz ausgeräumt, es diente als Atelier. August hatte große Arbeitslust, und bald füllten sich die leeren Leinwände mit den ersten Bildern. Er ließ sich von Brugger aus München Material kommen, und nun begann eine wunderbare, fruchtbare Arbeitszeit, in der die vielen Eindrücke der letzten Wochen, besonders die Aufenthalte in Paris, verarbeitet wurden.«

Nun wurden Modelle aus dem Ort engagiert, »der alte Jäger, ein versoffener Typ aus Gmund«, und »eine junge, stämmige Sennerin..., die wir einmal auf einem Spaziergang beim Heuen antrafen in langen blauen Hosen«. »Ein Bild nach ihr ›Venus mit Vögelchen‹ ist bei Kriegsende abhanden gekommen, zwei Porträts mit ihr sind erhalten, außerdem sehr viele Aktzeichnungen«, so Elisabeth Erdmann-Macke in ihrer *Erinnerung an August Macke*.

August Macke, *Tegernsee-Landschaft*, 1910.

August Macke, *Unser Wohnzimmer in Tegernsee*, 1909/10.

Die Mackes ließen sich aus Bonn jede Menge Kisten mit Hausrat aller Art schicken, »vor allem das eigene Bettzeug, Kissen, Kamelhaardecken und Federbetten«, denn die Wohnung war im Winter eiskalt. Auch das Klavier wurde geschickt, damit das jungvermählte Paar nicht auf liebgewonnene Musik verzichten mußte. Die Malerfreunde genossen ausgelassen den Winter, gingen Schlitten- und Skifahren. An den langen Abenden saßen sie zusammen und ließen sich von Helmuth Macke, August Mackes Vetter, aus *Der abenteuerliche Simplicissimus* vorlesen. Begeistert schrieb August Macke seinem engsten Freund Lothar Erdmann, dem späteren zweiten Ehemann von Elisabeth Macke:

»Tegernsee, Kerl, Mittags sitzen wir hier auf dem Balkon, trinken Kaffee, essen zu Mittag und schwitzen. Die Sonne brennt wie im Hochsommer, dabei ein halber Meter Schnee. Nachmittags rodeln. Arbeiten tue ich wie ein Pferd und kann nie aufhören. Es ist etwas herrliches in dieser Gebirgsluft.«

Wohnung von August Macke beim Schreiner Staudacher

Ein Streit zwang die Mackes Anfang des Jahres 1910 zum Umzug. Sie fanden eine neue Bleibe »in der Bahnhofstraße beim Schreiner Staudacher«. »Es war ein hundertjähriges Bauernhaus, das etwas erhöht lag, umgeben von einem großen

Haus des Schreiners Staudacher, 1914.

Obstbungert und zwei weiteren Häusern, in deren einem die Werkstatt war und oben eine kleine Wohnung ... Wir hatten den Blick auf den Wallberg, gegenüber auf der anderen Seite der Straße lag das kleine Krankenhaus Tegernsee, ein gelbes, altmodisches Gebäude mit Obst- und Nutzgarten, in dem sich die alten Häusler, die dort ihren Lebensabend verbrachten, mittags in der Sonne wärmten. Unten an der Straße lag die Schmiede von Daucher... Vor dem Haus waren eine kleine, bewachsene Laube und ein mit Holz eingefaßtes Beet, in das Sommerblumen gesät wurden. Eine zweistöckige Scheune war hinten am Haus angebaut, ... und wenn August und Helmuth Ski laufen wollten, zogen sie die Bretter im Hause an und konnten gleich durch die Scheunentür ins Freie gleiten.« (Elisabeth Erdmann-Macke, *Erinnerung an August Macke*)

Der neue Wohnsitz im oberen Stock des Bauernhauses, das »seit Generationen in der Familie mit Tradition und Kultur erhalten« wurde, inspirierte August Macke zu vielen Bildern. Mit den neuen Vermietern verband ihn bald ein herzliches Verhältnis: »Er konnte frei und ungehindert arbeiten, zumal Staudacher ihm eine alte, leere Werkstatt als Atelier zur Verfügung stellte, die er sich mit wenig Mitteln als Arbeitsraum herrichtete ... Am liebsten arbeitete er jedoch draußen auf dem Balkon, vor dem Haus ...«
200 Werke schuf er in nur einem Jahr. In der ländlichen Ruhe kam seine künstlerische Schaffenskraft so richtig zur Entfaltung. »Wir lasen viel, ich strickte, und es verging kein Tag, an dem wir nicht unsere Spaziergänge machten in den nahen Lärchenwald, zum Paraplui und zum Lieberhof, nach Gmund oder Rottach-Egern. Es ging mir recht gut, und ich konnte noch tüchtig laufen in der köstlichen Luft.«

Anfang Januar 1910 kamen August und Helmuth Macke bei ihrem Besuch der Münchner Galerie Brakl mit dem Werk von Franz Marc in Berührung und suchten ihn daraufhin in seinem Atelier in der Schellingstraße 23 auf. Am 22. Januar besuchte Franz Marc (1880–1916) in Begleitung von »Fräulein Franck« zum erstenmal August Macke in Tegernsee. Mehrere Besuche folgten. Zwischen den beiden Malern entwickelte sich eine intensive Freundschaft. Über Franz Marc knüpfte August Macke Kontakte zur »Neuen Künstler-Vereinigung München«. Unter dem Eindruck einer Matisse-Ausstellung in München nahm das anfangs impressionistische Werk Mackes eine künstlerische Wende. Am 13. April 1910 kam in Tegernsee im Staudacherhäuschen der erste Sohn Walter zur Welt. Die junge Familie genoß den schönen warmen Sommer am Tegernsee. Sie unternahmen Wanderungen, gingen am See entlang oder mieteten ein Boot zu längeren Ruder- und Segelfahrten. Trotz

des kalten Wassers gingen sie sogar im Tegernsee baden.
An einem trüben Novembermorgen 1910 verließ die Familie Macke Tegernsee in Richtung Bonn. »Staudachers waren alle auf, trotz der frühen Stunde... und wir verließen nicht ganz leichten Herzens unser geliebtes heimatliches Nest, in dem wir so glücklich gewesen waren, August so schön und fruchtbar hatte arbeiten können und uns unser liebes erstes Kind geschenkt ward.«
In der Folgezeit intensivierte August Macke seine Beziehungen zur Künstlergruppe »Der Blaue Reiter«. Er arbeitete am 1912 erschienenen Almanach mit und nahm an der Ausstellung »Der Blaue Reiter« in München, Köln, Berlin, Hagen und Frankfurt teil. Ende September 1914 wurde er bei Perthes-les-Hurlus in der Champagne, wie zwei Jahre später sein Freund Franz Marc, ein Opfer des Ersten Weltkrieges.
Der Schererhof liegt hoch über dem Tegernsee und ist nicht zugänglich.

Der Schererhof.

Schererhof
Wohnhaus von Olaf Gulbransson

Von 1929 bis zu seinem Tod 1958 lebte Olaf Gulbransson mit seiner Familie auf dem Schererhof, einem 500 Jahre alten Bauernhof. 1929 erwarb er ihn für seine junge Frau Dagny und ließ ihn von Bauern und Handwerkern aus der Umgegend renovieren. Als das Haus fertig war, gab es eine Einstandsfeier, bei der alle Bauern aus der Umgebung eingeladen waren. Der Komödiant und Volksschauspieler Bertl Schultes, ein guter Freund von Ludwig Thoma, kannte den Schererhof von zahlreichen Besuchen: »Der Schererhof war einst ein Berggasthof gewesen, beliebt bei Einheimischen und Sommerfrischlern. Auch Thoma kehrte dort gerne ein und machte kurze Rast, wenn er von der Jagd kam. Er ging dann stets in die Bauernstube; auch beim schönsten Wetter saß er dort – der Fremden wegen. Nach einem langen Marsch durch sein Revier trank er sogar, was sehr selten war, eine ganze Maß und aß einen Radi und einen Bierkas. Das war für ihn der höchste Genuß. Wir waren des öfteren dort oben, wo man eine herrliche Aussicht auf den See hatte, beisammen. Es fiel immer ein Stückerl Bierkas, das er mit der Messerspitze servierte, und ein Blattl Radi für mich ab. In späteren Jahren, als der Schererhof dann in den Besitz von Olaf Gulbransson übergegangen war, zeigte ich diesem alle Plätze, an denen Thoma gesessen hatte.« (Bertl Schultes, *Ein Komödiant blickt zurück*)

Für das Tegernseer Tal hatte sich Olaf Gulbransson entschlossen, weil ihn die Landschaft an seine norwegische Heimat erinnerte. Die bayerischen Berge rund um den Tegernsee benannte er nach seinen geliebten Gipfeln in der Nordmarka nördlich von Oslo, wo er einen

Schererhof, große Stube im Erdgeschoß, um 1940.

großen Teil seiner Jugend verbracht hatte. Vom Schererhof schrieb er an den norwegischen Bildhauer Gustav Vigeland: »Ich wohne hier in einem kleinen Stück Norwegen ... auf einem alten Bauernhof ... Der Tegernsee, das ist mein Fjord.«

Der Verleger Reinhard Piper, der zum Freundeskreis gehörte, beschrieb in seinen Memoiren, wie es im Innern des Hauses aussah: »Der lange Wohnraum, von fünf kleinen Fenstern erhellt, hat eine niedrige, weißlackierte Holzdecke, getragen von drei waagrechten dicken schwarzen Eichenbalken. Der mittlere dieser Balken wird senkrecht gestützt von der mächtigen hölzernen Schraube einer alten Weinpresse. Sie roch noch nach dem Wein, von dem sie einmal ganz durchtränkt war. Auf dem schwarzen Flügel stand das Glas mit den Zeichenfedern und die Perltusche. Hier zeichnete Olaf manchmal im Stehen, auf den Flügel gelehnt, dicht neben seiner Bronzebüste, die Bernhard Bleeker, sein Kollege an der Akademie, geschaffen hat. An der Wand hingen ein paar alte, nachgedunkelte Barockbilder. Auf dem einen hockte ein Türke mit langer Pfeife und betrachtete prüfend eine nackte Dame, ob sie sich wohl für seinen Harem eigne. Sonst waren da noch bayerische Hinterglasbilder mit Heiligen und Märtyrern, Radierungen von Rembrandt, Stiche von Callot mit Zigeunern und Bettlern, alte Ansichten von Tegernsee und dergleichen aufgehängt. Vom Hausherrn selbst neben dem großen offenen Kamin nur eine schwarze Tuschzeichnung: das Bildnis einer Greisin mit einem entschlossenen faltigen Männergesicht, die Tonpfeife im Munde, und mit knochigen Händen. Es ist Olafs Großmutter.« (Reinhard Piper, *Mein Leben als Verleger*) Zu Gulbranssons Künstlerfreunden gehörten u. a. der Volksliedsammler Kiem Pauli, der Kammersänger Leo Slezak und der Schriftsteller Hermann Hesse, mit dem er seit 1907 engen Kontakt hatte.

Mit dem Kriegsende 1945 wurde der Hof zur Zuflucht vieler Freunde. Olaf und Dagny Gulbransson boten geistigen und materiellen Halt. Der Schriftsteller Peter Bamm wurde zum oft gesehenen Gast, dann Heinrich Spoerl, Marion Gräfin Dönhoff, der Ozeanflieger Charles Lindbergh, der Verleger Ernst Rowohlt, der Dirigent Wilhelm Furtwängler und der Physiker Werner Heisenberg. Am 18. September 1958 ist Olaf Gulbransson, vielfach ausgezeichnet, auf dem Schererhof hoch über dem Tegernsee im 85. Lebensjahr verstorben. Er wurde auf dem neuen Gemeindefriedhof Rottach-Egern neben der von seinem Sohn Oleman erbauten Kirche beigesetzt.

Wir setzen unseren Spaziergang entlang der Seestraße fort und gelangen zum Leeberg.

❺ Landhaus von Josef Stieler
Seestraße 82

Der Hofmaler Josef Stieler (1781–1858) bekam von König Ludwig I., in dessen Diensten er stand, 1822 ein Grundstück auf der Point am Leeberg geschenkt, auf dem er sich ein Landhäuschen baute. Bekannt geworden ist er mit dem Auftragswerk, für das Schloß Nymphenburg eine Schönheitsgalerie zu malen. Generationen von Kindern, Enkeln und Urenkeln fanden hier ein Zuhause. Der berühmteste Abkömmling der Familie war der Dichter Karl Stieler (1842–1885), ein Freund und Schüler Franz von Kobells. In vielen detailgetreuen Erzählungen hielt Karl Stieler das Leben im Tegernseer Tal des 19. Jahrhunderts fest. Vor allem in seinen Prosatexten gewährt er einen Einblick in den Alltag der bäuerlichen Bevölkerung.

Eine Besichtigung des Hauses ist nur von außen möglich. In unmittelbarer Nachbarschaft auf der gleichen Seite der Seestraße steht das Ganghofer-Haus.

❻ Ganghofer-Haus
Seestraße 86

Dieses Haus ließ sich Ludwig Ganghofer nach dem Ersten Weltkrieg bauen, bewohnte es aber nur wenige Monate. In einem Brief an Ricca Lang vom 1. Juni 1920 schrieb Ludwig Thoma: »Maidi wohnte bei Ganghofer, der reizend eingerichtet ist und mit dem ich lebhafte Nachbarschaft halte.« Dort starb er am 24. Juli 1920, erst 65jährig, an Herzversagen.

Schon seit 1902 hatte Ludwig Ganghofer regelmäßig am Tegernsee die Sommermonate verbracht. Sein Bruder Emil hatte sich dort am Egerner Ufer neben dem Gasthaus Überfahrt ein Haus gekauft, das längst abgerissen wurde. Wie Ludwig Thoma so entstammte auch Ludwig Ganghofer einer Förster-Familie. Nach dem Tod seines persönlichen Vertrauten und Freundes gestand Ludwig Thoma am 5. September 1920 seiner Geliebten Maidi von Liebermann: »Ich bin um 2 Jahre älter geworden, ernster, müder... Und solche Eingriffe ins Leben, wie Ludwigs Tod für mich war, graben sich ein. Man kriegt ein anderes Augenmaß für das, was wichtig ist.« Ludwig Ganghofer wurde unter großer Anteilnahme der Bevölkerung auf dem Egerner Friedhof begraben. Der Schriftstellerkollege, Freund und Nachbar Ludwig Thoma hielt die Grabrede. Gleich nach Ganghofers Tod kaufte er sich neben dessen Grab eine Grabstätte, so daß die beiden Freunde auf dem Friedhof nebeneinander liegen. Im August 1995 wurden zum 75. Jahrestag von Ganghofers Tod im Kurpark von Rottach-Egern Denkmäler für Ganghofer und Thoma enthüllt.

Die Seestraße geht in die Schwaighofstraße über.

Das Haus von Ludwig Ganghofer, um 1920.

❼ Mutterhof
Ehemaliges Courths-Mahler-Haus
Schwaighofstraße 47

Seit Anfang der 1930er Jahre verbrachte die Unterhaltungsschriftstellerin Hedwig Courths-Mahler (1867–1950) mit ihrer Familie die Sommermonate am Tegernsee. Dort gefiel es ihnen so gut, daß sie beschlossen, von Berlin an den Tegernsee zu übersiedeln. Am 14. September 1933 kaufte Hedwig Courths-Mahler von dem Frankfurter Großindustriellen Alfred Merton (1878–1954) eine Villa im Landhausstil. Sie ließ das Haus und den großen Garten renovieren und eine Zentralheizung einbauen. Im März 1935 zog sie zusammen mit ihrem Mann Fritz Courths (1863–1936) und ihrer Tochter Margarete nebst Ehemann Karl Elzer in die Schwaighofstraße ein und lebte dort bis zu ihrem Tod 1950. Die Tochter Frieda erhielt 1935 in Rottach-Egern eine eigene Acht-Zimmer-Villa als Geschenk von ihrer Mutter.

Der Umzug nach Tegernsee bedeutete für die 68jährige Erfolgsautorin den Rückzug aufs Altenteil. Während des Dritten Reiches galt Hedwig Courths-Mahler zunehmend als »Dienstmädelkitsch-Autorin«. Nur noch ein Drittel ihrer Romane war auf dem Buchmarkt präsent. 1938 schrieb sie verbittert an die Reichsschrifttumskammer: »Auf meinem kleinen Landhaus baue ich meinen Kohl selber und bin wieder geworden, was meine Vorfahren waren – Bauern.« Gegen Ende des Krieges wurden die meisten Zimmer im Mutterhof für Ausgebombte und Flüchtlinge requiriert. Hedwig Courths-Mahler blieb nur noch ihr Schlafzimmer. Eine Beschlagnahmung des Hauses als Erholungsheim der SS konnte nur knapp abgewendet werden.

Hedwig Courths-Mahler (Mitte) mit ihren Töchtern.

Geboren wurde Hedwig Courths-Mahler 1867 in Nebra/Thüringen als uneheliches Kind einer Seilertochter. Sie wuchs bei Pflegeeltern auf und wurde zeitweise sehr schlecht behandelt. Als Dienstmädchen und Krankenpflegerin bei gebildeten Leuten erschloß sich ihr die Welt der Literatur. Die Bücher der Eugenie Marlitt und die Zeitschrift *Die Gartenlaube* wurden ihr zum Vorbild für das eigene literarische Schaffen als Flucht. Mit ihrem Schreiben träumte sie sich in eine Scheinwelt, wo sich alle Schwierigkeiten mit einem Happy-End lösen ließen. Das kam in einer Zeit der Arbeitslosigkeit und Wirtschaftskrisen bei sehr vielen Lesern gut an. Das erklärt auch ihren kometenhaften Aufstieg in den 1920er Jahren. Von 1916 bis 1933 lebte Hedwig Courths-Mahler mit ihrem Mann und ihren zwei Töchtern in Berlin. Sie gehörte zur Berliner Prominenz und verkehrte mit Berühmtheiten wie Emil Jannings, Paula Wessely, Curt Goetz u. a. In dieser Zeit wurden ihre Romane zum Markenzeichen der leichten Unterhaltungsliteratur. Bis heute ist sie, im Erfolg nur vergleichbar mit Karl May, die auflagenstärkste deutsche Autorin. Der Bastei Verlag, mittlerweile alleiniger Inhaber der Weltrechte, gibt eine deutsche Auflage von 80 Millionen an. Über die Hälfte der mehr als 200 Romane sind auch acht Jahrzehnte nach ihrer Erstveröffentlichung immer noch lieferbar. Gestorben ist Hedwig Courths-Mahler am 26. November 1950 in ihrem Mutterhof. Auf ihrem Grabstein auf dem Friedhof in Tegernsee steht: »Arbeit adelt.«

Von der Schwaighofstraße gelangen wir über die Riedersteinstraße und einen kleinen Seitenweg zum Ludwig Thoma-Haus auf den Tuften in Rottach-Egern.

Rottach-Egern

❽ Haus von Ludwig Thoma
Auf der Tuften 12

Im Sommer 1906 kaufte sich der Schriftsteller Ludwig Thoma 30 Tagwerk Grund auf dem Tuftenfeld in Rottach und ließ sich vom befreundeten Graphiker und Bildhauer Ignatius Taschner (1871–1913) ein Landhaus entwerfen. Eigenen Angaben zufolge war er jeden Tag auf der Baustelle und redete selbst beim Einbau der Fensterstöcke mit. Die Tuften sollte das gemeinsame Domizil für ihn und seine Frau Marion, geb. Maria Trinidad de la Rosa, mit Künstlernamen Marietta di Rigardo, werden. Sie war in Manila auf den Philippinen geboren, faszinierte ihn mit ihrer eigenwil-

Ludwig Thoma vor seinem Haus auf der Tuften, um 1920.

Olaf Gulbransson zu Besuch bei Ludwig Thoma und seiner Frau Marion (von li. nach re.), um 1910.

ligen, fast knabenhaften Schönheit und inspirierte ihn zur Gestalt der Cora in *Tante Frieda*. Die beiden heirateten am 26. März 1907. Anfang April 1908 zogen sie in das neue Haus auf der Tuften ein, das an einem der schönsten Plätze im Tegernseer Tal steht. Das Herzstück des Hauses bildet damals wie heute die Jägerstube mit einer gemütlichen Ofenbank am mächtigen Kamin und einem breitausladenden Tisch vor dem Herrgottswinkel. In seinem neuen Zuhause war Ludwig Thoma schriftstellerisch äußerst produktiv. Auf der Tuften entstanden u. a. das Lustspiel *Moral* (1908), die Dorfgeschichte *Der Wittiber* (1910), das Volksstück *Magdalena* (1912), der Roman *Der Ruepp* (1921) und seine Erinnerungen. Im Winter 1916/17 schrieb er die in altbayerischer Landschaft unter altbayerischen Menschen spielende *Heilige Nacht* im Dialekt als innige Weihnachtsgeschichte.

Zunächst fand Marion Gefallen am Leben auf der Tuften. Mit mehreren weiblichen Hausangestellten war sie für das leibliche und seelische Wohl von Ludwig Thoma zuständig, während er selbst sich als Bauer betätigte, seine Felder mähte und das Heu erntete. Mit seinen Freunden saß er in der Jägerstube und spielte nächtelang Tarock. Häufig besuchten ihn seine Freunde vom *Simplicissimus*, kamen Richard Strauss und Ludwig Ganghofer vorbei, und »Frau Dr. Dispeker«, die Mutter von Grete Weil, machte bei ihren Besuchen »Complimente über die blitzsaubere Haushaltung«. Marion hingegen fand sich in der ländlichen Abgeschiedenheit nicht zurecht und ging immer häufiger auf Reisen. »Aber das ist alles bloß halb, wenn Du fehlst, und ich muß den Leuten immer erklären, warum Du weg bist«, schrieb Ludwig Thoma seiner Frau am 9. Juli 1910. Schließlich ließ sich das Paar scheiden. Doch die beiden blieben bis September 1918 freundschaftlich verbunden, und Marion verbrachte regelmäßig die Sommermonate bei ihrem geschiedenen Mann auf der Tuften. Nach der Scheidung von Marion stellte Ludwig Thoma im März 1913 einen Gärtner ein, der das etwa 30 Tagwerk große Grundstück pflegte.

Wenige Jahre später verliebte sich Ludwig Thoma erneut. Die Erwählte war Maidi von Liebermann, der er im Sommer 1918 in Egern begegnet war. Sie stammte aus der Familie der Sektfirma Feist, also aus bestem Hause, war sehr schön und sehr reich. Für Thoma verließ die Mutter eines Knaben zwar ihren Mann, zog jedoch nicht zu ihm auf die Tuften, wie er gehofft hatte. In zahlreichen Briefen ließ sie durchblicken, daß sie das Leben in der Großstadt mit Theater, Konzerten und Ausstellungen dem Einsiedlerdasein auf dem Land vorzog. Einerseits verzehrte sich Ludwig Thoma in der Sehnsucht nach dieser eleganten Schönheit jüdischer Abstammung. Andererseits schrieb er unter Pseudonym im *Miesbacher Anzeiger* seine haßerfüllten antipreußischen und antisemitischen Hetztiraden. Gleichermaßen Dichter und Demagoge, offenbarte er zwei Seelen in seiner Brust, die nicht zusammenpaßten. Im Frühjahr 1921 erkrankte Ludwig Thoma schwer an einem Magen- und Darmkatarrh. Im August stimmte er einer Operation zu. Wenige Tage später starb er. Zwei Pinzgauer Schimmel zogen den Wagen mit dem Sarg von Ludwig Thoma, bedeckt von einer weißblauen Fahne, am 29. August 1921 zum Friedhof nach Egern. Dort wurde er neben seinem Freund und langjährigen Weggefährten Ludwig Ganghofer beerdigt. Das Haus auf der Tuften ist innen und außen im wesentlichen immer noch so erhalten wie zu Ludwig Thomas Zeiten. Es gehört der Landeshauptstadt München und kann in Ausnahmefällen auf Anfrage besichtigt werden.

Wir fahren die Riedersteinstraße zurück und biegen links in den Ledererweg ein, der zur Ludwig-Thoma-Straße führt. Wenige Kilometer von hier entfernt steht der Löblhof. Er ist bis heute in Familienbesitz und öffentlich nicht zugänglich.

Haus von Max Mohr
Am Löblhof

Von 1920 bis 1934 lebte der Schriftsteller und Arzt Max Mohr (1891–1937) mit seiner Frau Käthe, geb. Westphal, und seiner Tochter Eva am Löblhof unterhalb des Wallbergs. Max Mohr stammte aus einer jüdischen Familie, die in Würzburg eine Malzfabrik besaß. 1891 kam er als drittes Kind in Würzburg zur Welt. Dort verbrachte er seine Jugend und Gymnasialzeit. Am 20. März 1920 heiratete er Käthe Westphal, Tochter einer großbürgerlichen Hamburger Familie. Die beiden entschlossen sich, der Zivilisation

Der Löblhof, in den 1950er Jahren.

den Rücken zu kehren und aufs Land zu ziehen. Max Mohr kaufte den alten Bauernhof, der früher zum Besitz des Klosters Tegernsee gehörte. Im Erinnerungsbuch von Käthe Mohr heißt es: »Wir lebten nun in der Wolfsgrub und waren glücklich. Mohr war ja fertig als Arzt und wollte nun versuchen, der größte Dramatiker zu werden. Er war drei Jahre als Infanteriearzt im Westen an der vordersten Front gewesen, in England gefangen. Er blieb noch Arzt in München, bis die Revolution vorbei war, dann fühlte er, er müsse erst einmal mit all dem Vergangenen fertig werden. Und so fing er an zu schreiben, ganz besessen von dem Wunsch, das Theater zu erobern.« In den 1920er Jahren war er ein bekannter Schriftsteller und vielgespielter Dramatiker. Seine Bühnenstücke feierten auf den großen Bühnen des Landes Erfolge, wie etwa *Improvisationen im Juni* (1922), *Sirill am Wrack*, *Die Karawane* (1924), *Ramper* (1925) und die Romane *Venus in den Fischen* (1927) und *Frau ohne Reue* (1933). *Ramper. Der Tiermensch* wurde als Stummfilm unter der Regie von Max Reichmann 1927 verfilmt. Die Hauptrolle spielte Paul Wegener.

Das Bauernhaus entwickelte sich zu einem beliebten Künstlertreff am Tegernsee. Mit dem Schauspieler Heinrich George war Max Mohr eng befreundet. Thomas Mann kam zu Besuch und beeindruckte Max Mohrs Tochter mit seinen weißen Turnschuhen. Zwischen ihm und Max Mohr fand ein reger Briefwechsel statt, der auch nicht abriß, als dieser 1934 ins Exil ging.

Sein prominentester Freund war D. H. Lawrence (1885–1930), mit dem er seit 1927 auf englisch korrespondierte. Mohr lud den lungenkranken englischen Dichter ein, in seine Nähe zur Kur an den Tegernsee zu kommen. D. H. Lawrence quartierte sich im Sommer 1929 mit seiner Frau Frieda (1879–1956) ins nahe gelegene Café Angermaier ein. Der von der Lungentuberkulose schwer gezeichnete Dichter fühlte sich hier sehr wohl: *»Everybody here is extraordinary nice.«* Und weiter: »Wir sind wieder in den Bergen, an einem hübschen Ort, sehr ruhig und friedlich; das kleine Wirtshaus riecht zwar furchtbar nach Kühen, – aber wir essen außerhalb unter den Bäumen und wohnen in einem kleinen Häuschen nebenan für uns allein. Um uns Kühe, Heuhaufen, und Äpfel von hohen, alten Bäumen, die plötzlich herabplumpsen.« (D. H. Lawrence, *Briefe*) In Rottach feierte D. H. Lawrence am 11. September 1929 seinen 44. Geburtstag. Eine Vase, verziert mit bayerischem Enzian, inspirierte ihn zu dem Gedicht *Bavarian Gentian*, einem seiner traurigsten, aber gleichzeitig großartigsten Gedichte. Daß sich die beiden hervorragend verstanden, dokumentieren die erhaltenen Briefe. Max Mohr war ursprünglich sogar als Übersetzer von *Lady Chatterley's Lover* im Gespräch gewesen. Als sich der Gesundheitszustand von D. H. Lawrence drastisch verschlechterte, begleitete der gelernte Arzt ihn und seine Frau Frieda an die französische Riviera nach Bandol. Dort blieb er einen ganzen Monat bis kurz vor Lawrence' Tod am 2. März 1930 in Vence. Dann kam er nach Wolfsgrub zurück und nahm wieder sein Leben als Schriftsteller auf. Als Erinnerung an den einzigartigen Freund widmete er ihm den Roman *Freundschaft von Ladiz* (1931).

Am 8. November 1934 ging Max Mohr von Wolfsgrub aus ins Exil nach Shanghai/China und arbeitete dort als Arzt. Seine Frau Käthe und seine Tochter Eva ließ er am Tegernsee zurück. Er starb in Shanghai 1937, doch seine sterblichen Überreste sind in Rottach-Egern auf dem neuen Gemeindefriedhof bei der evangelischen Kirche begraben, wo auch die Schriftstellerin und Freundin Grete Weil und Olaf Gulbransson liegen.

Wir setzen unseren Weg rund um den Tegernsee Richtung Egern auf der Ludwig-Thoma-Straße ortseinwärts fort und gelangen auf die Egerner Seestraße, von der die Überfahrtstraße rechts abgeht. Im sogenannten Malerwinkel steht noch heute das Haus von Leo Slezak.

❾ Ehemaliges Slezak-Häusl
Heute Hotel Malerwinkel
Überfahrtstraße 2

Hier wohnte seit 1909 Leo Slezak (1873– 1946), einer der ganz großen Tenöre und weltweit gefeierter Opernstar seiner Zeit. Nach Auftritten in Berlin, Breslau, Wien und New York zog er sich alljährlich im Sommer mit seiner Frau in dieses kleine ehemalige Bauernhaus zurück, das er in seinen Erinnerungen liebevoll beschrieb:

»In Egern, am Tegernsee, im bayerischen Hochgebirge, habe ich mir ein kleines Sommerheim geschaffen. Ein kleines, liebes altes Bauernhaus mit einem selbst angelegten Garten, den ich mir aus einer Wiese durch Pflanzen von großen Bäumen in einen herrlichen Park verwandelte. Jeder Baum, jeder Strauch ist mein eigenes Werk, und so konzentrieren sich während des ganzen Jahres meine Gedanken auf dieses Fleckchen Erde, das ich so grenzenlos liebe.« (Leo Slezak, *Mein Lebensmärchen*)

Geboren wurde Leo Slezak 1873 in Mährisch Schönberg. Er absolvierte zunächst

Max Mohr (li.) und Heinrich George auf dem Löblhof, um 1930.

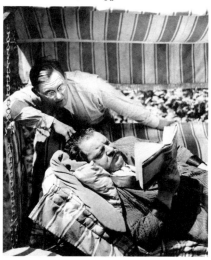

Ludwig Ganghofer, Leo Slezak und Ludwig Thoma (von li. nach re.) in Egern, um 1912.

eine Gärtnerlehre, bevor 1896 am Stadttheater in Brünn als Lohengrin sein kometenhafter Aufstieg begann. In den folgenden Jahren trat er in den Metropolen der Welt auf, und Enrico Caruso zählte zu seinen engsten Freunden. Am Tegernsee legte er großen Wert auf unkomplizierten und freundschaftlichen Kontakt mit den Einheimischen. Das kleine Haus im Malerwinkel war für ihn der schönste Ort auf der ganzen Welt. In seinen Memoiren bekannte er:

»Ich habe die ganze Welt gesehen und viel Schönes besichtigt, aber schöner als der Markusplatz und der Prater und die Havelseen ist mein Zimmer, wo mein Kanari herumfliegt, sich auf meinen Kopf setzt, in meinem Trinkwasser badet und meine kostbaren Manuskripte bespritzt. Wo mein Paperl sein ganzes Repertoire aufsagt: ›Gute Lora – brave Lora, Papagei, guten Morgen!‹ Meine geliebten vier Wände, die mir das Gefühl unbedingten Geborgenseins geben. Fremde Länder und Städte sind köstlich, der Erfolg und der Applaus sind herrlich, aber nichts ist so schöne Musik wie das Rauschen des Windes in ›meinen‹ Bäumen, wie das beglückte Bellen meiner Hunde und das Zwitschern der Vögel in meinem Garten. Gewiß – es ist überall schön in der Welt. Aber daheim ist und bleibt es am schönsten!«

Der Tenor war ein Freund von gutem und reichhaltigem Essen, was man ihm mit den Jahren immer mehr ansah. Seine Frau Lisl setzte ihn deshalb des öfteren auf Diät. Die Egerner gaben dem Haus der Slezaks deshalb schmunzelnd den Beinamen »Hungerhäusl«. Der Opernstar fand allerdings immer wieder Wege, sich der Diät zu entziehen. Befreundete

Wirte verköstigten ihn des öfteren in der Wirtsküche, damit die Unterbrechung der Hungerkur geheim blieb. In der kargen Nachkriegszeit ist Leo Slezak buchstäblich in Egern verhungert. Nach dem Tod seiner geliebten Frau Lisl war er es nicht gewohnt, für sich allein zu sorgen. Er starb am 1. Juni 1946 und ist auf dem Egerner Friedhof begraben.

Heute ist in sein ehemaliges Wohnhaus das Hotel-Restaurant Malerwinkel mit den »Slezak-Stuben« eingezogen. An der Wand erinnern Dokumente, Fotos und biographische Gegenstände an seine große Zeit als gefeierter Heldentenor. Wir gehen die Überfahrtstraße weiter. Gleich neben dem Slezak-Häusl, dort wo sich heute das Dorint-Hotel Zur Überfahrt befindet, standen früher das Geburtshaus von Grete Weil und der Gasthof Zur Überfahrt.

❿ Geburtshaus von Grete Weil
Überfahrtstraße 7

Hier kam die Schriftstellerin Grete Weil (1906–1999) als Margarete Elisabeth Dispeker am 18. Juli 1906 im Haus von Emil Ganghofer zur Welt, das neben dem Gasthof Zur Überfahrt lag. In ihrer Autobiographie *Leb ich denn, wenn andere leben* (1998) schrieb sie: »Ich bin in Egern, an dem von beiden Eltern geliebten Tegernsee, geboren... Hausgeburten waren zu jener Zeit eine Selbstverständlichkeit, sonst wäre es nicht zu begreifen, warum meine Eltern sich für das damals so abgelegene Egern entschieden hatten, wo sie bei Emil Ganghofer, einem Bruder Ludwig Ganghofers, zur Miete wohnten... Das Ganghoferhaus liegt genau an dem Punkt, von dem aus man den ganzen See und die Egerner Bucht überblickt.

Meine Augen sahen als Erstes die geliebte Landschaft, Schönheit, nur Schönheit. Im Haus wohnte Emil Ganghofer, der früher zur See gefahren war, und einen nervösen Gesichtstick hatte – jetzt war er Fotograf, setzte seine Kunden vor eine mit Bergen bemalte Leinwand und knipste unter einem schwarzen Tuch.«

⓫ Ehemaliger Gasthof
Zur Überfahrt
Überfahrtstraße

Als Treffpunkt des kulturellen Lebens rund um den Tegernsee kristallisierte sich hier seit der Jahrhundertwende eine Theaterbühne heraus. Das im Jahre 1903 gegründete »Große Oberbayerische Bauerntheater« leitete der Volksschauspieler und Theaterdirektor Michl Dengg, der 1864 in Rottach-Egern geboren wurde, mit viel Geschick. Diese Bauernbühne ist nicht zu verwechseln mit Köhlers Original Tegernseer Bauerntheater, das von 1907 bis 1909 der Volksschauspieler und Theaterleiter Bertl Schultes übernahm. Michl Denggs Theater spielte in der Überfahrt, aber auch im Steinmetzsaal in Tegernsee und erfreute sich bei den Einheimischen, den Rottacher Honoratioren und bei den Sommergästen großer Beliebtheit. Michl Dengg war mit Ludwig Thoma gut befreundet. Die Aufführungen waren immer überfüllt. So auch am 12. August 1910, als dort Ludwig Thomas Komödie *I. Klasse* uraufgeführt wurde: »Wo man hinsah: Prominente, Prominente. Unmöglich, alle Namen zu nennen: Fürst Donnersmarck, Olaf Gulbransson, Eduard Thöny, Leo Slezak – sie alle saßen zwischen Theater-Zaren aus allen deutschen Gauen in den ersten Reihen...

217

Thoma lehnte sich mit einer Ruhe zurück, als ob ihn die Sache persönlich überhaupt nichts anginge. Er rauchte behäbig seine Pfeife.« (Bertl Schultes, *Ein Komödiant blickt zurück*) Das Interesse an dieser Uraufführung war so groß, daß alle Hotelzimmer in der Tegernseer Gegend ausgebucht waren und im Gasthaus Zur Überfahrt Telefonleitungen gelegt werden mußten. Nach der Theatervorstellung saßen Thoma und seine Frau Marion im »Salettl« des Gasthauses bei Wiener Würstl mit Kraut und Bier zusammen, die Thoma den Darstellern gestiftet hatte.

Mit dem Tod von Michl Dengg im Januar 1914 verlor Thoma gänzlich das Interesse am Tegernseer Bauerntheater, das von Denggs Frau Anna weitergeführt wurde. Eine große Ausnahme bildete der Sommer 1916. Da führte Ludwig Thoma bei seinen eigenen Stücken *Magdalena* und *Brautschau* Regie. Geprobt wurde »Akt für Akt, Szene für Szene und Wort für Wort« in seinem Haus auf der Tuften. In Denggs Bauerntheater lernte Ludwig Thoma 1908 Kiem Pauli (1882–1960), den bedeutendsten Volksliedsammler im bayerischen Raum, kennen. Er brachte ihn auf die Idee, »dem Volk die Lieder wieder zurückzugeben«.

1927 gründete Bertl Schultes mit seinen Brüdern in der Egerner Überfahrt die Ganghofer-Thoma-Bühne. Sie erfreute sich bei den Intellektuellen und Prominenten, die am See wohnten, großer Beliebtheit. Der Dramatiker Carl Zuckmayer sah die *Magdalena*-Aufführung und schrieb am 18. August 1930 voll Begeisterung eine Rezension für die *Berliner Zeitung am Mittag*: »Mitten im Sommer, fern von Berlin, sah ich eine Aufführung, die zum Stärksten und Haftendsten gehört, was mir je vom Theater kam. Es war Ludwig Thomas ›Magdalena‹, am Tegernsee von der Schultes-Truppe gespielt ... Das hat nichts mit ›Bauerntheater‹ im landläufigen Sinn, nichts mit Spezialitätenbühne zu tun. Das ist beste Schauspielkunst von großem Format.«

Max Pallenberg und Fritzi Massary sahen das Stück auch und brachten den Direktor des Deutschen Künstlertheaters Dr. Robert Klein dazu, nach Egern zu fahren, um sich die so gepriesene Vorstellung anzuhören und anzusehen. Dieser holte die Aufführung nach Berlin.

Zur Premiere von Richard Billingers Stück *Das Verlöbnis* kam Carl Zuckmayer wieder nach Egern. Mit Bruno und Liesl Frank besuchte er nach einem ausgedehnten Badetag am Tegernsee am Abend das Theaterstück. Sein Freund, der Regisseur Albrecht Joseph (1901–1991), erinnert sich später: »Als der Vorhang aufgehen sollte, hatte sich ein recht illustres Publikum im Saale eingefunden. Natürlich waren die Intellektuellen und Prominenten, die am See wohnten, gekommen, dazu eine Anzahl Schriftsteller, Kritiker und Journalisten aus München.«

Von Mai bis Oktober kann man sich zwischen 10 und 18 Uhr für € 1,50 mit einer Fähre zur gegenüberliegenden Uferseite auf der Point am Kleinen Paraplui übersetzen lassen. Nähere Auskunft erteilt Engelbert Bruchmeier (Tel.: 08022/95 126).

Wir gehen von der Überfahrtstraße zurück zur Seestraße und weiter geradeaus in die Fürstenstraße.

⑫ Elternhaus von Grete Weil
Fürstenstraße 30

Hier verbrachte die Schriftstellerin Grete Weil ihre Kindheit und Jugend. Im Jahr vor ihrer Geburt war ihre Schwester Dorle gestorben. Und so schenkte der Rechtsanwalt Dr. Siegfried Dispeker seiner Frau Isabella zur Geburt des über alles geliebten »Ersatzkindes« 1906 einen Baugrund in der Fürstenstraße. Das Haus wurde im Baustil der Gegend errichtet und hatte ein elegantes Herrenzimmer, eine moderne Küche und mehrere Zimmer im Dekor des Jugendstils. An den Wochenenden und in den Ferien fuhr die Familie, die eigentlich in München in der Prinzregentenstraße, später in der Widenmayerstraße 31 wohnte, hinaus auf den Landsitz. »Niemand kann sich heute vorstellen, was für ein stilles, verträumtes Dorf dieser aufgeblasene Kurort einmal war. Das heutige Talmi-Nobelhotel, nahe bei unserem ehemaligen Garten gelegen, war eine kleine Wirtschaft, in der wir jeden Abend mit einem Henkelgestell in Maßkrügen das dunkle Bier holten, eine Wirtschaft

Haus der Familie Dispeker, um 1920.

Das Herrenzimmer im Dekor des Jugendstils, um 1920.

mit knarrenden Dielen, in der sich auch eine Bäckerei befand, in der es herrlich nach frisch gebackenem Brot und Kümmel roch. Wie schön war es erst im Winter, wenn an einem immer wieder mit Wasser übergossenen Holzgestell im Wirtschaftshof die schönsten Eiszapfen hingen, die in allen Farben leuchteten... Ein Ort, in dem einen jeder kennt, wo man die Dispeker Gretel heißt, auch wenn man schon längst einen anderen Namen hat. Ein Ort, in dem man zu Hause ist, wirklich zu Hause, auch dann noch, als über dem Ortsschild ein Transparent mit der Aufschrift hängt: ›Juden betreten den Ort auf eigene Gefahr.‹«

Der Vater Siegfried Dispeker war ein engagierter Anwalt, wurde zum Geheimen Justizrat ernannt und blieb jahrelang zweiter Vorsitzender der Münchner Anwaltskammer und im Vorstand der jüdischen Gemeinde. Die religiöse jüdische Tradition spielte im liberal-fortschrittlichen Lebensstil der Familie keine Rolle. Man hatte sich an die bürgerliche Gesellschaft assimiliert. Mit dem Vater ging Grete im Sommer zum Schwimmen, Segeln und in die Berge, im Winter überquerten die beiden – kaum war der See zugefroren – auf Schlittschuhen den See. Prominente Künstler und Intellektuelle, die damals am Tegernsee wohnten, waren bei den Dispekers gern und oft gesehene Gäste: der Heldentenor Leo Slezak, Prinzessin Pilar von Bayern, die Schriftsteller Max Mohr und Ludwig Thoma. Dann wurde im Garten unter den drei alten Linden zum Tee gedeckt, und die Platten mit Kirschkuchen und butterbestrichenen Stollen wurden aufgetragen. »Die Unterhaltung plätscherte sanft dahin, man sprach über Bridge, Psychoanalyse und das letzte Buch von Stefan Zweig, dazwischen erzählte die Mutter amüsant und unerschöpflich über andere Menschen.« (Grete Weil, *Der Weg zur Grenze*)

Am 26. Juli 1932 heiratete Grete Dispeker in Rottach Edgar Weil, Dramaturg an den Münchner Kammerspielen. 1933 zogen Grete Weils Eltern ganz nach Egern, da Siegfried Dispeker seine fast ausschließlich nichtjüdische Klientel verloren hatte. In ihrem Haus betrieben sie eine Pension für jüdische Gäste. Dort sahen sie sich jedoch zunehmend mit judenfeindlichen Äußerungen konfrontiert. Siegfried Dispeker wurde sogar zur Jahreswende 1934/35 für kurze Zeit inhaftiert. Am 23. Mai 1935 schrieb er an den Egerner Bürgermeister:

»Sehr geehrter Herr Bürgermeister!

Grete Dispeker an ihrem 13. Geburtstag, 1919.

Nachdem vorige Woche bereits an einigen Häusern in Rottach judenfeindliche Inschriften angebracht &, wie mir mitgeteilt wird, auch im hiesigen Friedhof unwürdige Handlungen vorgenommen wurden, wurde in der Nacht vom 21–22, in der Fürstenstraße hier vor meinem Haus mit großen roten Buchstaben quer über die Straße geschrieben: ›Judenschwein packe Dich fort.‹ ... Ich muß selbstverständlich Ihnen, Herr Bürgermeister, es überlassen, welche Schritte Sie für geeignet erachten, derartige Vorkommnisse abzustellen – die Aufschrift befindet sich auch heute, 23. Ds. vormittags immer noch auf der Straße – & in Zukunft nach Möglichkeit zu ver-

hindern. In vorzüglicher Hochachtung Dr. Dispeker Geheimer Justizrat.« Grete Weil entschied sich, nach Abschluß der Fotografenausbildung im Dezember 1935 nach Amsterdam zu ihrem Mann Edgar zu ziehen. Die beiden hatten dort regelmäßigen Kontakt zum Maler Max Beckmann und zum Dirigenten Bruno Walter. Zwölf Jahre blieben sie im Amsterdamer Exil. Als der Vater Siegfried Dispeker im Sommer 1937 im Sterben lag, flog sie das letzte Mal nach Deutschland. Der Bruder Fritz emigrierte 1938 nach London, wo er als Jurist arbeitete. Der Mutter wurde als Jüdin der Paß abgenommen. Grete Weil holte sie deshalb im selben Jahr nach Amsterdam. Im Juni 1941 wurde ihr Mann Edgar Weil in Amsterdam auf der Straße verhaftet und ins Konzentrationslager Mauthausen verschleppt, wo er wenige Monate später auf schreckliche Weise zu Tode kam. Grete Weil arbeitete beim Jüdischen Rat, tauchte im Herbst 1943 unter und überlebte so den Nazi-Terror. Nach Kriegsende erhielt sie das Haus der Eltern in Egern zurück, doch sie verkaufte es Mitte der 1950er Jahre. Wenig später zog sie zunächst nach Frankfurt, 1974 nach Grünwald bei München, wo sie 1999 starb. In ihren autobiographischen Romanen *Meine Schwester Antigone* (1980), *Generationen* (1983), *Der Brautpreis* (1988), *Tramhalte Beethovenstraat* (1992) und in vielen Erzählungen porträtierte sie Verfolgte und Verfolger des Nazi-Regimes mit einer Aufrichtigkeit, die ihr einen besonderen Platz in der Gegenwartsliteratur zuweist.
Wir gehen die Fürstenstraße entlang, fast bis zur Kreuzung Südliche Hauptstraße.

⑬ Ehemaliger Landsitz von Wilhelm von Kobell
Fürstenstraße 5

Der 1766 in Mannheim geborene Schlachtenmaler Wilhelm von Kobell (1766–1853) errichtete sich hier einen Landsitz, der sich auf die Künstlerfamilie sehr inspirierend auswirkte. Kobell verewigte die Tegernseer Landschaft auf vielen Aquarellen. Lange Jahre hatte er die bayerische Armee von Kriegsschauplatz zu Kriegsschauplatz begleitet, wobei er sein künstlerisches Ziel, friedliche Landschaften zu malen, nie aufgab. 1814 wurde er mit dem Lehrstuhl für Landschaftsmalerei an der Akademie in München belohnt. Zwei Jahre später wurde ihm der Adelstitel verliehen. Dem Wittelsbacher Königshaus sehr nahe stand sein Sohn, der Dichter Franz von Kobell (1803–1882). Im Jahr der Klosteraufhebung 1803 in München geboren, führte diesen die Hochzeit mit seiner Cousine Caroline nach Egern. Franz von Kobell gilt als der »Schöpfer der bairischen Mundartdichtung«. In seine Geschichten fließt altbayerischer Dialekt ein, was für die damalige Zeit ganz ungewöhnlich war. Seine Lautübertragungen machen allerdings deutlich, daß er als Sohn einer Ungarin und eines Mannheimers durchaus mit dem Altbayerischen seine liebe Not hatte, wie Textpassagen der Geschichte *Gamsjagd* beweisen. Seine *G'schicht von' Brandner Kasper* (1871) ist eine der populärsten bayerischen Erzählungen, bekannt geworden nicht zuletzt durch den Film und das Theaterstück, das Kurt Wilhelm 1975 für die Bühne bearbeitete. Das Landhaus ist längst abgerissen und stand früher nahe der Radolin-Häuser.
Wir überqueren die Südliche Haupt-

straße und biegen schräg links in die Hofbauernstraße Richtung Kreuth ab. Sie geht in die Weißachaustraße über, die uns zum Roßwandweg führt.

⓮ Früheres Tucholsky-Archiv
Roßwandweg

Mary Tucholsky, geb. Gerold (1898–1987), wohnte seit Anfang der 1950er Jahre bis zu ihrem Tod in dem Landhaus am Fuße des Wallbergs. Dort hütete die geschiedene Frau von Kurt Tucholsky einen Schatz, der Teil ihres eigenen Lebens war: Sie baute ein Kurt-Tucholsky-Archiv auf, sorgte für die Verbreitung der Werke ihres Mannes, gab zusammen mit Fritz J. Raddatz die Gesamtausgabe heraus und stellte interessierten Studenten, Wissenschaftlern und Publizisten biographische Dokumente und Materialien zur Verfügung.

In dem kleinen Ort Alt-Autz im Kurland lernte Kurt Tucholsky (1890–1935) im November 1917 die aus Riga stammende 18jährige Baltin Mary Gerold kennen. Im August 1924 heirateten die beiden. Er schrieb ihr 326 Briefe, vom ersten scheuen Zettel des 27jährigen bis zum tragischen Abschiedsbrief am Tage, da er das Gift nahm. »Tucholskys Ringen um seine spätere Frau Mary war das Ringen um die eigene Identität; ums Überleben«, so sein Biograph und Herausgeber der Gesamtausgabe Fritz J. Raddatz. »Sein stärkstes Lebensgefühl – immer allein«, hat Tucholsky einmal in einem Gedicht gesagt. Die Beziehung dieser beiden Menschen hatte Aufs und Abs, Steigerungen und Abstürze; eine Entwicklung hatte sie nicht. 1928 trennten sich die beiden, ließen den schriftlichen Kontakt jedoch nicht abrei-

Das Tucholsky-Archiv.

ßen. 1933 betrieb Tucholsky, um Mary Schlimmeres zu ersparen, über einen jüdischen Anwalt die Scheidung, die wenige Tage vor seiner offiziellen Ausbürgerung im August 1933 rechtsgültig wurde. Vor Drangsalierungen und häufigen Haussuchungen konnte Tucholsky seine geschiedene Frau allerdings nicht bewahren.

Mary Tucholsky hat als Nachlaßverwalterin von Tucholskys Werk nach 1945 bis zu ihrem Tod die Verbreitung seiner Werke rasch, kompetent und mutig befördert. Ihrer Lebensleistung ist es zu verdanken, daß Kurt Tucholsky schon bald nach dem Ende des Dritten Reiches zu den bekanntesten Schriftstellern des 20. Jahrhunderts wurde. Dabei hat sie es zeitlebens abgelehnt, sich durch Interviews oder Fotoreportagen, Erinnerungsaufsätze oder Fernsehgespräche vor das Bild dieses Schriftstellers zu stellen. Heute wird der Kurt-Tucholsky-Nachlaß im Deutschen Literaturarchiv in Marbach betreut. Das Haus wurde

nach dem Tod von Mary Gerold verkauft und ist nicht zugänglich.
Wir setzen unseren Weg auf der B 307 ins nahe gelegene Wildbad Kreuth, etwa 2 km hinter Kreuth, fort.

Wildbad Kreuth

Wildbad Kreuth
Kurort der Familie Mann

Thomas Mann lernte das Tegernseer Tal bereits durch seine Eltern kennen, wie Karl Smikalla detailliert belegt. Der Lübecker Senator Heinrich Mann war mit seiner Frau Julia ein Jahrzehnt lang – von 1883 bis 1893 – immer wieder Sommergast in Wildbad Kreuth, das 1820 mit Herrschaftshaus und Freihalle von König Max II. erbaut wurde. Die Manns sind etwa als »Kurgäste und Passanten im Bade Kreuth« vom 28. August bis 3. September 1888 dort in der Fremdenliste Nr. 30 registriert. Zwei Jahre später war Senator Mann aus Lübeck im August/September 1890 wieder da. Thomas Manns Mutter Julia erinnert sich an den Aufenthalt:

»Dienstag 10 Uhr über Schaftlach, Gmund, dann mit Postomnibus über Tegernsee, wo Mittagessen, 4 Uhr in Kreuth F. Nielsen. J. Nielsen. Dr. Meyers, Stachows, Sanitätsrat Schultze, Justizr. Meyersburger u. andere, die uns vorgestellt wurden durch Nielsen. – Kaffee getrunken, Spaziergang. Mittwoch, d. 29.sten, herrliches Wetter. Molken getrunken, in Grüneck Dreyfuß besucht. 1 Uhr Table d'hôte in Kreuth. Nach Tische zu den ›7 Hütten‹, früh zu Bette. Das österr. Kaiserpaar mit Familie vom Dienstag bis Samstag dort. – Donnerstag, 30sten Regen, Molke, Kräutersaft, Spaziergang, Freitag, Samstag Regen. Monat, d. 3ten, schönes Wetter, aber naß. Gingen in die Langenau. Abends Spiele, und nachher kam Dreyfuß. Dienstag früh bei herrlichem Wetter mit Einspänner nach Ebensee, wo bei Rainen, Seehof, aßen u. Vösslauer tranken.« (Karl Smikalla, *Thomas Manns heimliche Liebe zum Tegernsee*)

Zwei Jahre nach dem Tod ihres Gatten und ein Jahr nach dem Umzug nach München kam sie wieder nach Wildbad Kreuth, wie die Gästeliste vom 20. Juli 1893 dokumentiert.

Genauso wie Thomas Mann kannte Katia Mann, geb. Pringsheim, das Tegernseer Tal aus vielen Urlauben, die sie als Kind dort verbrachte. Die Familie von Professor Dr. Alfred Pringsheim aus München reiste 1886 mit etwa elf Personen an, man logierte in der Villa Holz und drei Jahre später im Bade Kreuth, dem heutigen Wildbad Kreuth, 1893 dann im Hotel Steinmetz in Tegernsee, dem damals ersten Haus am Platz. Katia Mann kam zusammen mit ihrer Tochter Erika nach dem Tode ihres Mannes in den 1960er Jahren wieder an den Tegernsee und verbrachte die Sommerurlaube 1963, 1964 und 1965 in Kreuth, um im Wildbad »zu kuren und Molke zu trinken«. Heute ist hier die Hanns-Seidel-Stiftung untergebracht.

Von Wildbad Kreuth fahren wir nach Kreuth zurück, biegen in Richtung Kurpark ein und stellen das Auto ab. Der »Künstler-Stoa« steht mitten im Kurpark.

Kreuth

»Der Künstler-Stoa«
Kurpark Kreuth

Mit dem »Künstler-Stoa« erinnert die Gemeinde Kreuth an bedeutende Künstler, die in Kreuth und Umgebung längere Zeit wohnten und mit dem Ort verbunden sind. Bis heute sind am Künstlerstein folgende Künstler verewigt:
Josef Oberberger (1905–1994), Zeichner, Plakatkünstler, Karikaturist, Maler religiöser Glasfenster, Meisterschüler und Freund von Olaf Gulbransson. Professor für Graphik und Malerei an der Kunstakademie in München. Er verbrachte die letzten Jahre seinen Lebens in einem Seniorenheim in Kreuth.
Willy Preetorius (1882–1964), Maler und Porträtist, Erfinder der Ölgraphik, Freund des Schriftstellers Thomas Mann und des Komponisten Hans Pfitzner. Er hatte sein Atelier in München und zuletzt in Enterfels im Haus Lauteren.
Thomas Baumgartner (1892–1962), Kunstmaler, Porträtist, Zeichner im Stil der Münchner Schule um Wilhelm Leibl, malte zeitlebens vor allem bäuerliche Genre-Szenen seiner oberbayerischen Heimat. Seit 1832 hatte er sein Atelier in Point bei Tegernsee. Mit Kiem Pauli verband ihn eine enge Freundschaft.
Kiem Pauli (1882–1960), Volkssänger und Liedersammler. Für die bairische Mundart war er weit über Kreuth hinaus von Bedeutung. Jahrzehntelang wohnte er in Wildbad Kreuth, von wo aus er das mündlich überlieferte Liedgut sammelte. Er war ein enger Freund von Ludwig Thoma und Olaf Gulbransson.
Der Künstlerstein gedenkt auch mehrerer Aufenthalte der Familie Mann am Tegernsee. Zum einen Thomas Manns Aufenthalt in der Villa Taube, die Thomas Manns Freund und Schriftstellerkollege Kurt Martens während der Sommermonate von Graf Adolf von Taube gemietet hatte und die nicht weit von hier entfernt gestanden hat. 1902 hielt sich Thomas Mann für mehrere Wochen dort auf. Auch die Sommerwochen des darauffolgenden Jahres verbrachte er bei Kurt Martens. Dieser machte ihn mit Ludwig Ganghofer und dem Kreis um die Satirezeitschrift *Simplicissimus* bekannt, u. a. mit Ludwig Thoma und Olaf Gulbransson. Später wurde die Villa »Hexenhäusl« genannt und ist inzwischen abgerissen.
Zum anderen erinnert der Künstlerstein an die Ferien der Familie Mann im Sommer 1918 im Defregger-Haus in Abwinkl.
Um dorthin zu gelangen, fahren wir auf der B 307 zurück nach Egern und biegen links, der B 318 folgend, auf die andere Seite des Sees ab. In Abwinkl, einem Ortsteil von Bad Wiessee, biegen wir in den Defreggerweg ab.

Abwinkl

⓯ Ehemaliges Defregger-Haus
Sommerfrische der Familie Mann
Heute Privatklinik Im Alpenpark
Defreggerweg 2–6
Das Defregger-Haus, in dem die Familie Mann 1918 die Sommerfrische verbrachte, wurde 1911 erbaut. Es gehörte dem Sohn des berühmten Historien- und Landschaftsmalers Franz von Defregger

(1835–1921), der über 80jährig in München lebte, während der Sohn im Felde war.
Das Örtchen Abwinkl war der Familie Mann bereits seit Jahren bekannt. Thomas Mann hatte schon einige kurze Ferienaufenthalte dort verbracht, da traf es sich gut, daß das Haus jetzt, wo das Tölzer Landhaus verkauft worden war, zu mieten war. Das im Bootshaus ankernde Ruderboot war die einzige Verbindung zur anderen Uferseite. Golo Mann erinnert sich, daß im letzten Kriegsjahr die Ernährung erbärmlich war: »Wir halfen etwas nach, indem wir mit Stock, Schnur und Angelhaken zu fischen begannen. Was wir fingen, waren nur ›Bürschlinge‹, sehr kleine Dinger, und die etwas größeren ›Rotaugen‹, mit denen wir die Tafel belieferten ... Zweimal die Woche radelte die Mutter den langen Weg nach Gmund am unteren Ende des Sees, wo es, wenn man Glück hatte, Gemüse zu kaufen gab.« (Golo Mann, *Erinnerungen und Gedanken*) Doch die alltäglichen Herausforderungen konnten den schönen Aufenthalt nicht trüben. Nach der Abreise am 9. September 1918 schrieb Thomas Mann an Prof. Philipp Witkop:
»Wir waren zwei Monate am Tegernsee, genauer in Abwinkl, an der stillen Seite, hatten viel Regenwetter, sind aber doch dankbar gegen diese Zeit mit ihren mancherlei neuen Eindrücken zurückgekehrt. Ich genoß das Wasser, das uns in Tölz so gänzlich fehlte, das Rudern, den Badestrand etc. beinahe so sehr wie die Kinder und war, komisch zu sagen, zum ersten Mal in meinem Leben auf dem Gipfel eines höheren Berges, dem Hirschberg. 1670 m, mit kolossalem Fernblick bei Sonnenaufgang in die tiefsten Alpen. Der Eindruck paßte gut zu meiner Lektüre. Stifter, – meiner neuesten Entdeckung: ich las die ganze Zeit beinahe nichts anderes und bin bei ihm irgendwie bei mir zu Hause.« (Thomas Mann, *Briefe*)
Das Haus ist längst abgerissen worden. Heute steht an seiner Stelle die Privatklinik Im Alpenpark.
Über Bad Wiessee fahren wir auf der westlichen Seeseite nach Gmund zurück und beschließen unseren Spaziergang.

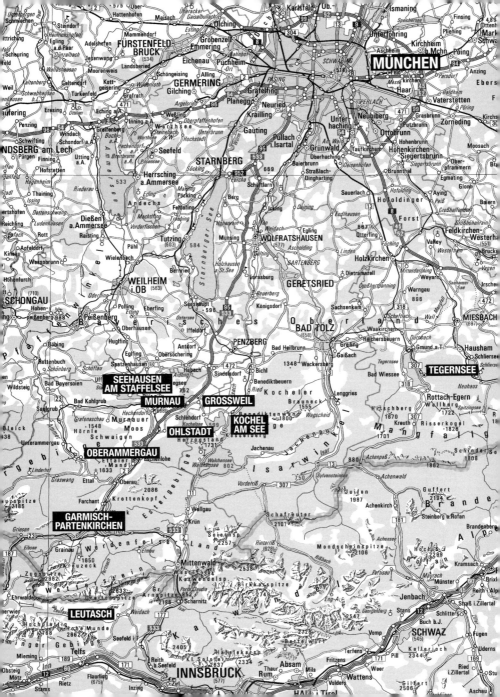

Museen im Alpenvorland

Garmisch-Partenkirchen

Richard-Strauss-Institut
Schnitzschulstraße 19
D-82467 Garmisch-Partenkirchen
Telefon: 08821/910 950
Fax: 08821/910 960
E-Mail: rsi@garmisch-partenkirchen.de
www.richard-strauss-institut.de
Öffnungszeiten:
Dienstag bis Freitag, 10–17 Uhr
Samstag, 14–17 Uhr
Bibliothek: Dienstag bis Freitag,
9–17 Uhr
An Feiertagen geschlossen
Eintritt: € 2,50, ermäßigt € 1,50
Kinder und Jugendliche unter 16 Jahren frei
Führungen nach Voranmeldung
Die zentralen Aufgaben des Richard-Strauss-Instituts sind die Dokumentation und Erforschung von Leben und Werk von Richard Strauss sowie die Förderung des öffentlichen Interesses für den Komponisten. Wissenschaftler und Musiker aus aller Welt richten Anfragen an das Institut oder recherchieren vor Ort im Archiv und in der Bibliothek, die Richard-Strauss-Schrifttum, Nachschlagewerke zur Musik-, Opern- und Literaturgeschichte des 19. und 20. Jahrhunderts sowie Partituren sämtlicher Werke von Richard Strauss bereithält. Die Ausstellung »Strauss! Mensch und Musik entdecken« ermöglicht einen ersten Zugang zu Richard Strauss. Über Konzerte, Vorträge und Filmvorführungen informiert ein regelmäßig erscheinendes Programm. In das Multimedia-Terminal integriert ist ein virtueller Besuch in der Villa von Richard Strauss, die für die Öffentlichkeit nicht zugänglich ist.

Werdenfelser Museum
Ludwigstraße 47
D-82467 Garmisch-Partenkirchen
Telefon: 08821/62 12
Öffnungszeiten (außer November):
Dienstag bis Freitag, 10–13 Uhr und
15–18 Uhr
Samstag, Sonntag und an Feiertagen,
10–13 Uhr
Das Heimatmuseum von Garmisch-Partenkirchen befindet sich seit 1973 im Haus Zum Schlampn, einem stattlichen Handels- und Bürgerhaus des 17./18. Jahrhunderts. Wer wissen will, wie die Menschen um die Wende vom 19. zum 20. Jahrhundert angezogen waren, wie sie wohnten, was sie arbeiteten und wie es damals in Partenkirchen aussah, sollte das Werdenfelser Museum unbedingt besuchen. Diese Zeitreise bietet ideale Hintergrundinformationen zu Josef Ruederers Theaterstück *Die Fahnenweihe*, die 1894 ein Haus weiter, im Hotel Post, spielt.
Im Werdenfelser Museum findet man Sammlungen zu bürgerlicher und bäuerlicher Kultur der ehemals Freisingischen Grafschaft Werdenfels, vor- und frühgeschichtliche Bodenfunde aus der näheren Umgebung von Garmisch-Partenkirchen, Kunsthandwerk aus Eisen und

Holz, historische Fotografien der Zeit um 1900, eine Dokumentation der Erstbesteigung der Zugspitze, zahlreiche Masken mit Zubehör zum Fastnachtsbrauchtum, kirchliche Kunst mit Skulpturen vom 14. bis 19. Jahrhundert, bürgerliche und bäuerliche Wohnkultur des Werdenfelser Landes, Trachten vom 18. bis 20. Jahrhundert, eine Mittenwalder Geigenbauwerkstatt um die Jahrhundertwende, eine Modellsammlung der Schnitzschule sowie landwirtschaftliche und handwerkliche Geräte. Leben und Werk des Bildhauers Prof. Josef Wackerle, der in der Ludwigstraße 47 geboren wurde und jahrzehntelang in St. Anton 2 wohnte, ist ein eigener Raum gewidmet. Berühmt geworden ist er durch seine Keramiken und Brunnenprojekte, wie dem Brunnen im alten Botanischen Garten in München.

Großweil

Freilichtmuseum des Bezirks Oberbayern
An der Glentleiten 4
D-82439 Großweil
Telefon: 08851/85-0 (Verwaltung) und -10 (Kasse)
Fax: 08851/85-11
E-Mail: freilichtmuseum@glentleiten.de
www.glentleiten.de
Öffnungszeiten:
April bis Oktober:
Dienstag bis Sonntag, 9–18 Uhr
Juli, August sowie an Feiertagen auch Montag geöffnet
Führungen nach Vereinbarung

Wer einen Einblick in die breite Vielfalt ländlicher Alltagskultur an originalen Beispielen gewinnen will, sollte auf dem Weg von Ohlstadt nach Sindelsdorf im Freilichtmuseum an der Glentleiten unbedingt einen kurzen Halt einlegen. Das weitläufige, hügelige Gelände mit seinen Bauernhöfen, Tagelöhnerhäusern, Almen, historischen Werkstätten und Bauerngärten bietet Hintergrundinformationen zum Leben und Überleben auf dem Lande in den letzten 200 Jahren. Mehr als 40 Gebäude, vom großen Bauernhof bis hin zum kleinen Backhäuschen, sind zu sehen. Sie wurden an ihrem ursprünglichen Standort genauestens erforscht und dokumentiert, sorgfältig zerlegt und an der Glentleiten wieder aufgebaut. Darüber hinaus bietet das Museum jährlich wechselnde Sonderausstellungen und informative Dauerausstellungen u. a. zu den Themen »Vom Korn zum Brot« und »Grünlandwirtschaft und Milchverarbeitung«.

Kochel am See

Franz-Marc-Museum
Herzogstandweg 43
D-82431 Kochel am See
Telefon: 08851/71 14
Fax: 08851/615 021
Öffnungszeiten:
Dienstag bis Sonntag, 14–18 Uhr
Am 24. und 31. Dezember sowie vom 16. Januar bis Ende Februar geschlossen.
Das seit 1986 bestehende Franz-Marc-Museum präsentiert Werke der Künstlergruppe »Der Blaue Reiter«, allen voran von Franz Marc, in der Land-

schaft, in der Marc über Jahre hinweg arbeitete. Das Museum bietet Einblick in das Schaffen des Künstlers von der Frühzeit bis zu den kurz vor dem Ersten Weltkrieg entstandenen Werken. Gemälde seines Vaters Wilhelm Marc, Werke der Freunde aus der »Neuen Künstler-Vereinigung München«, dem »Blauen Reiter« und dem »Brücke«-Kreis wie Kandinsky, Klee, Macke, Münter, Werefkin, Campendonk, Erblöh, Jawlensky, Ernst Ludwig Kirchner, Alfred Kubin, August Macke sowie Beispiele aus der von Marc gesammelten bayerischen und außereuropäischen Volkskunst weisen auf Einflüsse und Wirkung des Künstlers hin. Zu sehen sind mehr als zwei Dutzend große und kleine Gemälde, dazu zahlreiche Aquarelle, Gouachen, Zeichnungen, Holzschnitte, Lithographien und einige plastische Arbeiten von Franz Marc.

Leutasch in Tirol

Ganghofer-Museum Leutasch
Kirchplatz 154
A-6105 Leutasch
Telefon: 0043/5214/20 093
Öffnungszeiten:
Dienstag bis Freitag, 15–17 Uhr
Sonntag, 14–17 Uhr
Von Mitte November bis Mitte Dezember und von Mitte April bis Mitte Mai geschlossen.
Eintritt: € 2,20
Kinder bis 14 Jahre haben freien Eintritt.
Führungen bei vorheriger Anmeldung möglich.
Im Ganghofer-Museum erfährt man alles Wissenswerte zu Leben und Werk von Ludwig Ganghofer. Wichtige Accessoires aus dem Jagdhaus Hubertus werden hier im Original gezeigt, etwa sein Schreibtisch und sein Reisekoffer, den er alljährlich für die Übersiedlung von München in das Jagdhaus benutzte. Des weiteren die dreibändigen Hausbücher von 1901 bis 1914, die in zeitgeschichtlicher wie kulturgeschichtlicher Hinsicht bedeutend sind. Sie dokumentieren dichterische Beiträge, freilich sehr unterschiedlicher Qualität, und viele von Ganghofer oder den anwesenden Malerfreunden penibel ausgeführte Zeichnungen, Porträts, Ornamente, Wilddarstellungen. Ebenfalls darin verzeichnet sind die Besucher im Jagdhaus Hubertus, wie etwa der Schriftsteller Hugo von Hofmannsthal, der vom 2. bis 10. Mai 1899 da war, oder der damals weltberühmte Sänger Leo Slezak, der mit Gedicht und Foto im Hausbuch verewigt ist. Darüber hinaus informiert die Dauerausstellung anhand vieler Bilder, Dokumente und Gegenstände über die Jagd und das dörfliche Leben in der Leutasch in den letzten Jahrhunderten. Im ersten Stock finden regelmäßig Wechselausstellungen statt.

München

Monacensia. Literaturarchiv und Bibliothek
Maria-Theresia-Straße 23
D-81675 München
Telefon: 089/419 472-0
Fax: 089/47 09 619
Öffnungszeiten:
Montag bis Mittwoch, 9–17 Uhr
Donnerstag, 10–19 Uhr
Freitag, 9–15 Uhr

Wer sich für München und im besonderen für seine Schriftstellerinnen, Schauspieler und Persönlichkeiten interessiert, kommt an der Monacensia mit ihrer umfangreichen München-Bibliothek (132 000 Bücher) und dem Literaturarchiv der Stadt München (320 000 Autographen und Handschriften) nicht vorbei. Die Monacensia leistet zum literarischen und kulturellen Leben der Stadt einen bedeutenden Beitrag. Seit fast 30 Jahren ist dieses traditionsreiche Institut der Münchner Stadtbibliothek im Hildebrandhaus an der Maria-Theresia-Straße ansässig, im ehemaligen Wohnsitz des Künstlerfürsten und Bildhauers Adolf von Hildebrand. Über 290 Nachlässe renommierter Künstler, Schriftsteller und Persönlichkeiten, die in München lebten oder mit dieser Stadt in engem Kontakt standen, sind im Besitz der Monacensia. Darunter auch die Nachlässe der Schriftstellerinnen und Schriftsteller, die uns auf unseren Spaziergängen am Alpenrand ständig begegnen, etwa die Archive von Klaus Mann, Erika Mann, Ludwig Thoma, Ludwig Ganghofer, Franziska zu Reventlow, Liesl Karlstadt, Annette Kolb, Gertrud von le Fort, Josef Ruederer, Max Mohr, Grete Weil. Eine wissenschaftliche Forschungsbibliothek, die alles sammelt, was an Gedrucktem zum Thema München erscheint, ergänzt die Originalmaterialien geradezu ideal und erleichtert den Nutzerinnen und Nutzern ganz erheblich die Recherche und die Forschungsarbeit. Auf der soliden Basis des eigenen Bestandes gestaltet die Monacensia die literarische Landschaft durch eigene Buchreihen, Veranstaltungen und Ausstellungen. In München hat sie sich als Treffpunkt für Münchner Autorinnen und Autoren und deren Leser fest etabliert, auch dank der guten Kontakte zu Verlagen und Buchhandlungen.

Städtische Galerie im Lenbachhaus

Luisenstraße 33
D-80333 München
Telefon: 089/23 332 000
Fax: 089/23 332 003/4
Öffnungszeiten:
Dienstag bis Sonntag, 10 – 18 Uhr
Kunstbau (U-Bahnhof Königsplatz):
Dienstag bis Sonntag, 10 – 20 Uhr
Oster- und Pfingstmontag geöffnet,
Faschingsdienstag, 24. und
31. Dezember geschlossen.

Das Lenbachhaus, die Villa des »Malerfürsten« Franz von Lenbach, gründet seinen Ruf als international bedeutendes Museum auf seiner einmaligen Sammlung von Werken des »Blauen Reiter«. In seiner Architektur folgt das Lenbachhaus dem Typus der toskanischen Villa. Für die Verwirklichung seiner Ideen gewann Franz von Lenbach den renommierten Münchner Architekten Gabriel von Seidl, Bruder des in Murnau ansässigen Gartenarchitekten Emanuel von Seidl. Die Künstlervilla entstand innerhalb weniger Jahre (1887–1891). Franz von Lenbach, der den ersten Anfängen einer neuen Kunst in München äußerst reserviert gegenüberstand, verkörpert in paradigmatischer Weise das, wovon sich die Künstler des »Blauen Reiter« lösen wollten.

Mit der großartigen Schenkung von Gabriele Münter anläßlich ihres 80. Geburtstages, 1957, gelangte die Städtische Galerie in den Besitz dieser herausragenden Sammlung moderner Kunst, die das Lenbachhaus gleichsam über Nacht zu einem Museum von Weltgeltung machte. Über 90 Ölbilder, mehr als 330 Aquarelle und Zeichnungen sowie Skizzenbücher, Hinterglasbilder und fast das gesamte druckgraphische Werk ihres langjährigen Lebensgefährten Wassily Kandinsky gingen zusammen mit 25 Gemälden, zahlreichen Zeichnungen und Druckgraphiken von Münter selbst sowie vielen Werken weiterer Künstlerfreunde des »Blauen Reiter« wie Jawlensky, Marc, Macke und Werefkin in den Besitz des Museums über. 1965 gelangten darüber hinaus zentrale Werke von Macke, Marc, Jawlensky und Niestlé in die Städtische Galerie, deren Sammlungen mit Werken von Baum, Bechtejew, Bossi, Werefkin, Delaunay, Jawlensky, Klee, Macke, Marc und anderen ständig erweitert wurden. Mit dem Erwerb dieser bedeutenden Kunstsammlungen erfuhr das Lenbachhaus eine völlige Neuorientierung in Richtung moderne Kunst. Seit den 1970er Jahren stellt das Museum in seinen Ausstellungen wesentliche Tendenzen und Künstler des internationalen zeitgenössischen Kunstgeschehens vor und sammelt aktuelle Kunst. Der Kunstbau, Anfang der 1990er Jahre in unmittelbarer Nachbarschaft zur Künstlervilla entstanden, bietet dazu ideale Ausstellungsmöglichkeiten. Darüber hinaus gibt die Städtische Galerie im Lenbachhaus einen Einblick in die Münchner Malerei des 19. Jahrhunderts und zeigt Werke von Künstlern, die uns auf unseren Spaziergängen durch das Alpenvorland begegnet sind, etwa von Franz von Lenbach, Friedrich August Kaulbach, Wilhelm von Kobell, Johann Georg von Dillis, Carl Spitzweg und Lovis Corinth.

Murnau

Schloßmuseum
Schloßhof 1
D-82418 Murnau am Staffelsee
Telefon: 08841/476-207 (Museumskasse) / -201 (Verwaltung)
Fax: 08841/476-277
E-Mail: schlossmuseum@murnau.de
Öffnungszeiten:
Dienstag bis Sonntag, 10–17 Uhr
Juli bis September:
Zusätzlich Samstag und Sonntag bis 18 Uhr
An Feiertagen (auch Oster- und Pfingstmontag) geöffnet.
An Neujahr sowie 1. bis 25. Dezember:
Wochentags nur 13–17 Uhr
Samstag und Sonntag, 10–17 Uhr
Am 24. und 31. Dezember geschlossen.
Führungen: Von Juni bis Ende Oktober jeden Samstag 14 und 16 Uhr (Dauer-/Sonderausstellung), ohne Voranmeldung.
Führungen für Gruppen nach Voranmeldung
(Telefon: 08841/476-201).
Das Schloßmuseum Murnau vermittelt die Besonderheiten des Alpenvorlandes sowie die örtliche Tradition und Kultur, die eng mit dem herausragenden künstlerischen und literarischen Schaffen im ersten Drittel des 20. Jahrhunderts verbunden sind. Im Mittelpunkt steht eine umfangreiche Sammlung von Werken Gabriele Münters sowie von Arbeiten der Künstler der »Neuen Künstler-Vereinigung München« und des »Blauen Reiter« (u. a. Wassily Kandinsky, Marianne Werefkin, Alexej Jawlensky, Franz Marc, Heinrich Campendonk). Die Verbindung zur bayerischen Volkskunst,

insbesondere zur Hinterglasmalerei, und die Inspiration durch die einmalige Voralpenlandschaft werden aufgezeigt. Eine umfangreiche Dokumentation widmet sich dem Schriftsteller Ödön von Horváth, der zwischen 1924 und 1933 hauptsächlich in Murnau lebte und arbeitete. Die expressive Malerei der Maler des »Blauen Reiter« und die Texte Horváths schöpfen aus der Begegnung mit der Murnauer Landschaft, dem Ort Murnau und seinen Menschen. Mit der Hinterglasbildersammlung Udo Dammert stellt das Schloßmuseum Murnau die regionale Hinterglaskunst in einen internationalen Kontext und zeigt die Vielfalt und Qualität dieser Kunst, die im Staffelseeraum eine lange Tradition hat.

Darüber hinaus finden mehrmals im Jahr im Schloßmuseum Sonderausstellungen mit Bezügen zum Sammlungsauftrag des Schloßmuseums statt.

Gabriele Münter-Haus
Kottmüllerallee 6
D-82418 Murnau am Staffelsee
Telefon: 08841/62 88 80
Fax: 08841/62 88 81
Öffnungszeiten:
Dienstag bis Sonntag, 14–17 Uhr
Nach einer aufwendigen Restaurierung sind seit 1999 wieder Teile der Originalausstattung, von Münter und Kandinsky bemalte Möbel, Gemälde, Graphik und Hinterglasbilder sowie Beispiele aus der Volkskunstsammlung der beiden Künstler zu sehen.

Oberammergau

Heimatmuseum Oberammergau
Dorfstraße 8
D-82487 Oberammergau
Telefon: 08822/94 136 oder 92 310
(Verkehrsamt Oberammergau)
Fax: 08822/32 233
Öffnungszeiten:
15. Mai bis 15. Oktober:
Dienstag bis Sonntag, 14–18 Uhr
16. Oktober bis 14. Mai:
Samstag, 14–18 Uhr
Sonderführungen nach Vereinbarung mit dem Verkehrsamt Oberammergau.
Der Schnitzwarenverleger Guido Lang ließ in den Jahren 1904–1906 das Oberammergauer Heimatmuseum errichten. Im Mai 1910 wurde es eröffnet. Der Verleger Reinhard Piper erinnerte sich später: »Die Familie Lang hatte verdienstvollerweise ein eignes Museum eingerichtet mit einer überaus reichen Sammlung von altem Spielzeug, Krippenfiguren, Puppen, Hampelmännern aller Art und Größe, Kutschen, Schlitten, Kasperlfiguren, Schaukelpferden, Kaufläden usw.« (Reinhard Piper, *Mein Leben als Verleger*)
1954 ging der Bestand in den Besitz der Gemeinde Oberammergau über und wurde ständig ergänzt. Im Heimatmuseum Oberammergau werden die kunst- und kulturgeschichtlichen Sammlungen der Gemeinde in Auswahl dokumentiert, darunter Holzspielzeug, Heiligenfiguren, Kruzifixe und Reliquienkreuze, fein geschnitzte Genre-Szenen, Nadeletuis und Dosen, Wachsbossierarbeiten und Wachsgußmodeln. Eine besondere Attraktion sind die Krippe der Oberammergauer Pfarrkirche und Hinterglasbil-

der aus der Sammlung Hans Krötz, die im Almanach *Der Blaue Reiter* abgebildet sind.

Ohlstadt

Kaulbach-Villa
Kaulbachstraße 22
D-82441 Ohlstadt
Telefon: 08841/74 80
(Verkehrsamt Ohlstadt)
E-Mail: verkehrsamt@ohlstadt.de
Öffnungszeiten:
1. April bis 31. Oktober:
Mittwoch und Samstag, 16–18 Uhr
25. Dezember bis 10. Januar:
Samstag, 15–17 Uhr und nach Vereinbarung
Eintritt inkl. Führung: € 2,–
Neben dem herrschaftlichen Wohnhaus in München besaß Friedrich August von Kaulbach ein ländliches Sommerhaus mit Atelier in Ohlstadt bei Murnau. Hier befindet sich heute sein künstlerischer Nachlaß, bestehend aus fast 300 Gemälden und Ölskizzen, gut 1000 Zeichnungen sowie einem großen Bestand an Skizzenbüchern, Fotografien und Autochromen. Mit der Eröffnung der Kaulbach-Villa im Juli 1997 kann nun erstmalig das erhaltene Atelier dieses bedeutenden Malers des Historismus der Öffentlichkeit präsentiert werden, außerdem das Graphikzimmer, das nach Kaulbachs Tod entstand. Gezeigt werden 31 Gemälde und 25 Zeichnungen sowie Kaulbachs Lesezimmer mit einem einmaligen Blick über das Murnauer Moos.

Seehausen am Staffelsee

Heimatmuseum
Dorfstraße 8
D-82418 Seehausen am Staffelsee
Telefon: 08841/67 28 58 oder 55 84
(Frau Ecker für Sonderführungen)
Öffnungszeiten:
Mittwoch, Samstag und Sonntag, 14–17 Uhr
1. November bis 1. April: nur Samstag und Sonntag
Das Museum zeigt Geschichte, Kunst und Kultur der Gemeinde Seehausen sowie Lebensweise und Alltagskultur als Fischerdorf am Staffelsee, Fundgegenstände aus den archäologischen Ausgrabungen auf der Insel Wörth, örtliche Hinterglasmalerei, religiöse Gebrauchskunst, bäuerliche Trachten und Schmuck.

Tegernsee

Museum Tegernseer Tal
Im Alten Pfarrhof
Seestraße 17/Ecke Bahnhofstraße
Gegenüber dem Schloß
D-83684 Tegernsee
Telefon: 08022/49 78
Fax: 08022/937 380
Öffnungszeiten:
Juni bis Anfang Oktober:
Dienstag bis Sonntag, 14–17 Uhr
Führungen für Gruppen nach Vereinbarung
Seit 1999 informiert das Museum Tegernseer Tal in 17 Räumen mit rund 850 Ausstellungsobjekten über Kultur und Geschichte der letzten Jahrhunderte in

einer der traditionsreichsten Regionen Altbayerns. Schwerpunkte sind die Geschichte des Tegernseer Tals vom Mittelalter bis zur Gegenwart, Zeugnisse des bäuerlichen Lebens und das traditionelle Handwerk. Alltagsgegenstände vom 18. bis 20. Jahrhundert, beispielsweise Trachten, Jagdwaffen, kunstvoll bemalte Schützenscheiben und bäuerliche Möbel, gewähren einen Einblick in das damalige Leben. Die Entstehung des Tegernseer Tals kann man anhand eines Modells und eines Zeichentrickfilms anschaulich nachvollziehen. Eine technikgeschichtliche Besonderheit ist das (wieder gangbar gemachte) Uhrwerk, das der aus Gmund stammende Johann Mannhardt 1826 für den Turm der Pfarrkirche Egern schuf. Träger des Museums sind der Altertums-Gauverein Tegernsee e. V. und der Historische Verein für das Tegernseer Tal.

Olaf Gulbransson Museum
für Graphik und Karikatur
Im Kurgarten
D-83684 Tegernsee
Telefon: 08022/33 38
Öffnungszeiten:
Dienstag bis Sonntag, 11–17 Uhr
31. Dezember, 11–14 Uhr
Am 1. Januar, Faschingsdienstag, 24. und 25. Dezember geschlossen.
Eintritt: Erwachsene € 3,–
Jugendliche € 1,– Gäste mit Kurkarte und Gruppen € 2,50. Freien Eintritt haben die Mitglieder der Olaf Gulbransson Gesellschaft.
Das Olaf Gulbransson Museum wurde 1965 auf Initiative eines privaten Stiftervereins unter der Schirmherrschaft von Theodor Heuss und Ludwig Erhard begründet und von Sep Ruf erbaut. Es dient dem Andenken von Werk und Person Olaf Gulbranssons sowie seinen künstlerischen Zeitgenossen. Seit 1973 ist das Olaf Gulbransson Museum eine Zweiggalerie der Bayerischen Staatsgemäldesammlungen in München. Das Untergeschoß widmet sich ganz dem künstlerischen Lebenswerk und der Biographie Olaf Gulbranssons. Das Obergeschoß vereint die seltenen Ölgemälde Gulbranssons sowie Bildnis- und Landschaftszeichnungen, die von Dagny Björnson-Gulbransson aus dem Nachlaß ihres Mannes dem Museum gestiftet wurden. Regelmäßig finden im Olaf Gulbransson Museum Wechselausstellungen zu international bedeutenden Künstlern statt, die mit dem Leben und Werk Olaf Gulbranssons in Verbindung stehen.

Literatur- und Quellenverzeichnis

Albert-Lazard, Lou: Wege mit Rilke. Frankfurt a. M. 1952

Ammann, Edith: Das graphische Werk von Alexander Kanoldt (Schriften der Staatlichen Kunsthalle Karlsruhe, Heft 7). Karlsruhe 1963

Andreas-Salomé, Lou: Rainer Maria Rilke. Hg. von Ernst Pfeiffer. Frankfurt a. M. 1988

Avé, Lia: Das Leben der Hedwig Courths-Mahler. München/Wien 1990

Bätzing, Werner: Die Alpen. Geschichte und Zukunft einer europäischen Kulturlandschaft. München 2003

Das Bayerland. Illustrierte Halbmonatsschrift für Bayerns Land und Volk. 40. Jg. 1. April-Heft 1929

Beauvoir, Simone de: In den besten Jahre. Aus d. Franz. von Rolf Soellner © 1961 by Rowohlt Verlag GmbH, Reinbek b. Hamburg

Beckmann, Mathilde Q.: Mein Leben mit Max Beckmann. München/Zürich 1980

Beckmann, Max: Briefe. Bd I. 1899–1925. Bearbeitet von Uwe M. Schneede. München/Zürich 1993

Ders.: Briefe. Bd II. 1925–1937. Bearbeitet von Stephan von Wiese. München/Zürich 1994

Ders.: Briefe. Bd III. 1937–1950. Bearbeitet von Klaus Gallwitz unter Mitarbeit von Ursula Harter. München/Zürich 1996

Bethge, Eberhard: Dietrich Bonhoeffer. Gütersloh 2001

Bieler, Manfred: Der Kanal. Roman. München 1978

Bloch, Ernst: Briefe 1903–1975. Erster und zweiter Band. Hg. von Karola Bloch u. a. © 1985 by Suhrkamp Verlag, Frankfurt a. M.

Boccarius, Peter: Michael Ende. Der Anfang der Geschichte. Frankfurt a. M./Berlin 1995

Bonhoeffer, Dietrich: Gesammelte Schriften. Bd 6. Tagebücher, Briefe, Dokumente. 1923–1945. Zweiter Ergänzungsband. Hg. von Eberhard Bethge. München 1974

Ders.: So ist es gewesen. Briefe im Kirchenkampf 1933–1942 von Gerhard Vibrans aus seinem Familien- und Freundeskreis und von Dietrich Bonhoeffer. Hg. von Dorothea Andersen, Gerhard Andersen, Eberhard Bethge und Elfriede Vibrans. München 1995

Bonsels, Rose-Marie (Hg.): Paula Ludwig – Waldemar Bonsels. Dokumente einer Freundschaft (Ambacher Schriften 8). Wiesbaden 1994

Brandenburg, Hans: Festliches Land. Durch München zum Hochgebirge. München 1930

Breito, Emil Karl: Ludwig Ganghofer im Wettersteingebirge bei Leutasch und Mittenwald. Innsbruck 1999

Carossa, Hans: Briefe I. 1886–1918. Hg. von Eva Kampmann-Carossa. Frankfurt a. M. 1978

Ders.: Eine Kindheit © 1977 by Insel Verlag, Frankfurt a. M.

Ders.: Raube das Licht aus dem Rachen der Schlange. Erinnerungen und Bekenntnisse. Ausgewählt und eingeleitet von Ludwig Emanuel Reindl. Zürich 1952

Ders.: Sämtliche Werke in zwei Bänden. Frankfurt a. M. 1962

Ders.: Tagebücher 1925 bis 1935. Frankfurt a. M. 1993

Chiavacci, Vincenz: Ludwig Ganghofer. Ein Bild seines Lebens und Schaffens. Stuttgart 1905

Lovis Corinth. Eine Dokumentation. Zusammengestellt und erläutert von Thomas Corinth. Tübingen 1979

Corinth, Lovis: Legenden aus dem Künstlerleben. Berlin 1909

Ders.: Meine frühen Jahre. Hamburg 1954

Ders.: Selbstbiographie. Leipzig 1926

Ders.: Walchensee. Mit einer Einführung von Horst Keller. München/Zürich 1976

Dering, Peter: Die »Rheinischen Expressionisten«. August Macke und sein Kreis. In: Die Expressionisten. Vom Aufbruch bis zur Verfemung. Hg. von Gerhard Kolberg. Ostfildern-Ruit b. Stuttgart 1996

Diehl, Walther: Die Künstlerkneipe »Simplicissimus«. Geschichte eines Münchner Kabaretts 1903 bis 1960. München 1989

Dimpfl, Monika: Immer veränderlich. Liesl Karlstadt 1892–1960. München 1996

Egbringhoff, Ulla: Franziska zu Reventlow. Reinbek b. Hamburg 2000

Eichner, Johannes: Kandinsky und Gabriele Münter. Von Ursprüngen moderner Kunst. München 1952 © Stiebner Verlag GmbH, München

Emhardt, Gustl: Erinnerungen an Ödön von Horváths Jugendzeit. Unveröffentlichtes Manuskript

Erdmann-Macke, Elisabeth: Erinnerung an August Macke © 1987 by S. Fischer Verlag, Frankfurt a. M.

Exner, Lisbeth: Land meiner Mörder, Land meiner Sprache. Die Schriftstellerin Grete Weil. München 1998

Familienglück, Heimat, Refugium. Richard Strauss und Garmisch-Partenkirchen. Hg. vom Richard-Strauss-Institut. Garmisch-Partenkirchen 1999

Festner, Katharina, und Christiane Raabe: Spaziergänge durch das München berühmter Frauen. Zürich-Hamburg 1996

Feuchtwanger, Lion: Erfolg. Drei Jahre Geschichte einer Provinz. Berlin 1993

Flügge, Manfred: Gesprungene Liebe. Die wahre Geschichte zu »Jules und Jim«. Berlin 1993

Frantz, Ulrich: Die Leutasch. In der Sendereihe: Bilder einer Landschaft. Bayerisches Fernsehen. Erstsendung am 11. Dezember 2002

Friedel, Helmut, und Annegret Hoberg: Der Blaue Reiter. München 2000

Ludwig Ganghofers »Jagdbuch«. Hg. von Andreas Aberle und Jörg Wedekind. Rosenheim 1978

Ganghofer, Ludwig: Der Geigenmacher von Mittenwald. Dorfkomödie in drei Aufzügen. Bühnenfassung von Hans Neuert. Stuttgart o. J.

Ders.: Der Jäger von Fall. Eine Hochlandgeschichte. Stuttgart 1898

Ders.: Lebenslauf eines Optimisten. München 1921

Ders.: Das Schweigen im Walde. München 1982

Goethe, Johann Wolfgang von: Italienische Reise. Werke in zehn Bänden. Bd 10. Neu bearbeitet von Gisela Spiekerkötter. Zürich 1970

Goldmann, Nahum: Mein Leben als deutscher Jude. München 1980

Goll, Claire, und Iwan Goll: Meiner Seele Töne. Das literarische Dokument eines Lebens zwischen Kunst und Liebe – aufgezeichnet in ihren Briefen. Neu hg. und kommentiert von Barbara Glauert © Scherz Verlag 1978. Alle Rechte bei und vorbehalten durch Wallstein Verlag, Göttingen

Goll, Iwan, und Paula Ludwig: Ich sterbe mein Leben. Briefe 1931–1940. Literarische Dokumente zwischen Kunst und Krieg. Hg. und kommentiert von Barbara Glauert-Hesse i. A. der Fondation Goll © Limes Verlag, Frankfurt a. M./Berlin 1993. Alle Rechte für die Briefe Iwan Golls bei und vorbehalten durch Wallstein Verlag, Göttingen / für die Briefe Paula Ludwigs bei Langewiesche-Brandt KG, Ebenhausen

Graf, Andreas: Hedwig Courths-Mahler. München 2000

Green, Martin: Else und Frieda, die Richthofen-Schwestern. München 1974

Greve, Ludwig, und Jochen Meyer (Hg.): Das 20. Jahrhundert. Von Nietzsche bis zur Gruppe 47. Marbach a. N. 1980

Grosser, J. F. G.: Die große Kontroverse. Ein Briefwechsel um Deutschland. Walter von Molo – Thomas Mann. Hamburg/Genf/Paris 1963

Grote, Ludwig (Hg.): Erinnerungen an Paul Klee. München 1959

Günzler, Otto, und Alfred Zwink: Oberammergau. Berühmtes Dorf – Berühmte Gäste. Drei Jahrhunderte. Passionsspiel im Spiegel seiner Besucher. München 1950

Gulbransson, Grete: Tagebücher. Bd 1: Der Grüne Vogel des Äthers. 1904 bis 1912. Hg. von Ulrike Lang. Frankfurt a. M. 1998

Hackermüller, Rotraut: Einen Handkuß der Gnädigsten. Roda Roda. Bildbiographie. München 1986

Heinen, Nicolas: Gertrud von le Fort. Einführung in Leben, Kunst und Gedankenwelt der Dichterin. Luxembourg 1960

Helwig, Heide: »Ob niemand mich ruft«. Das Leben der Paula Ludwig. Ebenhausen b. München 2002

Hessel, Franz: Alter Mann. Hg. von Bernhard Witte. Frankfurt a. M. 1986

Hessel, Helen: Journal d'Helen. Lettres à Henri-Pierre Roché. Marseille 1991 (Übers. von der Autorin)

Heymann, Lida Gustava, in Zusammenarbeit mit Anita Augspurg: Erlebtes – Erschautes. Deutsche Frauen kämpfen für Freiheit, Recht und Frieden 1850–1940. Hg. von Margit Twellmann © 1972 by Hain Verlag, Meisenheim a. G.

Hildebrandt, Dieter: Ödön von Horváth in Selbstzeugnissen und Bilddokumenten. Reinbek b. Hamburg 1975

Hildebrandt, Irma: Bin halt ein zähes Luder. 15 Münchner Frauenporträts. München 1990

Hoberg, Annegret: Maria Marc. Leben und Werk 1876–1955. Katalog zur Ausstellung.

Städtische Galerie im Lenbachhaus. München 1995
Dies. und Helmut Friedel (Hg.): Der Blaue Reiter und das neue Bild. Von der »Neuen Künstlervereinigung München« zum »Blauen Reiter«. München 1999
Hocke, Roman, und Thomas Kraft: Michael Ende und seine phantastische Welt. Die Suche nach dem Zauberwort. Stuttgart/Wien/Bern 1997
Holm, Korfiz: Ludwig Thoma und Olaf Gulbransson. Wie ich sie erlebte. München 1953
Holzheimer, Gerd, Elisabeth Tworek und Herbert Woyke (Hg.): Leiden schafft Passionen. Oberammergau und sein Spiel. München 2000
Horváth, Ödön von: Italienische Nacht, kommentierte Werkausgabe 3. Frankfurt a. M. 1984
Ders.: Sportmärchen. Kommentierte Werkausgabe 11. Frankfurt a. M. 1988
Hülsemann, Irmgard: Lou. Das Leben der Lou Andreas-Salomé. Biographie. München 1998
Hüneke, Andreas (Hg.): Der Blaue Reiter. Dokumente einer geistigen Bewegung. Leipzig 1986
Jens, Inge und Walter: Frau Thomas Mann. Das Leben der Katharina Pringsheim. Reinbek b. Hamburg 2003
Joseph, Albrecht: Portraits I. Carl Zuckmayer. Bruno Frank. Aachen 1993
Jüngling, Kirsten, und Brigitte Roßbeck: Franz und Maria Marc. Düsseldorf 2000
Kampmann-Carossa, Eva: Hans Carossa. Leben und Werk im Bild. Frankfurt a. M. 1978
Kandinsky, Wassily: Essays über Kunst und Künstler. Bern 1973
Ders. und Franz Marc (Hg.): Der Blaue Reiter. Dokumentarische Neuausgabe von Klaus Lankheit. München 1979
Alexander Kanoldt 1881–1939. Gemälde Zeichnungen Lithographien. Museum für Neue Kunst, Freiburg im Breisgau/Von-der-Heydt-Museum Wuppertal 1987
Kerr, Alfred: Erlebtes 1. Deutsche Landschaften, Menschen und Städte. Hg. von Günther Rühle. Berlin 1989
Klee, Paul: Tagebücher 1898–1918. Textkritische Neuedition. Hg. von der Paul-Klee-Stiftung. Kunstmuseum Bern. Bearbeitet von Wolfgang Kersten. Bern 1988
Knaus, Albrecht: Der Dichter in der Tuften. Bayerland. 58. Jahrgang. München 1956

Kolb, Annette: Daphne Herbst. Roman. Frankfurt a. M. 1982
Kreidolf, Ernst, und Leopold Weber: Mit Ernst Kreidolf in den Bayerischen Bergen. 1889–1895. Erlenbach-Zürich/Leipzig 1933
Der Maler Ernst Kreidolf. Katalog zur Ausstellung im Kunsthaus Bern. Bern 1984
Krell, Max: Das alles war einmal. Frankfurt a. M. 1961
Krischke, Traugott (Hg.): Materialien zu Ödön von Horváth. Frankfurt a. M. 1977
Ders.: Ödön von Horváth. Kind seiner Zeit. München 1980
Kurzke, Hermann: Thomas Mann. Das Leben als Kunstwerk. Eine Biographie. München 1999
Längle, Alfred: Bei der Dichterin Paula Ludwig in Ehrwald. In: Vorarlberger Feierabend (12. Dezember 1936)
Lawrence, D. H.: Mr. Noon. Aus dem Engl. von Nikolaus Stingl. Zürich 1985
Ders.: Söhne und Liebhaber. Aus dem Engl. von Georg Goyert. Reinbek b. Hamburg 1960
Lemp, Richard (Hg.): Das große Ludwig Thoma Buch. München/Zürich 1974
Lenggries. Ein Streifzug durch Vergangenheit und Gegenwart. Lenggries 1984
Ludwig, Paula: Briefe. Nachlaß Waldemar Bonsels in der Monacensia © Langewiesche-Brandt KG, Ebenhausen
Maddox, Brenda: Ein verheirateter Mann. D. H. Lawrence und Frieda von Richthofen. Köln 1996
Mann, Erika: Blitze überm Ozean. Aufsätze, Reden, Reportagen © 2000 by Rowohlt Verlag GmbH, Reinbek b. Hamburg
Mann, Golo: Erinnerungen und Gedanken. Eine Jugend in Deutschland © 1986 by S. Fischer Verlag, Frankfurt a. M.
Mann, Klaus: Kind dieser Zeit. Mit einem Nachwort von Uwe Naumann © 2000 by Rowohlt Verlag GmbH, Reinbek b. Hamburg
Ders.: Der Wendepunkt. Ein Lebensbericht. Mit einem Nachwort von Frido Mann © 1984 by Rowohlt Verlag GmbH, Reinbek b. Hamburg
Mann, Thomas: Briefe 1889–1955 und Nachlese. Hg. von Erika Mann. 3 Bde. Bd I: 1889–1936 © 1961 by S. Fischer Verlag, Frankfurt a. M.
Ders.: Die Erzählungen. Frankfurt a. M. 1986
Ders.: Doktor Faustus. Das Leben des deutschen Tonsetzers Adrian Leverkühn erzählt von

einem Freunde © 1951 by S. Fischer Verlag, Frankfurt a. M.

Ders.: Tagebücher. Hg. von Peter de Mendelssohn und Inge Jens. 10 Bde. Frankfurt a. M. 1979–1995

Franz Marc 1880–1916. Ausstellungskatalog. München 1980

Mendelssohn, Peter de: Der Zauberer: Das Leben des deutschen Schriftstellers Thomas Mann in drei Bänden. Frankfurt a. M. 1972

Moeller, Magdalena M.: Der Blaue Reiter. Köln 1987

Molo, Walter von: So wunderbar ist das Leben. Erinnerungen und Begegnungen. Stuttgart 1957

Ders.: Wo ich Frieden fand. Erlebnisse und Erinnerungen. München 1959

Ders.: Zu neuem Tag. Ein Lebensbericht. Berlin 1950

Montaigne, Michel de: Tagebuch der Reise nach Italien über die Schweiz und Deutschland von 1580 bis 1581. Berlin 2002

Mühsam, Erich: Namen und Menschen. Unpolitische Erinnerungen. Leipzig 1949

Müller, Karl Alexander von: Mars und Venus. Erinnerungen 1914–1919. Stuttgart 1954

Müller-Stratmann, Claudia: Josef Ruederer (1861–1915). Leben und Werk eines Münchner Dichters der Jahrhundertwende. Frankfurt a. M. u. a. 1994

Münter, Gabriele: Menschenbilder in Zeichnungen. Berlin 1952

Naumann, Uwe (Hg.): »Ruhe gibt es nicht, bis zum Schluß«. Klaus Mann (1906–1949). Bilder und Dokumente. Reinbek b. Hamburg 1999

Ostini, F. v.: In: Fritz August von Kaulbach. Gesamtwerk. München o. J.

Ostler, Josef: Garmisch und Partenkirchen 1870–1935. Der Olympia-Ort entsteht (Beiträge zur Geschichte des Landkreises Garmisch-Partenkirchen Bd 8). Garmisch-Partenkirchen 2000

Piper, Reinhard: Mein Leben als Verleger © Piper Verlag GmbH, München 1947

Pophanken, Andrea: Kaulbach-Villa Ohlstadt. Würzburg 1997

Porten, Henny: Wie ich wurde. In: Helga Belach: Henny Porten. Der erste deutsche Filmstar. 1890–1960. Berlin 1986

Prokofjew, Sergej: Dokumente. Briefe. Erinnerungen. Zusammenstellung, Anmerkungen und Einführungen von S. I. Schlifstein. Leipzig 1965

Prosel, Theo: Freistaat Schwabing. Erinnerungen des Simplwirtes Theo Prosel. München 1951

Georg Queri. 1879–1919. Journalist, Schriftsteller und Volkskundler aus Oberbayern. Ein Lesebuch. Hg. von Michael Stephan. München 2003

Reichert, Carl-Ludwig: Lieber keinen Kompaß, als einen falschen. Würzburg–Wolfsgrub–Shanghai. Der Schriftsteller Max Mohr (1891 bis 1937). München 1997

Reimertz, Stephan: Max Beckmann. Biographie. München 2003

Reiner, Guido, und Klaus Weigelt (Hg.): Ernst Wiechert heute. Frankfurt a. M. 1993

Reinhardt, Max: Ich bin nichts als ein Theatermann. Briefe, Reden, Aufsätze, Interviews, Gespräche, Auszüge aus Regiebüchern. Hg. von Hugo Fetting. Berlin 1989

Reventlow, Franziska zu: Tagebücher 1895–1910. Hg. von Else Reventlow. München 1975

Riegler, Theo: Das Liesl Karlstadt Buch. München 1960

Rilke, Rainer Maria, und Lou Andreas-Salomé: Briefwechsel. Hg. von Ernst Pfeiffer. Frankfurt a. M. 1975

Ringelnatz, Joachim: Mein Leben bis zum Kriege. Berlin 1931

Roché, Henri-Pierre: Jules und Jim. Berlin 1993

Roeper, Malte, und Tom Dauer: Eine Expedition durch die bayerisch-afrikanischen Berge. Bayerisches Fernsehen. Erstsendung am 12. Dezember 2002

Roth, Eugen, und Klaus Hansmann: Oberammergau. München 1960

Rovan, Joseph: Erinnerungen eines Franzosen, der einmal Deutscher war. München 2000

Ruederer, Josef: Bei Literatur und Bier. In: Allgemeine Zeitung (27. Mai 1904)

Salmen, Brigitte (Hg.): Der Almanach »Der Blaue Reiter«. Bilder und Bildwerke in Originalen. Murnau 1998

Dies. (Hg.): Max Beckmann (1884–1950). Abseits der Großstadt – Oberbayerische Landschaft. Murnau 1998

Dies. (Hg.): Gelobtes Land. Emanuel von Seidl. Parklandschaft in Murnau. Einst und Jetzt – Fotos, Dokumente, Relikte. Murnau 1993

Dies. (Hg.): Hannah Höch (1889–1978). Collagen, Aquarelle, Gemälde. Murnau 1994

Dies. (Hg.): »Ich kann wirklich ganz gut malen«. Friedrich August von Kaulbach – Max Beckmann. Murnau 2002

Dies. (Hg.): Wassily Kandisky – Gabriele Münter. Künstler des »Blauen Reiter« in Murnau. Ein Kulturführer des Schloßmuseums Murnau. Murnau 2004

Dies. (Hg.): James Loeb 1867–1933. Kunstsammler und Mäzen. Murnau 2000

Dies. (Hg.): Murnau (Friedrich Wilhelm) in Murnau (Oberbayern). Der Stummfilm-Regisseur der 1920er Jahre. Murnau 2003

Schad, Martha: Ludwig Thoma und die Frauen. Regensburg 1995

Schaefer, Oda: Auch wenn Du träumst, gehen die Uhren. Lebenserinnerungen. München 1970 © Eberhard Horst, Gröbenzell

Dies.: Die leuchtende Feste über der Trauer. Erinnerungen. München 1977 © Eberhard Horst, Gröbenzell

Schank, Stefan: Rainer Maria Rilke. München 1998

Schipperges, Thomas: Sergej Prokofjew. Reinbek b. Hamburg 1995

Schnitzler, Arthur: Briefe 1913–1931. Hg. von Peter Michael Braunwarth u. a. Frankfurt a. M. 1978

Schnitzler, Arthur, und Richard Beer-Hofmann: Briefwechsel 1891–1931. Hg. von Konstanze Fliedl. Wien/Zürich 1992

Schönberg, Arnold, und Wassily Kandinsky: Briefe, Bilder und Dokumente einer außergewöhnlichen Begegnung. Hg. von Jelena Hahl-Koch. Salzburg 1980

Schultes, Bertl: Ein Komödiant blickt zurück. Erinnerungen an Ludwig Thoma, die Bauernbühne und deren Freunde. München 1963

Slezak, Leo: Mein Lebensmärchen. München 1954 © Ingrid Slezak, Portland

Smikalla, Karl: Thomas Manns heimliche Liebe zum Tegernsee. Oberammergau 2001

Spurensuche. Maler und Poeten in Oberbayern und im Allgäu, im Salzburger Land und im Salzkammergut. München o. J.

Spurensuche. Musiker und Komponisten in Oberbayern und in Allgäu/Bayerisch-Schwaben, von Vorarlberg bis ins Salzkammergut. München o. J.

Stern, Carola: Die Sache, die man Liebe nennt. Das Leben der Fritzi Massary. Berlin 1998

Strohmeyr, Armin: Annette Kolb. Dichterin zwischen den Völkern. München 2002

Das Schönste von Ludwig Thoma: Lausbubengeschichten. Tante Frieda. Jozef Filsers Briefwexel. München/Zürich 1980

Thoma, Ludwig: Ausgewählte Briefe. Hg. von Josef Hofmiller und Michael Hochgesang. München 1927

Ders.: Erinnerungen. Leute, die ich kannte. Hg. von Hans Pörnbacher. München/Zürich 1996

Ders.: Die Geschichte seiner Liebe und Ehe aus Briefen und Erinnerungen. Hg. von Walter Ziersch. München 1928

Tschechowa, Olga: Ich verschweige nichts! Autobiographie. Berchtesgaden 1952

Tucholsky, Kurt: Unser ungelebtes Leben. Briefe an Mary. Hg. von Fritz J. Raddatz © 1982 by Rowohlt Verlag GmbH, Reinbek b. Hamburg

Tworek, Elisabeth (Hg.): Bayerisches Lesebuch. München 1999

Dies.: Der Filmpionier F. W. Murnau und der Expressionismus. In: Murnau (Friedrich Wilhelm) in Murnau (Oberbayern). Der Stummfilm-Regisseur der 1920er Jahre. Murnau 2003

Dies. und Helmut Bauer (Hg.): Schwabing. Kunst und Leben um 1900. München 1998

Dies., Heinz Lunzer und Victoria Lunzer: Horváth. Einem Schriftsteller auf der Spur. Salzburg 2001

Dies. und Brigitte Salmen: Ödön von Horváth. Ein Kulturführer. Murnau 2001

Uhde-Bernays, Hermann: Im Lichte der Freiheit. Erinnerungen aus den Jahren 1880 bis 1914. München 1963

Veit, Ludwig: Olaf Gulbransson in Tegernsee. München/Berlin 1986

Voswinckel, Ulrike: Es geschah im Isartal ... Die Münchner Bohème im Grünen. Bayerischer Rundfunk. Redaktion: Land und Leute. Erstsendung am 14. August 1996

Wagner, Renate (Hg.): Der Briefwechsel Arthur Schnitzlers mit Max Reinhardt und dessen Mitarbeitern. Salzburg 1971

Walther von der Vogelweide: Sämtliche Lieder. Aus d. Mittelhochdt. in neuhochdt. Prosa übertr. v. Friedrich Maurer. München 1972

Weil, Grete: Generationen. Roman. Zürich/Köln 1983

Dies.: Leb ich denn, wenn andere leben. Autobiographie © 1998 Nagel & Kimche im Carl Hanser Verlag, München-Wien

Dies.: Der Weg zur Grenze. 237 Bl. Maschinenschriftliches Manuskript (um 1944), unveröffentlicht

Weinzierl, Ulrich: Alfred Polgar. Eine Biographie. Wien/München 1985

Wendt, Gunna: Liesl Karlstadt. Ein Leben. München 1998

Wiechert, Ernst: Das einfache Leben. Wien/Murnau 1953

Wilhelm, Kurt: Richard Strauss persönlich. Eine Bildbiographie. München 1984

Wißkirchen, Hans: Die Familie Mann. Reinbek b. Hamburg 1999

Wolf, Georg Jakob: Münchner Künstlerfeste. Münchner Künstlerchroniken. München 1925

Zdenek, Felix (Hg.): Lovis Corinth 1858–1925. Mit Beiträgen von Gerhard Gerkens, Friedrich Gross und Joachim Heusinger von Waldegg. Köln 1985

Ziegler, Edda (Hg.): Der Traum vom Schreiben. Schriftstellerinnen in München 1860 bis 1960. München 2000

Ziersch, Walther: Das Gustav Waldau Buch. Mit Beiträgen von Gustav Waldau. München 1948

Zuckmayer, Carl: Aufruf zum Leben. Porträts und Zeugnisse aus bewegten Zeiten. Frankfurt a. M. 1976

Bildnachweis

Aus: Lou Albert-Lasard, Wege mit Rilke. Frankfurt a. M. 1952 S. 146, 147 – Lou Andreas-Salomé-Archiv, Göttingen S. 155, 157 – Arche-Archiv S. 136 – Architekturmuseum der TU München S. 38 – Archiv Maja Beckmann, Murnau S. 94 u. – Archiv der Benediktinerabtei Ettal S. 85, 86 – Renate Bethge, Wachtberg b. Bonn S. 87 – Aus: Emil Karl Braito, Ludwig Ganghofer im Wettersteingebirge bei Leutasch und Mittenwald. Innsbruck 1999 (Silvester Klotz) S. 189, 216 – Carlton Lake Collection. Harry Ransom Humanities Research Center. The University of Texas at Austin S. 133 – Aus: Lovis Corinth. Eine Dokumentation. Zusammengestellt u. erläutert v. Thomas Corinth. Tübingen 1979 Frontispiz, S. 63, 64 o., 64 u., 65 – Dt. Literaturarchiv, Marbach a. N. 108 (Kurt-Tucholsky-Archiv), 127, 222 (Kurt-Tucholsky-Archiv) – Aus: Deutsche Literaturgeschichte in Bildern II. Leipzig 1971 S. 78 u. – Aus: Walter Diehl, Die Künstlerkneipe »Simplicissimus«. Geschichte eines Münchner Kabaretts 1903 bis 1960. München 1989 S. 161 – Franz-Michael-Felder-Archiv der Vorarlberger Landesbibliothek, Bregenz S. 126 – Fotomuseum im Münchner Stadtmuseum S. 23 o., 45, 103 – Gabriele Münter- und Johannes Eichner-Stiftung, München S. 6, 7 o., 9, 31, 32 o., 32 u., 51, 52, 55, 57, 58, 61 – Marktarchiv Garmisch-Partenkirchen S. 93, 94 o., 95, 96 o., 96 u., 97, 98 u., 100 o., 101, 104, 105, 106 u., 107 u., 109, 117 u., 119 – Aus: Andreas Graf, Hedwig Courths-Mahler. München 2000 (Lia Avé, München) S. 210 – Aus: Martin Green, The von Richthofen Sisters. The Triumphant and the Tragic Modes of Love. University of New Mexico Press 1988 S. 148 li., 148 re., 149 u. – Olaf Gulbransson Gesellschaft, Tegernsee (Jorun Hars Gulbransson) S. 202, 207, 208 – Aus: Roman Hocke/Thomas Kraft, Michael Ende und seine phantastische Welt. Die Suche nach dem Zauberwort. Stuttgart/Wien/Bern 1997 S. 106 o. – Aus: Hof-Atelier Elvira 1887–1928. Ästheten, Emanzen, Aristokraten. Hg. v. Rudolf Herz u. Brigitte Bruns. Ausstellung des Fotomuseums im Münchner Stadtmuseum. München 1985 (Margit Twellmann, Marburg) S. 145 – Elisabeth von Horváth, Pressbaum S. 12 o., 12 u. – Hotel zur Post, Kochel S. 60 – Institut für Theaterwissenschaften der Universität Köln S. 24 – Aus: Reinhold Jaretzky, Lion Feuchtwanger mit Selbstzeugnissen und Bilddokumenten. Reinbek b. Hamburg 1984 S. 71 – Eva Kampmann-Carossa, Passau S. 150, 168, 169 – Keystone/Thomas-Mann-Archiv S. 79 u., 83, 170, 201 – Kunsthalle Bern S. 98 o. – Landesversicherungsanstalt Unterfranken, Würzburg S. 48 o., 48 u. – Gemeindearchiv Lenggries S. 175 o., 178, 180 – Aus: August Macke. Gemälde Aquarelle Zeichnungen. Hg. v. Ernst-Gerhard Güse. München 1986 (Ernst-Gerhard Güse) S. 203 – Aus: Silvia Markun, Ernst Bloch mit Selbstzeugnissen und Bilddokumenten. Reinbek b. Hamburg 1977 S. 107 o. – Gemeindearchiv Mittenwald S. 185, 186 o., 186 u. – Aus: Walter von Molo, So wunderbar ist das Leben. Erinnerungen und Begegnungen. Stuttgart 1957 S. 27, 28 – Münchner Stadtbibliothek / Monacensia. Literaturarchiv und Bibliothek S. 74, 78 o., 99, 100 u., 102, 110, 116, 124, 128, 129, 130, 131, 142, 165, 171, 181, 182, 188 o., 188 u., 191, 193, 195, 198, 199, 200, 209, 211, 212, 214, 219 u., 220 – Schloßmuseum Murnau S. 7 u., 11, 14, 16, 19, 22 li., 22 re., 23 u., 30, 39, 40, 42 – Gemeindearchiv Oberammergau S. 67, 70, 72 o., 73, 76, 79 o., 80, 81 – Aus: Die österreichische Literatur seit 1945. Eine Annäherung in Bildern. Hg. v. Volker Kaukoreit u. Kristina Pfoser. Stuttgart 2000 (Johann Barth) S. 176 – Österreichische Nationalbibliothek Wien / Österreichisches Literaturarchiv / Nachlaß Horváth S. 41 – Privatbesitz S. 25, 35, 91, 140, 141, 144, 149 o., 151, 152 – Michael Probst, Herrsching S. 36 – Aus: Thomas Schipperges, Sergej Prokofjew. Reinbek b. Hamburg 1995 S. 89 – Aus: Arnold Schönberg/Wassily Kandinsky. Briefe, Bilder und Dokumente einer außergewöhnlichen Begegnung. Salzburg/Wien 1980 S. 21 – Städtische Galerie im Lenbachhaus, München S. 33 li., 33 re., 34, 135, 175 u. – Stiftung Preußischer Kulturbesitz S. 111 – Richard-Strauss-Institut, Garmisch-Partenkirchen S. 112, 113, 114, 117 o. – Tiroler Zugspitzbahn, Ehrwald/Tirol S. 120 – Tourismusverband Ehrwald Zugspitze S. 123 – Curt Ullmann, Berlin S. 215 – Ullstein Bilderdienst, Berlin S. 54 li., 54 re. – Westfälisches Landesmuseum für Kunst und Kulturgeschichte, Münster S. 204 o. (Reni Hansen–Artothek. Standort: Bonn, Kunstmuseum), 204 u., 205 (Privatbesitz), 206 (Macke Archiv) – Stadtarchiv Wolfratshausen S. 154, 159, 160, 162 o., 162 u., 163 – Aus: Christiane Zehl Romero, Simone de Beauvoir in

Selbstzeugnissen und Bilddokumenten. Reinbek b. Hamburg 1978 S. 72 u. – Aus: Stefan Zweig. Bilder Texte Dokumente. Hg. v. Klemens Renoldner u. a. Salzburg/Wien 1993 S. 115

Wir danken allen Rechteinhabern für die freundliche Genehmigung zum Abdruck. In einigen Fällen ist es uns nicht gelungen, die heutigen Inhaber der Rechte zu ermitteln. Wir bitten diese, sich mit dem Verlag in Verbindung zu setzen.

Wir danken den folgenden Institutionen und Firmen, die uns freundlicherweise Kartenmaterial zur Verfügung gestellt haben:

Bayerisches Landesvermessungsamt München
Postfach 22 00 04
80535 München
Telefon: 089/21 29-0
www.bayern.de/vermessung
Karten U1/S. 1, 46, 134, 256/U3

Oberammergau Tourismus
Eugen-Papst-Straße 9 a
82487 Oberammergau
Telefon: 08822/92 31-0
www.oberammergau.de
Karte S. 68

Revilak Kartografien
Bender Verlagsgesellschaft mbH
Obere Hauptstraße 5
85386 Eching
Telefon: 089/31 90 10 60
www.internetstadtplan.com
Karten S. 59, 143

**Tourismusregion
Tiroler Zugspitz Arena**
Kirchplatz 1
A-6632 Ehrwald/Tirol
Telefon: 0043/5673/20000
www.zugspitzarena.com
Karte S. 121

Tourist-Information Bad Tölz
Max-Höfler-Platz 1
83646 Bad Tölz
Telefon: 08041/78 67-0
www.bad-toelz.de
Karte S. 166

Verkehrsamt Murnau
Kohlgruber Straße 1
82418 Murnau a. Staffelsee
Telefon: 08841/61 41-0
www.murnau.de
und
Offsetdruckerei Wiesendanger
Dr.-Schalk-Straße 27
82418 Murnau a. Staffelsee
Telefon: 08841/488 75-0
www.wiesendanger.de
Karte S. 10

Verwaltungs-Verlag GmbH
Ehrenbreitsteiner Straße 44
80993 München
Telefon: 089/121 09-241
Lizenz-Nr. 04/03/16
www.stadtplan.net
Karten S. 92, 153, 184, 196/197

Werbeagentur Eder GmbH
Werbung & Verlag
Günter-Eich-Straße 12
83661 Lenggries
Telefon: 08042/91 78 5
www.eder-werbung.de
Karte S. 174

Dank

Mein besonderer Dank für Hilfe und Unterstützung gilt: Helga Adlwarth (Gemeinde Eurasberg), Marianne Balder (Stadtarchiv Wolfratshausen), Bourhane Bouhabel (München), Prof. Emil Karl Breito (Leutasch/Tirol), Heike Brettschneider (München), Dr. Wolf und Helene Brunner (Mittenwald), Benni Eisenburg (Tegernsee), Nikolaus Henning (Imst/Tirol), Dr. Annegret Hoberg (Städtische Galerie im Lenbachhaus München), Dr. Marion Hruschka (Marktarchiv Murnau), Irmtraud Karlitschek (Verkehrsamt Murnau), Helmut Klinner (Gemeindearchiv Oberammergau), P. Laurentius Koch, OSB† (Archiv der Benediktinerabtei Ettal), P. Paulus Koci, OSB (Direktor des Internates der Benediktinerabtei Ettal), P. Maurus Kraß, OSB (Direktor des Benediktinergymnasiums Ettal), Matthias Müller (München), Rainer Karl Müller (Obersöchering), Ruth Rall (Murnau), Brigitte Salmen (Leiterin des Schloßmuseums Murnau), Thomas Schipperges (Hamburg), Friedel Schreyögg (Mittenwald/München), Barbara Schwarz (Bad Tölz), Christoph Schwarz (München), Dr. Peter Schweiger (Irschenhausen), Hanni Spielmann (Ehrwald/Tirol), Lisa Stahl (Post-Hotel, Partenkirchen), Manuela Strunz (Gemeindearchiv Lenggries/Stadtarchiv Bad Tölz), Elfriede Suttner (Hotel Zur Post, Kochel am See), Hannah Veit (Gemeindearchiv Mittenwald), Claudia Warter (Tourismusverband Ehrwald/Tirol), Gunna Wendt (München), Prof. Dr. Otto Wermelinger (Fribourg/Schweiz), Kurt Wilhelm (München), Franz Wörndle (Marktarchiv Garmisch-Partenkirchen), Johanna Zantl (Buchhandlung Winzerer Bad Tölz) und allen Autorinnen und Autoren, auf deren gründlichen Recherchen dieses Buch aufbauen konnte.

Nachbemerkung zur 2. Auflage

Der Spaziergang durch **Garmisch** (S. 104–120) könnte alternativ mit dem **Hotel Roter Hahn** ❿ beginnen und über die ehemalige **Bunte Haus** ❾ direkt zum ehemaligen **Hotel Neuwerdenfels** ⓬ führen. Das **Haus Roseneck** ⓫ lag in der Partnachstraße etwa 80 m vom **Haus Wittelsbach** ⓭ entfernt.

Biographische Notiz

Dr. Elisabeth Tworek, geboren 1955 in Murnau, Literaturwissenschaftlerin. Promovierte über den bayerischen Roman in der Weimarer Republik. Freie Mitarbeiterin beim Bayerischen Rundfunk, mehrere Bücher zu Ödön von Horváth. Leiterin der Monacensia. Literaturarchiv und Bibliothek der Stadt München.

Personenregister

Halbfette Ziffern verweisen auf Seiten, auf denen Personen in einem eigenen Abschnitt beschrieben werden. *Kursive* Ziffern verweisen auf Abbildungen.

Adenauer, Konrad 42
Adorno, Theodor W. 119
Ahna, Pauline de s. Strauss, Pauline
Aichinger, Helga 177
Aichinger, Ilse *176*, **176 f.**
Albert, Eugen 146
Albert-Lazard, Lou 146, **146 f.**, *147*
Alexander, Richard 189, 190
Amery, Carl 177
Andreas, Friedrich Carl 154, 156, 158
Andreas-Salomé, Lou 146, **154 ff.**, *155*, 156, 158, 159
Andrejewskaja, Nina Nikolajewna 34
Angerer, Hans 30
Arnold, Adele 50
Augspurg, Anita 140 f., **144 ff.**, *145*, 150 f.
Augustinus, Aurelius 203

Bachmann, Ingeborg 177
Badenhausen, Rolf 130
Bamm, Peter 208
Bartholomä, Luise s. Ende, Luise
Bartl, Marie 77
Baschkirow, Boris 90
Bauer, Walter 162
Baum, Paul 231
Baumgartner, Thomas 224
Bayerlacher, Augustin 14
Bayerlacher-Wagner, Familie 15
Beauvoir, Simone de 72, *72*, 73
Bechtejew, Wladimir 231
Beckmann, Mathilde (Quappi) 48, *48*, 49, 50, 94, 95
Beckmann, Max 48, 49, 50, 94, **94 f.**, 221
Beckmann, Peter 50
Beer-Hofmann, Richard 99, 100
Beethoven, Ludwig van 25
Behn, Fritz 25
Ben Gurion, David 42
Benczur, Gyula von 125
Benjamin, Walter 119
Berend-Corinth, Charlotte 63, 64, **65**, 66
Bethge, Eberhard 87
Bieler, Manfred 86
Bierbaum, Otto Julius 199, 200

Billinger, Richard 218
Birch, Christian 81
Birch-Pfeiffer, Charlotte 81
Björnson, Björnstjerne 201, 202
Björnson, Dagny s. Gulbransson, Dagny
Blei, Franz *198*, 199
Bloch, Else Sophie Antonia 118
Bloch, Ernst 7, *107*, **107 f.**, **117 f.**, **118 f.**
Bodenstedt, Friedrich von 181
Böcklin, Arnold 192
Böhlau, Helene 142
Böhm, Karl 114, 115
Bohlen-Halbach, Ernst 185
Bonhoeffer, Dietrich 87, *87*, 88
Bonsels, Waldemar 125
Bossi, Erna 33, 231
Brandenburg, Hans 137
Brecht, Bertolt 93, 119
Bruckner, Anton 77
Büchner, Georg 177
Bülow, Frieda von **154 ff.**, *155*

Campendonk, Heinrich 33, 53, 229, 231
Canaris, Wilhelm 87
Carossa, Hans 150, *150*, **167 f.**, **168**, **169**, *169*
Carossa, Karl 167, 168
Carossa, Maria, geb. Voggenreiter 167
Carossa, Valerie, geb. Endlicher 169
Caruso, Enrico 216
Cassardt, Familie 103
Chrysostomus, Johannes 203
Codina, Carolina s. Prokofjewa, Lina
Cook, John Mason 70
Cook, Thomas 70
Corinth, Lovis 2, 62, **62 f.**, 64, **64 ff.**, 65, 204, 231
Corinth, Thomas 62, 64, 66
Courths, Frieda 210
Courths, Fritz 210
Courths, Margarete s. Elzer, Margarete
Courths-Mahler, Hedwig 210, **210 f.**
Cziffra, Geza von 11

Dahn, Felix 81
Daisenberger, Alois 86
Daser, Joseph Ignaz 77
Defregger, Franz von 24, 192, 242
Deichmann, Adda 53
Delaunay, Sonia 231
Dengg, Anna 218
Dengg, Michl 217, 218
Dietmut 136

245

Dillis, Johann Georg 19, 231
Dispeker, Dorle 219
Dispeker, Fritz 221
Dispeker, Isabella 219
Dispeker, Margarete Elisabeth s. Weil, Grete
Dispeker, Siegfried 219, *219*, 220, 221
Dönhoff, Marion Gräfin 208
Dohnanyi, Christoph von 87
Dohnanyi, Hans von 87
Dorner, Johannes Jakob d. J. 19
Drachmann, Holger 15
Drechsel, Graf 203
Duse, Eleonore 201

Edmann, Eduard 26
Edschmid, Kasimir 99
Ehrenbaum-Degele, Hans 26
Eich, Clemens 176
Eich, Günter 176, **176** f., 187
Eich, Mirjam 176
Eichner, Johannes 31, 33, 35, 56, 57
Einstein, Albert 44
Elisabeth, Kaiserin von Österreich 76
Elisabeth von Baierbrunn 136
Ellbogen, Ismar 44
Elzer, Karl 210
Elzer, Margarete 210
Emhardt, Gustl 35, 40, 41
Ende, Edgar 104, 105
Ende, Luise 104, *106*
Ende, Michael 7, 104 f., *106*, **106** f.
Endell, August 154, *155*
Engelhardt, Nina **124** f.
Erbslöh, Adolf 33, 103, 229
Erdmann, Lothar 205
Erdmann-Macke, Elisabeth 34, 51, 53, 62, 203, 204, 205, 206
Erhard, Ludwig 234
Ernst, Max 203
Ertl, Georg 14

Fahr, Lotte 36
Faulhaber, Michael von 87
Feuchtwanger, Lion 71, *71*, 93
Fischer, Samuel 170
Franck, Maria s. Marc, Maria
Frank, Bruno 111, 218
Frank, Hans 18
Frank, Liesl 111, 218
Franz Joseph I., Kaiser von Österreich 76
Friedrich I. Barbarossa, Römischer Kaiser 203
Fröbe, Gert 150

Fürst, Josef 35
Fürstner, Otto 81
Furtwängler, Wilhelm 208

Ganghofer, Emil 209, 217
Ganghofer, Lolo 47
Ganghofer, Ludwig 23, 47, 77 f., *78*, 93, *123*, 123 f., *124*, 167, 173, **177 ff.**, 185, 186, 189, *189*, 190, **190 ff.**, *193*, *195*, 198, *199*, 209, *209*, 213, 216, 224, **229** f., 230
Geiringer, Hans 120
Genewein, Agnes 88
George, Heinrich 214, *215*
George, Stefan 142
Gerhardt, Elisabeth s. Erdmann-Macke, Elisabeth
Gerold, Mary s. Tucholsky, Mary
Giehse, Therese 124, 125
Gießler, Joachim F. 50
Goethe, Johann Wolfgang von **154**, **184**
Goetz, Curt 210
Goldmann, Nahum **42 ff.**
Goll, Claire 127
Goll, Iwan 127, *127*, 128
Goudstikker, Sophie 145
Graf, Familie 154
Graf, Oskar Maria 160
Graf, Willi 37
Gründgens, Gustaf 41, 130
Grund, Helen s. Hessel, Helen
Günzler, Otto 69, 75
Gulbransson, Dagny 202, 207, 208, 234
Gulbransson, Grete 46, 76, 202
Gulbransson, Olaf 23, 47, 76, 114, *195*, 198, 199, *199*, 200, **201** f., *202*, 207 f., 212, 212, 215, 224, **234**
Gulbransson, Oleman 47
Gussmann, Liesl s. Steinrück, Liesl
Gussmann, Olga s. Schnitzler, Olga

Halbe, Max 192
Halder, Familie 201
Hallgarten, Ricki 101
Hambuechen, Marie Antonie 38
Hamsun, Knut 201, 202
Hansmann, Klaus 70
Hattingberg, Magda von 146
Hauptmann, Gerhart 84, 105, 192
Hartmann, Olga von 60, 61
Hartmann, Thomas von 60
Hartmann, Wolf Justin 40
Haushofer, Albrecht 95, 96

Heckel, Ernst 61
Heisenberg, Werner 66, 208
Held, Hans Ludwig 188
Henning, Magnus **124 f.**, 128, 129, 130
Heß, Rudolf 95
Hesse, Hermann 167, 208
Hessel, Franz *133*, 137, 138, 139
Hessel, Helen *133*, 137, 138, 139
Hessel, Stéphane (Kadi) 137
Hessel, Ulrich (Uli) 137
Heuss, Theodor 234
Heymann, Lida Gustava 140, 144, 145, *145*, 150
Hieronymus 203
Hildebrand, Adolf von 37, 47, 230
Hildebrandt, Dieter 42
Hillern, Wilhelmine von **81 f.**
Hirth, Georg 76, 192
Hitler, Adolf 5, 16, 18, 43, 49, 72, 75, 87
Höch, Grete 30, 31
Höch, Hannah 30, 31
Höch, Marianne 31
Hofmannsthal, Hugo von 77, 78, *78*, 99, 109, 114, *114*, 115, 167, 192, 229
Holm, Korfiz 199, 200
Holz, Sebastian 73
Horn, Camilla 26
Horváth, Edmund von 13, 17
Horváth, Maria Hermine von *12*, 13
Horváth, Lajos von *12*, 13, 35, 40, 42, 119
Horváth, Ödön von 6, 7, 7, 11, *12*, **12 f.**, **13 f.**, **14 f.**, 16, 17, **18**, 20, *35*, 35, 36, 40, 41, *41*, *91*, 119, 120, **121 ff.**, 232
Huber, Kurt 37
Huch, Ricarda 142, 192
Huch, Roderich 142

Ibsen, Henrik 156

Jaffé, Edgar *148*, **148 ff.**, *149*, *159*, **159 f.**
Jaffé-Richthofen, Else 7, 148, *148*, 149, 152, 159
Jannings, Emil 210
Jawlensky, Alexej 7, 9, 29, 33, 34, 52, 53, 103, 229, 231
Jawlensky, Andreas 9
Jehly, Grete s. Gulbransson, Grete
Jehly, Jakob 202
Joseph, Albrecht 218

Kästner, Erich 177
Kainz, Josef 192

Kallenberg, Siegfried 13
Kandinsky, Wassily 6, 7, 7, 16, 17, 20, 21, *21*, 22, 29, 30, 31, 33, *33*, 34, 50, 52, 53, 56, 57, 57, 60, 103, 229, 231, 232
Kanoldt, Alexander 33, **103**, *103*
Karlstadt, Liesl 102 f., 125, 129, *130*, **130 ff.**, *131*, 202, 230
Kaulbach, Frida von 47, *48*, 50
Kaulbach, Friedrich August von 15, 24, 47, **47 ff.**, *48*, 50, 192, 231, **233**
Kaulbach, Mathilde von (Quappi) s. Beckmann, Mathilde
Kiesselbach, Luise 38
Kirchner, Ernst Ludwig 229
Klages, Ludwig 137, 141, 142
Klarwein, Franz 113
Klatzkin, Jakob **42 ff.**
Klee, Lily *135*
Klee, Paul 34, 53, 55, 61, 135, *135*, 229, 231
Klein, Robert 218
Klemperer, Otto 119
Knipfelberger, Magnus 86
Kobell, Caroline von 221
Kobell, Franz von 19, 209, 221
Kobell, Wilhelm von 19, **221**, 231
Kobus, Kathi *160*, **160 f.**, *161*
Koch, Ernestine 102
Koenig, Hertha 147
Koeppen, Wolfgang 177
Köster, Albert 72, 72
Kolb, Annette 88, 105, *198*, 201, 230
Kraepelin, Emil 38
Krain, Johanna 93
Kramer, Major 115
Kraß, Maurus 83
Kraus, Karl 26
Kreidolf, Ernst **97 f.**, *98*
Krell, Max 99
Kristl, Lukas 11, 40
Krötz, Franz Xaver 31
Krötz, Hans 30 f., 232
Krötz, Josef 31
Krupp-Bohlen-Halbach, Bertha 185
Kubin, Alfred 229
Kuhlo, Alfred 93

Lagerlöf, Selma 201
Längle, Alfred 120, 126
Lang, Andreas 75, 76
Lang, Anton 72, 72
Lang, Eduard 75
Lang, Guido 232

Lang, Ricca 209
Lange, Horst 186, 187, *188*
Langen, Albert 192, 202
Lasker-Schüler, Else 26, 53, 54, *54*, 61
Lawrence, D. H. 7, 148, 149, *149*, 150, 152 f., 159, 160, **163** f., 169, 214
le Fort, Gertrud von **135** ff., *136*, 177, 230
Léger, Fernand 146
Leibl, Wilhelm 224
Lenbach, Franz von 24, 47, 230 f.
Levi, Hermann 38
Lewisohn, Ludwig 83
Liebermann, Maidi von 48, 183, 209, 213
Liebermann, Max 62
Lindbergh, Charles 208
Loeb, James 37 ff., *38*, 39, *39*, 40
Loeb, Marie Antonie 39
Luberich, Maria s. Seidl, Maria von
Ludwig I., König von Bayern 75, 77, 209
Ludwig II., König von Bayern 14, 96, 181
Ludwig IV. der Bayer, deutscher König, Kaiser 17, 85
Ludwig, Friedl 126, *126*
Ludwig, Paula 124, 125, *126*, **126** ff.
Lücke, Theodor 101
Lützenkirchen, Mathias 109
Luitpold, Prinzregent von Bayern 47, 167
Lukács, Georg 117, 118

Macke, August 29, 33, 51, 52, 53, 203, 203 ff., *204*, *205*, **205** ff., 229, 231
Macke, Elisabeth s. Erdmann-Macke, Elisabeth
Macke, Helmuth 33, 52, 53, 205, 206
Macke, Walter 206
Maddox, Brenda 149, 150
Mahler, Gustav 38
Mann-Borgese, Elisabeth 83, *83*
Mann, Erika 40, **73** f., *74*, **100**, 102, *102*, 124, 125, **128** f., 130, 170, *170*, *171*, 223, 230
Mann, Golo 83, 105, 128, 170, *170*, 172, 225
Mann, Heinrich 80, 171
Mann, Heinrich (Vater von Thomas und Heinrich) 223
Mann, Julia 223
Mann, Karla 80
Mann, Katia 47, 79, *79*, 80, 83, *83*, 128, *170*, 171, 223
Mann, Klaus 40, *100*, 101, 116, *116*, 124, 170, *170*, 171, *171*, **172**, 173, 230
Mann, Michael 83, *83*

Mann, Monika 83, 170
Mann, Thomas 7, 29, 47, 73, **79**, *79*, 80, 83, *83*, 84, **84**, 101, 105, 106, 124, 128, 160, 170, **170** ff., 192, 200, 200 f., 201, *201*, 214, 223, 224, **224** f.
Mannhardt, Johann 234
Marc, Franz 6, 6, 26, 29, 33, 50, *51*, **51** ff., 52, 54, 55, 55 f., 57 f., *58*, **58** ff., 60 f., 61 f., 173 ff., *175*, 206, 228 f., 231
Marc, Maria 6, 33, 50, 51, *51*, 52, *52*, 53, 55, 56, **58** ff., 60 f., 173, 175, *175*, 176
Marc, Wilhelm 61, 229
Marie Valerie von Habsburg, Erzherzogin 76
Marlitt, Eugenie 210
Martens, Kurt 224
Massary, Fritzi 7, 108, **109** ff., *110*, 122, 218
Massary-Pallenberg, Liesl s. Frank, Liesl
Matisse, Henri 20
Max, Prinz von Baden 81
Maximilian II., König von Bayern 6, 73, 177, 181, 223
Maximilian Joseph I., König von Bayern 203
May, Karl 211
Mayer, Rupert 86, 87
Mehring, Walter 11
Mendelssohn, Eleonore von 11
Mendelssohn, Francesco von 11, 40
Merton, Alfred 210
Mitscherlich, Alexander 128
Mohr, Eva 213, 215
Mohr, Käthe 213, 214, 215
Mohr, Max **213** ff., *215*, 220, 230
Moissi, Alexander 192
Molo, Annemarie von (Anne) 27, 28, 29
Molo, Walter von 7, 27, **27** ff., 28
Montaigne, Michel de 167, 184
Montgelas, Maximilian von 77
Moreau, Jeanne 137, *138*
Mozart, Wolfgang Amadeus 25
Mühsam, Erich 71
Müller, Gustl 41
Müller, Hans 175
Müller, Johann 58
Münter, Gabriele 9, 12, 16, 17, 20, 21, 22, **29** f., *31*, **31** ff., 32, 33, 34, 37, 50, 52, 53, 55, 56, 60, 61, 229, 230, 231, 232
Munch, Edvard 202
Murnau, Friedrich Wilhelm 25, 26

Nansen, Fridtjof 202
Neuert, Hans 185
Neuhaus, Hermann 158

Neumann, Israel Ber 95
Niemöller, Martin 162
Niestlé, Jean Bloé 53, 231
Niggl, Josef 51, *51*

Oberberger, Josef 224
Osterer, Babette 58

Pallenberg, Max 108, 109, **109 ff.**, 122, 218
Panizza, Oskar 142
Paul, Bruno 198
Pauli, Kiem 208, 218, 224
Pfefferer, Rudolf 30
Pfeiffer, Gilbert 73
Pfeiffer, Katharina s. Thoma, Katharina
Pfitzner, Hans 224
Pflaum, Ludwig Ritter von 147
Pilar, Prinzessin von Bayern 220
Piloty, Karl Theodor von 177
Piper, Reinhard 49, 53, 76, 77, 208, 232
Plumpe, Friedrich Wilhelm s. Murnau, Friedrich Wilhelm
Polgar, Alfred 7, 108, 109, 110, *111*
Polgar, Lisl 109
Porten, Henny 99
Possart, Ernst von 192
Preetorius, Willy 224
Prehnal, Josef 20
Prehnal, Maria 20
Preisinger, Familie 73
Pringsheim, Alfred 47, 223
Pringsheim, Katia s. Mann, Katia
Probst, Angelika 36, 36
Probst, Christoph 34, 36, **36 f.**
Probst, Hermann 36
Probst, Katharina 34, 36
Prokofjew, Sergej **88 ff.**, *89*
Prokofjewa, Lina *89*, 89
Pschorr, Familie 111
Puccini, Giacomo **74 f.**

Queri, Georg 76

Raddatz, Fritz J. 222
Rambold, Heinrich 30
Raschid, Omar al 142
Rechberg, Arnold 13
Reger, Max 38
Reichenbach, Konstantin 84
Reichhard, Heinz 41, 42
Reichmann, Max 214

Reinhardt, Gottfried 128
Reinhardt, Max 24, 24, 62, 63, 98, 108, 109, 114, 128
Reisiger, Hans **105 f.**
Reisler, Andre 154
Reventlow, Franziska Gräfin zu 40, 71, 137, 139, 140, **141 f.**, *142*, 156, 230
Reventlow, Rolf Graf zu (Bubi) 40, 137, 142, *142*
Richthofen, Else von s. Jaffé-Richthofen, Else
Richthofen, Frieda von 7, 148, 149, *149*, 152, 159, **163 f.**, 214, 215
Rieger, Johann 98
Riegler, Theo 132
Riemerschmid, Richard 23
Riesch, Franz 177
Rieth, Paul 27
Rigardo, Marietta di, eigentl. Maria Trinidad de la Rosa (Marion) s. Thoma, Marion
Rilke, Rainer Maria **146 f.**, *147*, 154, *155*, 156, **156 ff.**, 167, 192
Ringelnatz, Joachim 72, 72, 161
Roché, Henri-Pierre *133*, 137, 138, 139, *139*
Roda Roda 12
Roeckl, Hugo 170
Rößler, Carl 12
Rolland, Romain 115
Rosenfeld, Sandor Friedrich s. Roda Roda
Rosenthal, Familie 36
Rosner, Ferdinand 86
Roth, Eugen 69, 70
Roth, Quirin 200
Rousseau, Henri 20
Rousseau, Jean-Jacques 19
Rovan, Joseph 36, 37
Rowohlt, Elli 124
Rowohlt, Ernst 124, 208
Ruederer, Elisabeth 81, 97
Ruederer, Josef 80 f., **96 f.**, 227, 230
Ruf, Sep 234
Rupprecht, Prinz von Bayern 23

Salmen, Brigitte 39
Sattler, Carl 37
Schaefer, Oda **186 ff.**, *188*
Schaefer, Peter 187
Scherr, Peter 72, 72
von Scheven, Familie 13
Schipperges, Thomas 89
Schmidt, Fritz Walter 50
Schmied, Inés 171
Schmorell, Alexander 37

Schnitzler, Arthur 7, 50, 99, *99*, 100
Schnitzler, Georg von 49
Schnitzler, Lilly von 49, 50
Schnitzler, Olga 99, 100
Schnür, Marie 60
Schönberg, Arnold 20, *21*, **21 f.**
Scholl, Hans 37
Scholl, Sophie 37
Schoonderbeck-von Kaulbach, Hedda 50
Schuler, Alfred 142
Schultes, Bertl 207, 217, 218
Schulz, Georg David 198
Schwarz, Barbara 173
Schytte, Frida s. Kaulbach, Frida von
Seidel, Ina 124
Seidl, Emanuel von 16, 17, 22, **22 ff.**, 23, 38, 111, 230
Seidl, Maria von 22
Seidl, Gabriel von 230
Seitz, Placidus II. 85
Serre, Henri *138*
Shakespeare, William 25
Sintenis, Renée 26
Slevogt, Max 62
Slezak, Leo 192, 208, **215 ff.**, *216*, 220, 229
Slezak, Lisl 216, 217
Smith, Frank Eugene 22, 23, *23*
Spielmann, Familie 124
Spies, Walter 26
Spitzweg, Carl 15, *231*
Spoerl, Heinrich 208
Staib, Familie 21
Stark, Curt A. 99
Stauffenberg, Claus Schenk Graf von 95
Steinrück, Albert **98 f.**
Steinrück, Liesl 98, 99, 100, 101
Stern, Carola 110
Sternberg, Fritz 43
Stieler, Josef **209**
Stieler, Karl 209
Strauss, Alice 113
Strauss, Christian 113
Strauss, Franz 81, 113
Strauss, Pauline 81, *112*, 113, *113*, 117
Strauss, Richard 7, 24, 38, 47, 63, 81, 89, **95 f.**, **111 ff.**, *112*, *113*, *114*, *117*, 118, 190, 192, 213, 227
Strauss, Richard (Enkel) 113
Stritzky, Else Sophie Antonia von s. Bloch, Else
Stuck, Franz von 24, 47, 126, 192
Stumpf, Lily 135
Süskind, Willi 101

Tagore, Rabindranath 82
Taschner, Ignatius 76, 198, 211
Taube, Graf Adolf von 224
Thoma, Bertha 198
Thoma, Katharina 73, 76, 180, 181
Thoma, Ludwig 7, 15, 47, 48, 73, **75 ff.**, *76*, 77, 93, *165*, 180, 181, *181*, **181 ff.**, 190, 192, *195*, 198, *199*, 207, 209, *211*, **211 ff.**, *212*, *216*, 217, 218, 220, 224, 230
Thoma, Luise *181*
Thoma, Marion, geb. Marietta di Rigardo, eigentl. Maria Trinidad de la Rosa 76, *195*, 198, *199*, 211, *212*, *212*, 213, 218
Thoma, Max 76, 180, 181
Thoma, Peter 198
Thomas-Deutsch, Adrienne 129
Tolstoi, Leo 201
Truffaut, François 137, *138*
Tube, Minna 50
Tucholsky, Kurt 7, *108*, **108 f.**, 110, 122, 222, **222 f.**
Tucholsky, Mary 109, 110, 122, 222, 223

Ullmann, Regina 31

Valentin, Karl 102, 130
Vigeland, Gustav 208
Voggenreiter, Maria s. Carossa, Maria
Vossler, Karl 38
Voswinckel, Ulrike 164

Wackerle, Josef 228
Wagenbauer, Max Joseph 19
Waldau, Gustl 212
Walden, Herwarth 26, 53
Walter, Bruno 111, 192, 221
Walther von der Vogelweide 203
Warburg, Aby 40
Warnberger, Simon 19
Wassermann, Jakob 99, 154, 156
Weber, Alfred *152*, **152 f.**
Weber, Leopold 97
Weber, Marianne 159
Weber, Max 7, 152, 159
Wedekind, Frank 101, 160
Wedekind, Pamela *100*, 101
Weekley, Ernest 149
Weekley, Frieda s. Richthofen, Frieda von
Weil, Edgar 220, 221
Weil, Grete 7, 213, 215, 217, *217*, **219 f.**, 220, 230
Weis, Othmar 86

Weizman, Chaim 42
Wellano, Amalie 102, *102*
Wellano, Elisabeth s. Karlstadt, Liesl
Werefkin, Marianne von 7, 9, 29, 33, 34, 53, 103, 229, 231
Werner, Oskar 137
Wessely, Paula 210
Westphal, Käthe s. Mohr, Käthe
Wiechert, Ernst 7, **161 ff.**, *162*
Wiechert, Johanna Sophie Margarete Paula 161
Wigger, Florenz 100, *101*
Wilhelm II., deutscher Kaiser 123, 189
Wilhelm, Kurt 114, 116, 221
Wilke, Rudolf 198
Witkop, Philipp 225
Wolf, Georg Jakob 25
Wolfskehl, Karl 142
Wolfsteiner, Willibald 86
Wolinskij, Akim 154
Wolzogen, Ernst von 191

Zaepernick, Julie 109
Zech, Paul 26
Zoeppritz, Adolf Georg 111
Zuckmayer, Carl 6, 7, 11, 40, 218
Zweig, Stefan 115, *115*, 167
Zwink, Alfred 69, 75
Zwink, Sebastian 70

Arche Kultur Reiseführer
Orte der Literatur, Musik & Kunst

Gudrun Arndt
Spaziergänge durch das
literarische New York
216 S. Br. 157 Abb. 8 Karten

Wolfgang Dömling
Spaziergänge durch das
musikalische Prag
144 S. Br. 101 Abb. 7 Karten

Katharina Festner
Christiane Raabe
Spaziergänge durch das
München berühmter Frauen
173 S. Br. 129 Abb. 7 Karten
3. Auflage

Wolfgang Feyerabend
Spaziergänge durch
Fontanes Berlin
192 S. Br. 137 Abb. 7 Karten

Noël Riley Fitch
Die literarischen Cafés
von Paris
Aus dem Amerikanischen von
Katharina Förs und
Gerlinde Schermer-Rauwolf
91 S. Br. 45 Abb. 5 Karten
3. Auflage

Anna Gruber
Bettina Schäfer
Spaziergänge über den
Père Lachaise in Paris
166 S. Br. 134 Abb. 4 Karten
2. Auflage

Mary Ellen Jordan Haight
Spaziergänge durch
Gertrude Steins Paris
Aus dem Amerikanischen von
Karin Polz
163 S. Br. 115 Abb. 5 Karten
4. Auflage

Christiane Raabe
Katharina Festner
Spaziergänge durch
Mozarts Salzburg
168 S. Br. 118 Abb. 6 Karten

Paul Raabe
Spaziergänge durch
Goethes Weimar
224 S. Br. 177 Abb. 6 Karten
8. Auflage

Paul Raabe
Spaziergänge durch
Lessings Wolfenbüttel
176 S. Br. 142 Abb. 5 Karten

Paul Raabe
Spaziergänge durch
Nietzsches Sils-Maria
159 S. Br. 119 Abb. 6 Karten
5. Auflage

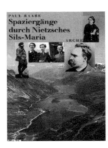

Cornelius Schnauber
Spaziergänge durch das
Hollywood der Emigranten
168 S. Br. 120 Abb. 5 Karten
2. Auflage

Dorothea Schröder
Spaziergänge durch das
musikalische London
160 S. Br. 101 Abb. 8 Karten

Stefanie Sonnentag
Spaziergänge durch das
literarische Capri und Neapel
152 S. Br. 112 Abb. 9 Karten

Cornelia Staudacher
Spaziergänge durch das
literarische Mallorca
144 S. Br. 89 Abb. 8 Karten

Kläre Warnecke
Spaziergänge durch
Richard Wagners Bayreuth
176 S. Br. 137 Abb. 8 Karten

Hans Wißkirchen
Spaziergänge durch das Lübeck
von Heinrich und Thomas Mann
Unter Mitarbeit von
Klaus von Sobbe
160 S. Br. 121 Abb. 5 Karten
3. Auflage

Heinke Wunderlich
Spaziergänge an der
Côte d'Azur der Literaten
192 S. Br. 108 Abb. 9 Karten
2. Auflage

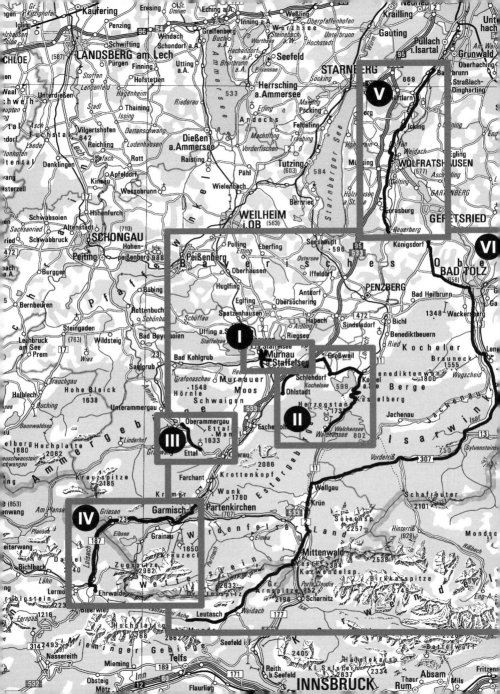